기본 문형으로 익히는 영작의 기술

미국식
영작문 수업
입문

기본 문형으로 익히는 영작의 기술

미국식
영작문 수업
입문

개정판 1쇄 발행 | 2023년 5월 1일
개정판 3쇄 발행 | 2024년 9월 15일

지은이 | 최정숙
발행인 | 김태웅
편　집 | 영어 1팀
표지 디자인 | Design MOON-C
마케팅 총괄 | 김철영
제　작 | 현대순

발행처 | (주)동양북스
등　록 | 제 2014-000055호
주　소 | 서울시 마포구 동교로22길 14 (04030)
구입 문의 | 전화 (02)337-1737
　　　　　　팩스 (02)334-6624
내용 문의 | 전화 (02)337-1763
dybooks2@gmail.com

ISBN 979-11-5768-902-6 13740

기본 문형으로 익히는 영작의 기술

미국식 영작문 수업

입문

미국 대학생의

글쓰기를 지도한

영작문 전문가가 알려주는

입문자를 위한

영작의 기술

최정숙 지음

 동양북스

Prologue

문법, 어휘, 회화는 평균 또는 그 이상의 수준이지만 영작문만큼은 좀처럼 실력이 늘지 않아 좌절과 실패를 거듭하는 분들이 많을 겁니다. 본래 글쓰기란 언어 실력의 결정판입니다. 문법과 어휘, 언어 관습과 글쓰기의 규칙을 모두 포괄하는 광범위한 지식을 갖춰야 의도한 의미를 정확하게 전달하는 문장을 만들어 낼 수 있기 때문이죠.

영어 공부의 출발점은 언어가 학문이 아닌 생활이라는 점을 명심하는 것입니다. 언어는 모방에서 시작됩니다. 아이가 언어 환경에 노출돼 무의식적으로 입력된 문장을 반복하면서 말을 배우듯, 외국어 학습자도 문장을 최대한 많이 암기해 이를 적재적소에 적용하는 법을 익히면서 외국어를 점차 유창하게 구사하게 되죠. 물론 암기한 문장이 많으면 많을수록 의사소통이 수월해지고, 어떤 문장을 저장시키느냐에 따라 생활영어를 잘하느냐 학문영어를 잘하느냐도 결정됩니다. 영작문도 마찬가지입니다. 모범 예문을 최대한 많이 접하고 암기하고 적용하고 변형해 보는 과정을 거쳐야 중상급으로 발전할 수 있죠. 기초적인 의사소통법과 자기표현법을 본격적으로 가르치는 미국 초등학교 교재가 영작문을 시작하는 이들에게 최고의 참고서인 것도 이와 무관하지 않습니다.

이 책은 미국 초등 교재를 참고서로 삼아 일상적인 언어 생활에 꼭 필요한 기초 영문법을 다지고 이를 글쓰기에 적용해 보는 데 중점을 둡니다. 초보자들은 으레 동명사, 부정사, 분사 등 문법 용어만 봐도 부담을 느끼고 책을 덮어 버리지만, 문법이 중상급으로 나아가기 위한 토대이자 핵심임은 누구도 부인할 수 없습니다. 이 산을 넘지 못하면 영어 실력도 앞으로 나아갈 수 없죠. 다만 영작문에 100퍼센트 활용 가능한 문법을 익히는 것만으로도 충분합니다.

기초 문법을 익힌 다음에는 주요 동사로 만든 대표 문형들과 친해져야 합니다. 영어를 시작할 때 보통 1형식은 주어+동사, 2형식은 주어+동사+보어, 하는 식으로 문장의 형식부터 익히는 이유도 영어 구조의 밑그림을 보여 주기 위해서입니다. 문형은 동사와 떼려야 뗄 수 없습니다. 실상 동사가 문장의 형식을 결정하죠. 기본 문형 학습이 1이라면 동사 학습이 99인 셈입니다. 따라서 특정 동사가 어떤 뜻으로 쓰이고, 이 뜻이 몇 가지의 문장 형식을 만드는지 정확히 알아야 내가 원하는 문장을 원하는 만큼 만들어 낼 수 있습니다.

문장을 만드는 또 다른 요소인 명사, 형용사, 부사도 동사 못지않게 중요합니다. 동사와 이 세 가지 요소를 자유롭게 만들어 내는 법만 깨쳐도 영작문의 대부분이 해결되죠. 학습 초기에 많은 초보자들이 기계적인 문장 만들기에 지쳐 영어 공부를 중도에 그만두는 경우가 허다합니다. 중요한 건 문장을 만드는 기본 원리를 알고 이를 변형할 줄 아는 감각입니다. 이 책을 통해 동사, 명사, 형용사, 부사의 다양한 형태들을 학습한 후 직접 영작해 보는 과정을 거치다 보면 잠자던 여러분의 영작문 감각도 깨어날 것입니다.

이 책은 활용도와 빈도가 높은 실용문법 학습부터 시작합니다. 문법 공부가 선행돼야 다음 장의 내용을 따라갈 수 있는 순서로 구성돼 있는 만큼 처음부터 찬찬히 따라가는 학습법을 권합니다. 어떤 공부든 기본 원리를 알아야 그다음 단계로 나아갈 수 있습니다. 다만 무작정 달려들기보다 자신의 실력을 먼저 점검하고 옳은 방향을 정립해 꾸준히 반복하고 실행할 때라야 진정한 실력 향상을 기대할 수 있죠. 영문법이라는 토대에 성실한 노력을 보태 살을 붙이다 보면 여러분의 영작문 실력도 저절로 향상될 것입니다.

차례

필독:
영작문을 위한
최소한의 문법

영어의 기본은 동사에 관한 지식이라고 해도 과언이 아닙니다. 어떤 동사가 어떤 문장 형식을 만들어 내는지를 알아야 영작문이 가능하기 때문이죠. 다양한 문장 형식을 만들어 내는 동사일수록 중요도와 활용도가 높습니다. 가령 다양한 뜻을 지닌 get은 1~5형식 문장을 모두 만들 수 있는 핵심 동사라 할 수 있죠. 동사가 어떤 뜻으로 쓰이는지, 해당 의미가 어떤 문장 형식을 만드는지를 알아야 문장의 구조와 글쓰기의 체계를 세울 수 있습니다. 동사의 사전적인 의미만 대충 파악하고 넘어간다면 영작문의 본질은 놓치는 반쪽짜리 공부에 머물고 말죠. 따라서 문장을 만드는 조건은 무엇인지, 동사와 문장은 어떤 관계를 맺고 있는지부터 파악하는 것이 중요합니다.

문장을 만드는 기본 원리
: 문법은 퍼즐 게임이다

영작문의 원리는 퍼즐과 같습니다. 제각기 다른 모양의 조각들을 제자리에 끼워 넣으며 하나의 그림을 완성시키는 놀이가 퍼즐이라면, 다양한 영단어들을 제각기 어울리는 자리에 넣어 하나의 문장을 만들어 내는 과정이 영작문이라 할 수 있죠. 그렇다면 영작문에서 퍼즐에 해당하는 '조각'과 '자리'는 무엇을 가리킬까요?

'자리'는 주어, 술어, 목적어, 목적격 보어, 주격 보어로 나뉘는 5개의 자리를 말합니다. '조각'은 '말조각', 즉 각각의 단어를 가리키며, 명사, 대명사, 동사, 형용사, 부사, 전치사, 접속사, 감탄사로 나누어 흔히 '8품사'라 부르죠. 각각의 단어가 어떤 품사냐에 따라 문장 속 자리가 결정되기 때문에 단어가 어떤 품사로 쓰이는지를 꼭 알아 두어야 합니다.

주어 자리에는 명사/대명사, 술어 자리에는 동사, 목적어 자리에는 명사/대명사, 목적격 보어 자리에는 명사/대명사/형용사, 주격 보어 자리에는 명사/대명사/형용사가 들어갑니다. 눈썰미가 있다면 뭔가 이상한 점을 알아차렸을 텐데요, 8품사 중 명사/대명사/동사/형용사만 쓰이는 게 이상하지 않나요? 그럼 나머지 품사는 왜 있는 걸까요? 결론부터 말하면 나머지는 '수식'을 위해 존재합니다. '수식'은 의미를 더 분명히 전달하기 위해 다른 말을 꾸며 준다는 말이죠.

문장은 크게 핵심어와 수식어 자리로 나뉩니다. 핵심어주어, 술어, 목적어,

목적격 보어, 주격 보어가 놓이는 자리는 정해져 있지만, 수식어 자리는 특정 핵심어를 꾸며 주고 싶을 때마다 임의로 만들어 낼 수 있죠. 수식이 필요할 때 나머지 4개의 품사가 쓰이는 거고요.

문장을 확장시키는 심층 원리
: 말조각과 자리의 형태

말조각의 형태

8개의 말조각 중 명사/형용사/부사는 특히나 중요합니다. 제 모습을 그때그때 바꿔가며 등장하기 때문이죠. 그 외 나머지 품사들은 단어 형태로 쓰이지만 명사/형용사/부사는 구와 절로 형태를 수시로 바꿔 문장에 등장합니다.

'구'와 '절'이 뭔지 잘 모르겠다고요? '구'는 두 단어 이상이 모여 명사/형용사/부사를 만드는 의미 단위를 말합니다. '절'도 두 단어 이상이 모여 명사/형용사/부사를 만드는 의미 단위라는 점은 같지만, 주어와 술어가 있다는 차이가 있죠. 예문을 통해 그 차이를 살펴볼까요?

나는 네 정원에 있는
그 나무가 마음에 들어.

I like the tree in your garden.

in your garden은 어떤 역할을 할까요? 네, tree를 수식하죠. 이같은 의미 단위를 명사 tree를 수식하는 '전치사구'라고 하는데요, 수많은 나무 중 특정 나무를 콕 집어 한정하는 형용사 역할을 합니다.

The building <u>stands</u> <mark>across the street</mark>.

그 건물은 길 건너편에 있다.

across the street은 동사 stands를 수식합니다. 이 역시 stands를 수식하는 전치사구로, 건물이 어떤 '방식'으로 서 있는지를 구체적으로 설명하는 '부사' 역할을 하죠. 이처럼 전치사는 '구' 형태로 쓰여 형용사_{명사 수식} 또는 부사_{명사 이외 나머지 수식}로 품사를 달리합니다. 그럼 주어와 술어가 있는 '절'은 어떻게 다를까요?

<mark>That you made a lot of money</mark> appealed to him.

네가 큰돈을 벌었다는 사실이 그의 관심을 산 거야.

That you made a lot of money는 문장의 주어 자리에 놓여 명사 역할을 합니다. 그런데 가만 보니 that 뒤에 또 주어 자리_{you}와 술어 자리_{made}가 있군요. 문장 속에 또 다른 문장이 있는 셈이죠. 여기서 that은 명사 역할을 하는 '절'_{명사절}을 만드는 장치로 쓰였습니다. 흔히 알고 있는 '저것'이라는 뜻의 대명사로 쓰인 게 아니죠. 이런 장치를 문장과 문장_{또는 단어와 단어, 구와 구, 절과 절}을 이어주는 '접속사'라고 부르는데요, 그렇다고 절이 명사 역할만 하는 건 또 아닙니다.

<u>Jack cannot go out</u> <mark>because he is sick</mark>.

잭은 아파서 외출 못 해.

because he is sick은 Jack cannot go out이라는 문장 전체를 수식하는 부사 역할을 하기 때문에 '부사절'이라고 부릅니다. he라는 주어와 is라는 술어가 있는 걸 보니 절이 맞군요. 여기서 because는 '부사절을 이끄는 접속사'라고 하죠. 생각보다 어렵지 않죠? 그런데 문제는 명사/형용사/부사 역할을 하는 구와 절의 형태가 이뿐만이 아니라 더 많다는 겁니다. 그러니 다양한 구와 절의 형태를 품사별로 반드시 알아 뒤야 하죠. 다음 장부터 이처럼 명사/형용사/부사로 다양하게 쓰이는 구와 절의 형태를 차례대로 짚어 보려고 합니다.

자리의 형태

자리도 수시로 바뀝니다. 즉, 주어/술어/목적어/목적격 보어/주격 보어의 자리가 문장 형식에 따라 달라진다는 말인데요, 이를테면 주어와 술어 두 자리만 있는 문장이 있고, 주어/술어/목적어/목적격 보어 네 자리가 있는 문장도 있습니다.

그럼 이렇게 자리의 개수를 결정하는 요소는 뭘까요? 보통은 문장의 형식1~5형식이라고 생각하지만, 문장의 형식은 결과적으로 나타난 형태를 가리키는 말이지 형식을 결정하는 원인은 아닙니다. 결론부터 말하면 문장의 형식은 동사의 종류가 좌우하죠. '~을 먹다'처럼 물결 표시로 생략된 말이 있느냐타동사 없느냐자동사, 있다면 몇 개냐목적어가 하나인지 두 개인지에 달려 있다는 말입니다. 예문을 보면서 자세히 살펴볼까요?

그는 달린다.　　ⓐ He runs.

그는 공장을 운영한다.　　ⓑ He runs the factory.

ⓐ, ⓑ 모두 술어는 run이지만 뜻은 다릅니다. ⓐ에서는 '달리다', ⓑ 에서는 '~을 운영하다'라는 의미로 쓰였죠. 뜻을 자세히 보면 앞에 운 영의 대상이 무엇인지를 생략한 표시(~)가 있고, '달리다'에는 이런 대 상 자체가 없다는 점도 다릅니다. ⓑ에서는 물결 표시로 생략된 말을

채워 넣어야 완전한 문장이 됩니다. '~을'에 해당하는 목적어 자리가 필요하다는 말이죠. 명사 the factory가 이 목적어 자리에 들어간 거고요. 이렇게 「주어+술어동사+목적어」 구조의 3형식 문장이 탄생합니다.

반면 ⓐ에 쓰인 동사 run의 사전적 의미'달리다'에는 물결 표시, 즉 생략된 말이 원래 없습니다. 「주어+술어」 구조의 이런 문장 구조를 가리켜 '1형식'이라고 하죠. 이처럼 동사의 의미에 숨은 공백의 유무와 개수가 문장의 형식을 결정합니다. 이런 방식으로 만들 수 있는 문장의 형식이 총 5개라는 뜻에서 '5형식'이라고 부르는 거고요.

ⓐ He is there. 그는 그곳에 있다.
ⓑ He is smart. 그는 똑똑하다.

이번엔 위의 be동사를 살펴볼까요? 여기서 be동사 is는 '있다'와 '~이다/~하다'라는 두 가지 의미를 나타냅니다. ⓐ에서 is는 '있다'를 뜻하는 1형식 동사로 쓰였죠. '거기에'를 뜻하는 부사 there가 is를 수식하고요. 반면 '~이다/~하다'는 쓰임이 조금 까다롭습니다. 동사가 주어의 동작이나 상태를 나타내야 하는데, '~이다/~하다'로는 의미가 불충분하니 물결 표시(~)에 해당하는 말을 채워 넣어 의미를 보충해야 하죠. 이렇게 주어를 보충하는 말이 들어갈 자리를 '주격 보어' 자리라고 합니다. 그 결과가 「주어+술어+주격 보어」 구조의 2형식 문장이고요. 이때 주격 보어 자리에는 명사/대명사/형용사만 들어갈 수 있습니다. 가령 ⓑ에서는 형용사 smart가 주어를 보충하는 역할을 하죠. 이처럼 2형식을 만드는 동사는 be동사 말고도 더 있습니다.

be동사	is, am, are / was, were
	ⓐ He **is** smart. 그는 똑똑하다.
감각동사	look, sound, smell, taste, feel
	ⓑ The music **sounds** good. 음악이 좋다.
~인 듯하다	seem, appear
	ⓒ He **seems** busy. 그는 바쁜 듯하다.
~한 상태로 있다	keep, remain, stay
	ⓓ They **keep** silent. 그들은 잠자코 있다.
~이 되다	become, come, go, turn, grow, get, fall, run
	ⓔ She **became** a doctor. 그녀는 의사가 되었다.

가령 sound는 '~하게 들린다'라는 뜻으로, 공백(~)에 생략된 말을
채워 주어의 의미를 보충해야 하는 2형식 동사입니다. 그래서 예문처
럼 ⓑ의 주격 보어 자리에 형용사good를 넣어 주어를 더 구체적으로 설
명하고 있죠. seem은 '~인 듯하다'라는 뜻으로, ⓒ에서도 형용사busy를
주격 보어 자리에 넣어 불완전한 동사의 의미를 보충하고 있습니다.
'~한 상태로 있다'라는 의미의 keep도 같은 이유로 ⓓ의 주격 보어 자
리에 형용사silent를 썼고, '~이 되다'라는 의미의 become은 ⓔ의 주격
보어 자리에 명사a doctor를 써서 완전 문장을 만듭니다. 이렇게 자주 쓰
는 2형식 동사들만 자유자재로 활용해도 원어민 못지않은 자연스러운
문장을 만들 수 있죠.

이번에는 4형식, 즉 주어와 술어 외에 두 개의 목적어 자리가 필요
한 동사를 살펴볼까요? 여기서 두 개의 목적어란 동사의 의미에 생략
된 말이 두 개…에게, ~을임을 뜻합니다.

그는 내게 책 한 권을 줬다.   He gave me a book.

give는 '~을 …에게 주다'라는 뜻의 동사로, 의미상 생략된 대상이 두 개입니다. 목적어 자리가 두 개라는 말이죠. 하나는 '~을'에 해당하는 직접목적어, 다른 하나는 '…에게'에 해당하는 간접목적어 자리로, 이런 구조를 '4형식'이라고 부릅니다. 다만 give는 목적어가 하나인 3형식 문장도 만들 수 있습니다. 가령 He gave a book to me.에서 to me는 목적어가 아니라 부사 역할을 하는 '전치사구'인데요, 4형식에서는 두 목적어의 중요도가 같았지만 3형식에서는 me가 핵심어가 아닌 수식어로 밀려나면서 중요도도 떨어지게 되죠. give 외에 목적어가 두 개인 동사로는 bring…에게 ~을 가져다 주다, send…에게 ~을 보내다, show…에게 ~을 보여 주다, buy…에게 ~을 사 주다, make…에게 ~을 만들어 주다 등이 있습니다.

그럼 5형식은 어떤 형태를 말할까요? 5형식을 만드는 동사도 사전적 의미에 생략된 말이 두 개이긴 하지만 4형식 동사와는 성격이 좀 다릅니다. 어떻게 다른지는 예문을 통해 살펴보죠.

He drives me crazy.

그 사람 때문에 열 받아.

drive 하면 '운전하다'가 떠오를 텐데요, '운전하다'라는 의미로 쓰이면 1형식I can drive.나는 운전할 수 있다 또는 3형식He drives a truck.그는 트럭을 운전한다 문장을 만들 수 있습니다. 하지만 위처럼 '~을 …하게 몰아넣다어떤 처지에 빠지게 하다'라는 뜻으로도 쓰이죠. 여기서 두 번째 생략어인 '…하게'는 '~을'에 해당하는 목적어를 구체적으로 설명해 줍니다. 즉 '~을'은 목적어 자리, '…하게'는 목적어를 설명하는 목적격 보어 자리가 되어 「주어+술어+목적어+목적격 보어」 구조의 5형식을 만들어 내는 거죠. 위 예문에서는 crazy가 me를 보충하는 목적격 보어로 쓰였고요.

그는 방을 따뜻하게
유지했다.

그들은 그가 길을 따라
달리는 모습을 본다.

그 이야기는 날 웃음 짓게
한다.

부모님은 계획을 밀고
나가라고 격려해 주신다.

ⓐ He keeps the room warm.

ⓑ They see him running along the street.

ⓒ The story makes me laugh.

ⓓ My parents encourage me to continue the plan.

ⓐ의 keep은 '~한 상태로 있다'라는 뜻의 2형식 동사로도 쓰이지만 '~을 …한 상태로 있게 하다'라는 뜻의 5형식 문장도 만들 수 있습니다. 여기서는 형용사 warm이 room의 상태를 구체적으로 설명해 주는 군요. see가 술어인 ⓑ에서는 현재분사 running이 him의 상태를 보충 설명하고, make가 술어인 ⓒ에서는 동사원형 laugh가 me를 보충 설명합니다. encourage가 술어인 ⓓ에서는 to부정사구 to continue the plan이 me의 상황을 구체적으로 설명하고 있고요. keep, see, make, encourage 모두 사전적 의미에 '~을 …하게'에 해당하는 두 개의 공백이 있기 때문에 5형식을 만들어 내는 거죠.

그런데 한 가지 이상한 점을 눈치채셨나요? 앞서 살펴본 영작문의 원리에서는 분명 목적격 보어 자리에 명사/대명사/형용사만 올 수 있다고 했는데, 여기서는 형용사 warm 외에도 현재분사 running, 원형부정사동사원형 laugh, to부정사 to continue가 보어 자리에 놓여 있으니 고개를 갸우뚱하시는 분도 있을 겁니다. 틀린 듯 보이지만 문법적으로는 전혀 문제가 없습니다. 앞서 말했듯 단어 말고도 구와 절 또한 명사/형용사/부사로 변할 수 있으니까요. 다시 말해 running은 형용사, laugh와 to continue는 명사의 기능을 하는 거죠.

Writing Session 01
원어민이
읽고 쓰고 말하는
기본 문형

한국인들은 1형식, 3형식, 4형식 문형을 선호하는 반면, 2형식과 5형식 문형은 잘 구사하지 못합니다. 반대로 원어민들은 2형식과 5형식 문형을 즐겨 쓰는데요, 이 두 문형이 군더더기 없는 간결한 문장을 만들기 때문이죠. 가령 '날씨가 좋지 않아 우리는 집에 있었다'를 영어로 옮길 때 한국인 대다수는 We stayed home because the weather was bad.(1형식+2형식)라고 쓰지만, 원어민은 The bad weather made us stay home.(5형식)이라고 쓰는 경우가 더 흔합니다. 좀 더 자연스러운 영어를 구사하고 싶다면 이처럼 우리가 잘 쓰지 못하는 문형들을 파악하고 암기하고 적용해 보는 연습을 꾸준히 해야 합니다. 그런 의미에서 2형식과 5형식 동사를 중심으로 한 문형은 꼭 알아 둬야 하죠.

미국식 영작문 패턴 ①
: ~가 되다

'~가 되다'를 뜻하는 동사, 하면 2형식 동사 become이 자동으로 떠오르죠? '~가 되다'는 '상태가 바뀌거나 변하다'를 뜻하는데요, '추워지다, 따뜻해지다'처럼 '어떤 상태로 됨'을 뜻하는 우리말의 '~(해)지다'에 해당하죠. 한국인들은 '~가 되다'를 무조건 become으로 옮기는 습관이 있지만, 원어민들은 문맥에 따라 become 외에 come, go, turn, grow, get, fall, run, break 등 저마다 다른 뉘앙스를 지닌 동사를 씁니다.

되다	become	되면서	ⓐ He **became** a doctor. 그는 의사가 되었다.
	come	오면서	ⓑ Your dream **came** true. 네 꿈이 실현되었다.
	go	가면서	ⓒ His shoes **went** loose. 그의 신발끈이 풀렸다.
	turn	바뀌면서	ⓓ Her hair **turned** grey. 그녀의 머리가 하얗게 셌다.
	grow	커지면서	ⓔ He **grew** angry. 그는 화가 났다.
	get	다다르면서	ⓕ The party **got** exciting. 파티가 흥미진진해졌다.
	fall	떨어지면서	ⓖ My cat **fell** asleep. 내 고양이가 잠이 들었다.
	run	달려오면서	ⓗ His moods **ran** high. 그의 기분이 고조됐다.
	break	부서지며	ⓘ He **broke** free. 그는 자유롭게 되었다.

ⓑ에서는 '실현되다'의 '되다'를 come으로 표현했군요. come은 다양한 뜻을 가진 만큼 다양한 형식을 만들어 내는 만능동사 중 하나입니다. '~가 되다'라는 뜻으로도 자주 쓰이지만 become과는 뉘앙스가

조금 다른데요, 방향성을 강조해 '오면서 되다[변하다]'라는 의미를 나타내기 때문이죠. 여기서 come을 쓴 이유는 꿈이 내게 다가오듯 차차 실현되는 상황을 나타내기 때문입니다. ⓒ의 go는 어떤 상태로 '나아가는, 되어 가는'을 뜻합니다. 꽉 조여 있던 상태에서 '느슨해지는' 상태로 변화하는 상황을 나타내죠. ⓓ의 turn은 다른 것으로 바뀔 때 주로 쓰이는 동사로, 여기서는 검은색이 회색으로 바뀌는 상황을 묘사합니다. ⓔ의 grow는 정도, 양, 크기 등이 점점 늘면서 변화하는 상태를 나타내는데요, 예문에서도 화가 점차 치밀어 오르는 느낌을 전달하고 있죠. ⓕ의 get은 어떤 지점에 다다르면서 변화하는 상황을 나타내고, ⓖ의 fall은 갑작스럽게 변화할 때, ⓗ의 run은 어떤 상태로 빠르게 진행되면서 변화할 때, ⓘ는 부서지면서 될 때 주로 쓰입니다.

이들 예문은 모두 「주어+동사+주격 보어」 구조의 2형식 문장으로, 주어를 보충 설명하는 주격 보어자리에 true, loose, grey, angry, exciting, asleep, high, free 등의 형용사가 들어가 있습니다. 이같은 2형식 문형은 상태나 동작을 구체적으로 묘사할 때 유용하게 쓰이지만, 한국인들은 잘 구사하지 못하죠. 그럼 다음 영작문 과제들을 직접 해 보면서 이 패턴들을 하나씩 익혀 볼까요?

기압이 낮을 때 공기는 하늘로 상승합니다. 공기 중의 수증기는 액체와 구름 형태로 바뀝니다. 더 많은 공기가 상승하면서 기압은 점점 더 낮아지죠. 그리고 구름은 점점 커지고 어두워집니다. 기압이 낮을 때는 많은 양의 비나 눈이 내릴 수 있습니다. 다행히도 대부분의 경우 기압은 높습니다. 기압이 높을 때는 공기가 땅 쪽으로 가라앉죠.

기압이 낮을 때 공기는 하늘로 상승합니다.

구문Tip 접속사 when, 현재진행형

공기 중의 수증기는 액체와 구름 형태로 바뀝니다.

구문Tip 1형식 동사 turn

더 많은 공기가 상승하면서 기압은 점점 더 낮아지죠.

구문Tip 접속사 as, 2형식 동사 get, 비교급 + and + 비교급

그리고 구름은 점점 커지고 어두워집니다.

구문Tip 2형식 동사 get, 비교급 + and + 비교급

기압이 낮을 때는 많은 양의 비나 눈이 내릴 수 있습니다.

구문Tip 접속사 when, 조동사 may

다행히도 대부분의 경우 기압은 높습니다.

구문Tip 부사어구 most of the time

기압이 높을 때는 공기가 땅 쪽으로 가라앉죠.

구문Tip 접속사 when, 현재진행형

Expression Tip air 공기, 대기 pressure 압력 rise 오르다, 올라가다 water vapor 수증기 liquid 액체 form 형태 sink 가라앉다 toward ~쪽으로 earth 땅, 지면

HOW TO WRITE

첫 번째 문장은 '때'와 '조건'을 동시에 나타내기 때문에 부사절을 이끄는 종속접속사 when이 필요합니다. 중요한 건 부사절을 문두로 보내고 쉼표를 붙인 다음 주절을 연결한다는 점인데요, 영어에서는 부사절이 주로 문장의 뒤에 위치하지만 내용상 강조가 필요하거나 부사절이 먼저 나와야 의미를 이해하기 쉬울 경우 문두로 도치해 쉼표를 붙이죠. 주절에서는 어떤 현상이 진행되는 모습을 묘사하고 있으니 진행형을 쓰는 게 좋겠군요. 참고로 air가 '공기, 대기'를 뜻할 때는 앞에 정관사를 쓰지 않지만 공간의 범주를 나타내는 '공중'의 의미로 쓰일 때는 앞에 the를 붙여야 합니다.

두 번째 문장의 '수증기는 ~로 바뀝니다'를 보고 혹시 change가 떠올랐나요? change는 온도가 1도에서 5도로 바뀌는 등 대상의 세부 내용이 바뀌거나 사람의 성격 등이 바뀔 때 주로 쓰이지만, 대상 자체가 바뀔 때는 turn을 씁니다. 여기서는 수증기가 구름으로 아예 탈바꿈했다는 의미이므로 1형식 동사 turn에 전치사 to를 붙여 바뀌는 대상을 나타냅니다.

그다음 문장에서는 '점점 ~해지다'가 고민스럽죠? 여기에 딱 맞는 표현이 바로 「비교급+and+비교급」입니다. 이때는 '~가 되다'를 뜻하는 2형식 동사 get 또는 grow가 주로 어울려 쓰이는데요, grow는 수량이 늘어나 바뀌는 상황을 나타내니 여기서는 get을 써서 the pressure gets lower and lower라고 하면 되겠군요.

그다음 문장에서는 부사절 '기압이 낮을 때는'을 뒤로 보내는 게 좋겠네요. 강수량이 많아진다는 주절의 의미가 더 비중이 크기 때문이죠. 이처럼 의미의 비중과 역할에 따라 부사절의 위치는 달라질 수 있습니다.

When air pressure is low, air is rising into the sky. Water vapor in the air **turns** to liquid and clouds form. As more air rises, the pressure gets lower and lower. And the clouds **get** bigger and darker. Lots of rain or snow may **fall** when the air pressure is low. Luckily, the air pressure is high most of the time. When air pressure is high, air is sinking toward earth.[1]

속속들이 뜯어보는 영단어

turn 의 핵심은 '회전'과 '전환[바뀜]'입니다. '회전'을 뜻할 때는 The wheel turns on its axis. 바퀴는 축을 중심으로 회전한다.와 같은 1형식과 He turned the doorknob and opened the door. 그는 손잡이를 돌려 문을 열었다.와 같이 목적어를 취하는 3형식을 만들죠.

'전환'은 방향이 바뀌거나 대상 자체가 바뀜을 뜻합니다. 방향 전환일 때는 Plants turn toward the sun. 식물은 태양 쪽으로 방향을 바꾼다.과 같은 1형식과 The police turned the water canon toward the crowd. 경찰은 군중에 물대포를 겨냥했다.와 같은 3형식을 만듭니다.

대상 자체가 바뀔 때는 The water bottle turns into an instrument. 이 물병은 악기로 바뀐다.와 같은 1형식을, 바뀌면서 변화할 때는 His father turned 75 last year. 그의 아버지는 작년에 75세가 되셨다.와 같은 2형식을, 목적어를 취할 때는 The company turns waste into resource. 그 회사는 쓰레기를 자원으로 바꾼다.와 같은 3형식이나 Her rejection turned me down. 그녀의 거절이 날 우울하게 했다.과 같이 '~을 …하게 바꾸다'를 뜻하는 5형식을 만들죠.

get 의 핵심은 '가짐, 닿음, 만듦'입니다. '가짐'을 뜻할 때는 I like a room that gets plenty of sunshine. 나는 채광이 잘되는 방이 마음에 들어요.과 같이 주어져서 가지는 경우, He was in trouble but got the money somehow. 그는 곤경에 처했지만 어쩐 일인지

돈을 구해 왔다.와 같이 적극 쟁취하는 경우, Let's get a taxi, or we will be late.택시 타자. 안 그럼 늦을 거야.와 같이 교통편을 취하는 경우, He got terrible headaches.그는 심한 두통에 시달렸다.와 같이 병을 가진 경우, He got five years for fraud.그는 사기죄로 5년을 선고받았다.와 같이 처벌을 취하는 경우를 나타내죠.

가서 가져온다는 의미일 때는 You should go and get your son from school.당신은 학교로 가서 아들을 데려오는 게 좋겠어요.과 같은 3형식과 Would you get him some food, please?그분께 음식 좀 가져다 주시겠어요?와 같은 4형식을 만듭니다. 사서 가진다는 의미일 때도 Where did you get this great shirt?이 멋진 셔츠는 어디서 샀어?와 같은 3형식과 Didn't you get your dad a present?아버지께 선물 사드린 거 아니었어요?와 같은 4형식을 만들죠.

'닿음'을 뜻할 때는 We managed to get to Los Angeles at 10 o'clock.우리는 10시에 로스 앤젤레스에 겨우 도착했다.처럼 어떤 장소에 닿거나 He got sick after his dog died.그는 반려 견이 죽고 나서 앓았다.처럼 특정 상태에 이르거나 You will be disappointed once you get to know him.그와 알고 지내다 보면 실망하게 될 거야.처럼 특정 지점에 다다르거나 I could not get what he was saying.그 사람이 무슨 말을 하는 건지 못 알아들었어요.처럼 이해하는 지점에 닿는 경우를 나타냅니다.

'만듦'을 뜻할 때는 When do you think you will get the work finished?언제쯤 작업을 다 끝낼 것 같나요?처럼 무언가를 하게 만들거나 My teacher got Jim to help me with my homework.선생님은 짐한테 내 숙제를 도와주라고 하셨다.처럼 설득해서 하게 만드는 경우를 나타내죠.

fall 의 핵심은 '빠른 하강'입니다. 주로 1형식을 만들어 The rain has been falling all day.하루 종일 비가 내린다.처럼 위에서 아래로 떨어지는 '추락'을 뜻하거나 My mother fell as she reached for the glass.엄마는 물잔에 손을 뻗다가 넘어지셨다.처럼 '넘어지다'를 뜻하죠. 갑자기 어떤 상태로 변함을 뜻할 때는 She always falls asleep before midnight.그녀는 항상 자정이 되기 전에 잠이 든다.과 같은 2형식도 만듭니다.

물리적인 하강뿐 아니라 크기, 수준, 정도, 양 등이 줄어든다는 의미로도 쓰여 가격, 임금, 성적, 열정 등 다양한 주어를 취할 수 있는데요, 가령 The sales in the automotive industry are expected to fall this year.올해는 자동차 업계 매출이 떨어질 것으로 전망된다.의 경우 판매량의 감소를, The temperatures are going to fall due to the recent rainfall.최근 내린 비로 기온이 떨어질 것이다.의 경우 정도의 하락을 나타내죠.

내린 눈이 가파른 산의 측면에 쌓이게 되면 경사면 전체가 갑자기 허물어져 산 아래로 미끄러져 내려갈 수 있는데 시간당 최고 200 마일의 속도로 내려갑니다. 눈사태로 인해 사망하는 에베레스트산 등반객이 가장 많죠. 에베레스트산은 너무 높아서 제트 기류에 영향을 받습니다. 이것은 폭이 좁고 빠르게 움직이는 기류로 해수면으로부터 6~10마일 위에서 지구를 돌고 있어요.

내린 눈이 가파른 산의 측면에 쌓이게 되면 경사면 전체가 갑자기 허물어져 산 아래로 미끄러져 내려갈 수 있는데 시간당 최고 200 마일의 속도로 내려갑니다.

구문Tip 접속사 When, 2형식 동사 Break, 분사구문

눈사태로 인해 사망하는 에베레스트산 등반객이 가장 많죠.

구문Tip 비교급을 이용한 최상급 표현

에베레스트산은 너무 높아서 제트 기류에 영향을 받습니다. 이것은 폭이 좁고 빠르게 움직이는 기류로 해수면으로부터 6~10마일 위에서 지구를 돌고 있어요.

구문Tip So ~ that 구문, 동격 수식, 분사 수식

Expression Tip snowfall 내린 눈 steep 가파른 mountainside 산의 측면 slope 경사면 avalanche 눈사태 jet stream 제트 기류 air current 기류 sea level 해수면

HOW TO WRITE

첫 문장에서 무언가를 '쌓다'고 할 때 accumulate를 떠올린 분이 있을 겁니다. 이 단어는 오랜 기간 부와 재화 등을 모아 쌓는다는 뜻으로 위의 문맥에는 맞지 않죠. 대신 쌓아서 견고하게 만든다는 뜻의 build up이 눈을 설명하기에는 적격입니다. 이 문장에서는 같은 의미의 자동사로 쓰면 되겠네요. 경사면 전체는 the whole section of a slope는 어떨까요? 부분이 아닌 전체 모두를 강조할 때 whole이 종종 등장합니다.

'허물어지다'에 앞에서 배운 '~이 되다'의 break를 활용할 수 있겠네요. 흔히 알려진 collapse는 폭삭 내려앉는다는 뜻으로 위에 맞지 않습니다. 서서히 무너져 내린다는 뉘앙스를 살리기 위해서는 형용사 loose를 주격 보어에 자리에 넣어 'break loose'로 표현하는 것을 제안합니다. '시간당 최고 200 마일의 속도로 내려간다'는 앞 문장을 수식하는 기능을 하기 때문에 동일한 구조보다는 분사의 형태로 표현하는 것이 좋을 듯합니다.

두 번째 문장은 중고등학교 시절 한 번쯤 들어봤을 비교급을 이용한 최상급 표현이 필요하네요. '눈사태로 인해 사망자가 가장 많다'가 바로 그것이죠. '비교급 + than + anything else'를 사용해 훌륭하게 나타낼 수 있습니다.

제시된 개념을 뒤에서 설명할 때 보통 한국어는 마지막 문장과 같이 '이것은'이라고 시작하는 별도의 문장이 등장합니다. 하지만 영어에서는 'It is'로 시작하지 않습니다. 불필요하기 때문에 대부분 동격 수식의 구조를 가지죠. 그래서 '제트기류'의 개념을 설명하는 문장이 'a narrow, fast-moving air current that circles the world six to ten miles above sea level'로 the Jet stream 바로 뒤에서 동격으로 꾸며줍니다.

When snowfall builds up on a steep mountainside, a whole section of a slope may break loose suddenly and slide down the mountain, moving at speeds of up to 200 miles per hour. More climbers on Mount Everest are killed by avalanches than by anything else. Mount Everest is so tall that it's affected by the jet stream, a narrow, fast-moving air current that circles the world six to ten miles above sea level.[2]

속속들이 뜯어보는 영단어

break

는 '부서짐'입니다. 부수는 대상이 무엇이냐에 따라 의미도 조금씩 달라지는데요. 우선 특정 대상을 부숴 못쓰게 한다는 의미로 쓰이면. My mobile phone fell to the floor and broke. 내 핸드폰이 바닥에 떨어져서 부서졌다.와 같이 1형식, Jack fell and broke his leg. 잭은 넘어져 다리가 부서졌다.와 같은 3형식을 만듭니다. '부서져 어떤 상태가 되다'라는 의미로 쓰이면, The boat broke loose during the storm. 폭풍이 몰아칠 때 배에 묶어 둔 줄이 느슨해졌다.과 같은 2형식과 They broke the safe open. 그들은 금고를 부숴 열었다.과 같은 5형식을 만들죠.

유지되고 있는 것을 깬다는 의미도 있습니다. 이 경우 어떤 상태를 갑작스레 변화시킨다는 의미로 확대돼 We need someone to break the silence. 이 정적을 깨뜨려 줄 사람이 필요하군요.처럼 나타내거나, He has finally broken his promise to me. 그는 결국 나와 한 약속을 깨뜨렸다.처럼 쓰여 약속을 깬다는 의미를 나타낼 수 있죠. 법을 위반한다는 의미로도 쓰여 Anyone who breaks the law will be subject to punishment. 법을 어긴 사람은 누구든 처벌을 받게 된다.처럼 나타낼 수 있습니다.

덩어리 등을 부숴 조각이 나게 한다는 의미를 나타낼 때는 주로 down과 함께 쓰입니다. 이 의미가 확대돼 '세분화하다, 나누다'라는 뜻으로 쓰이면 Let me break the cost down into transportation, food, and hotel. 비용을 교통비, 식대, 숙박비로 나눠 보죠.과 같은 3형식을 만들 수 있죠.

무언가를 깨뜨려 내용물을 보여주듯 알려지지 않은 사실을 폭로한다는 의미로도 쓰입니다. 이때는 His happy marriage came to an end when the scandal broke.추문이 돌자 그의 행복한 결혼생활도 끝났다.와 같은 1형식, Do you know which newspapers broke the story?어느 신문사에서 이 기사를 터뜨렸는지 알아요?와 같이 3형식을 만들죠.

slide

의 핵심은 '미끄러짐'입니다. 표면을 미끄러진다는 의미로 A car slid off the road and hit a barricade.차가 도로에서 미끄러져 나가 바리케이드를 부딪쳤다.와 같은 1형식, The door was sliding open of itself.문이 미끄러져 저절로 열렸다.와 같은 2형식, Don't slide your hand along the rail—it may hurt you.난간을 손으로 훑지 마세요. 다칠 수도 있습니다.와 같은 3형식, He noticed his boss coming and quietly slid the drawer shut.그는 보스가 다가오는 것을 봤고 서랍을 조용히 닫았다.와 같은 5형식을 만듭니다.

이외에도 타인이 인식하지 못할 정도로 조용히 빠르게 움직인다는 의미로 쓰여 They slid into bed and fell asleep at once.그들은 잠자리에 들었고 바로 잠이 들었다.라고 하거나, 목적어를 취해 He was sliding the envelop into his pocket.그는 편지봉투를 주머니에서 재빨리 집어넣었다.라고도 합니다.

가치나 정도가 점진적으로 천천히 떨어진다는 뜻으로 The birth rate has slid to the lowest level.출산율이 최저치로 내려갔다.라고 하거나, 나쁜 상황에 빠져든다는 의미로 The world economy is sliding into recession.세계 경제가 불황에 빠져들고 있다.이라고 할 수도 있습니다.

kill

의 핵심은 '죽이기'입니다. 생명을 죽인다는 의미로 Driving while intoxicated will kill.음주 운전은 생명을 앗아간다.과 같은 1형식, Car crashes kill hundreds of people every year.자동차 사고로 매년 수백 명이 목숨을 잃는다.와 같은 3형식을 만들죠.

관계나 활동의 종식을 나타내는 의미도 있어, Lack of trust can kill your relationship with Laura.믿음이 부족하면 당신과 로라와의 관계는 오래가지 못할 수 있다.라고 하거나, 고통을 끝낸다는 의미로 It would kill me if I were punished for what I am not guilty of.내가 지은 죄도 아닌데 처벌받는다면 나는 미쳐버릴 거예요.라고도 합니다.

흥미롭게도, kill은 너무 즐겁고 웃긴 경우에 I couldn't help laughing—they were killing me.웃음을 멈출 수가 없었어요. 그들은 정말 웃겼어요.라고 할 수 있고, 너무 화가 난 경우에도 My mother would kill me if she knew that I cut class.수업 빼먹은 것 알면 엄마는 나를 죽이려 들 거야.라고 할 수 있습니다.

여러분이 긴장감을 느낄 때 여러분의 근육은 경직될 수 있습니다. 여러분은 이를 악물거나 어깨를 움츠리거나 주먹을 꽉 쥘지도 모릅니다. 감정이 격해질 때 여러분의 이마와 손에서는 땀이 날지도 모릅니다. 기분이 고조될 때는 얼굴이 붉어질지도 모릅니다. 이런 신체적인 반응들 중 하나를 경험할 때는 놀라지 마세요. 이것은 정상입니다.

여러분이 긴장감을 느낄 때 여러분의 근육은 경직될 수 있습니다.

구문Tip 2형식 동사 feel, 2형식 동사 get

여러분은 이를 악물거나 어깨를 움츠리거나 주먹을 꽉 쥘지도 모릅니다.

구문Tip 조동사 might, 전치사구 in tight fists

감정이 격해질 때 여러분의 이마와 손에서는 땀이 날지도 모릅니다.

구문Tip 2형식 동사 run

기분이 고조될 때는 얼굴이 붉어질지도 모릅니다.

구문Tip 2형식 동사 get/run, 전치사구 in the face

이런 신체적인 반응들 중 하나를 경험할 때는 놀라지 마세요.

구문Tip 부정명령문

이것은 정상입니다.

구문Tip 대명사 it

Expression Tip tense 긴장한 muscle 근육 clench 꽉 쥐다 hunch up one's shoulders 어깨를 움츠리다 emotion 감정, 정서 strong (감정이) 격한 sweat 땀을 흘리다 mood 기분 physical 신체적 reaction 반응 freak out 자제력을 잃다 normal 정상적인

HOW TO WRITE

우리가 흔히 쓰는 일상적인 표현들로 이루어진 글이군요. 그런데 막상 영어로 옮기려니 막막한 기분이 듭니다. 우선 앞서 배운 동사를 떠올리며 차근차근 한 문장씩 만들어 볼까요. 술어를 보니 '근육이 경직되다', '감정이 격해지다', '기분이 고조되다', '얼굴이 붉어지다' 등 '되다'류 동사를 쓴 대표적인 2형식 구조임을 알 수 있습니다. 물론 '되어가는' 방식에 따라 각기 다른 동사를 써야겠죠?

'~할 때'는 부사절 접속사 when을 씁니다. 접속사니까 당연히 뒤에는 주어와 동사가 오겠죠? feel은 2형식 동사니까 주격 보어 자리에 feel의 감정을 구체적으로 나타내는 형용사를 넣으면 됩니다. '경직되다'는 어떤 상태에 이른다는 의미니까 get이 적절하겠네요.

clench는 무언가를 '강하게 쥐다'를 뜻합니다. 주로 강한 의지나 분노 같은 감정을 표출할 때 주먹을 꽉 쥔 모습을 떠올리면 되는데요, 원어민들이 자주 쓰는 동사이므로 clench your teeth 이를 악물다, hunch (up) your shoulders 어깨를 움츠리다, hold your hands in tight fists 주먹을 꽉 쥐다와 같은 관용 표현도 함께 알아 두면 유용합니다.

'감정이 격해지다'에서는 감정이 솟구치는 느낌이 들지 않나요? 이때 2형식 동사 run을 쓰면 감정이 힘차게 솟아오르는 듯한 느낌을 전달할 수 있습니다. 보어 자리에는 strong이 어울리겠군요. 이 문맥에서 strong은 신체적으로 강하다기보다 '(감정이) 격한'을 의미하죠. '기분이 고조되다'는 어떨까요? 마찬가지로 moods run high라고 합니다. '얼굴이 붉어지다'는 붉게 변하는 지점에 다다른다는 말이니 get red라고 하면 되겠네요.

When you feel tense, your muscles can get tight. You might clench your teeth, hunch up your shoulders, or hold your hands in tight fists. When your emotions run strong, your forehead and hands might sweat. You may get red in the face when your moods run high. When you experience one of these physical reactions, don't freak out. It is normal.[3]

속속들이 뜯어보는 영단어

feel은 크게 세 가지 의미로 나뉘는데요, 먼저 '신체적, 감정적으로 무언가를 느끼다'를 의미할 때는 I really felt sick.저는 심하게 앓았어요.과 같은 2형식과 We are feeling hot air around us.우리 주변에서 뜨거운 공기가 감지된다.와 같은 3형식, I felt something crawling down my neck.목에 무언가가 기어 내려가는 듯한 느낌이었다.과 같은 5형식을 만들죠.

특정한 입장을 자각하거나 깨닫는다는 의미로 쓰이면 strongly 등 부사의 수식을 받아 Do you feel very strongly about our plan?우리 계획에 확신을 갖고 있나요?과 같은 1형식, I feel that we should leave right now.우린 지금 당장 떠나야 할 것 같아.와 같이 that절을 목적어로 취하는 3형식, I feel myself privileged to practise medicine.나는 의학에 종사하게 된 것을 영광스럽게 생각한다.과 같이 목적격 보어를 쓴 5형식을 만듭니다.

'무언가를 찾거나 알기 위해 만지다'를 의미할 때는 I was feeling in the drawer for the money.나는 돈을 찾으려고 서랍을 뒤지던 중이었다.와 같은 1형식과 They felt the coldness of their kids' faces.그들은 아이들의 차가운 얼굴을 만졌다.와 같은 3형식을 만들죠.

hold의 핵심은 '일시성'입니다. 일시적으로 상태를 유지하거나 가지고 있거나 버티고 있어 언제 사라지거나 바뀔지, 언제 잃어버릴지 알 수 없음을 의미하죠. '일시적으로 상태를 유지하다'를 뜻할 때는 She was holding my bag while I opened the cabinet.내가 사물함을 여는 동안 그녀가 내 가방을 들고 있었다.과 같은 3형식과 Could you hold the door open for me? 문을 잡아 주시겠어요?와 같은 5형식을 만듭니다.

'일시적으로 가지다'를 뜻할 때는 I asked the store to hold this item for me.나는 이 물건을 다른 사람에게 팔지 말라고 가게에 당부했다. 또는 The rebels held the town.폭도들은 그 마을을 장악했다.과 같은 3형식을 만듭니다. 미팅이나 행사도 일시적인 모임을 뜻하므로 They held a meeting to discuss this matter.이 문제를 논의하기 위해 그들은 회의를 열었다.처럼 쓰이기도 하죠. The rebels held him hostage for a week.폭도들은 그를 일주일 동안 인질로 잡고 있었다.과 같은 5형식도 가능합니다.

'일시적으로 버티는 상태나 기간'을 나타내기도 하는데요, 이때는 We hope our good luck will hold.우리는 행운이 계속 따라주길 바라.와 같은 1형식, The company is holding sales at its present level.회사는 현수준의 판매량을 유지하고 있다.과 같은 3형식을 만들죠. 무게를 지탱한다는 의미도 있어 I don't think one bag will hold all of the stuff here.가방 하나로는 여기 있는 물건을 다 담을 수 없을 듯하다.처럼 쓰이기도 합니다.

run 의 핵심은 '속도감'입니다.

'달리다'라는 뜻으로 쓰일 때는 다양한 주어가 올 수 있는데요, 이 경우 This bus runs every hour.이 버스는 한 시간마다 다닌다. 또는 Electricity runs through cables.전기는 케이블을 따라 흐른다.와 같은 1형식과 The gap between the two runs deep.두 사람은 골이 깊어요.과 같은 2형식을 만듭니다.

여러 구성 요소들이 일사불란하게 굴러간다는 의미에서 '운영하다'를 뜻하기도 합니다. 이때는 I had to have the new computer running before noon.나는 정오가 되기 전에 새 컴퓨터를 작동시켜야 했다. 또는 What can we do to keep the economy running?경제가 계속 돌아가게 하려면 어떻게 해야 할까요?과 같은 1형식을 만들거나 He has run this restaurant since last year.그는 지난해부터 이 식당을 운영하고 있다.와 같은 3형식을 만들죠.

액체가 높은 데서 낮은 데로 흐르는 데도 속도가 필요하죠? 이처럼 '흐름'을 의미할 때는 I turned the tap on and ran the water on my hand.나는 수도꼭지를 틀었고 물이 손등을 타고 흘렀다.와 같은 3형식, My tears were running down my cheek.눈물이 뺨을 타고 흘러내렸다.과 같은 1형식 문장을 만들 수 있습니다.

미국식 영작문 패턴 ②
: (~한 채로) 있다/쭉 ~하다

우리말에서는 상태나 동작을 표현할 때 동사를 만드는 접미사 '~이다/~하다'를 주로 쓰다 보니 영어의 be동사와 헷갈리는 경우가 많습니다. 그래서인지 They are quiet.와 They keep quiet.의 차이를 잘 구분하지 못하죠. 하지만 원어민들은 어떤 상태나 동작이 유지되느냐 아니냐에 따라 keep과 be동사를 가려 씁니다.

'(~한 상태로) 있다/(계속) ~하다'를 뜻하는 keep, stay, stand, sit, lie는 다른 말과 결합해 구체적인 상태를 나타낸다는 점에서 be동사와 비슷해 보이지만 자세히 살펴보면 엄연히 다릅니다. 우선 keep은 '특정 상태나 동작을 유지하다'라는 의미를 나타내는데요, 가령 아래 ⓐ처럼 보어 자리에 형용사가 오면 어떤 상태가 얼마간 유지되고 있음을 뜻하거나 ⓑ처럼 동사의 ~ing 형태가 오면 어떤 행위를 '계속 ~하다'라는 의미를 뜻하는 2형식 문장을 만들 수 있습니다.

~있다/ ~하다	keep	유지	ⓐ They **keep** quiet. 그들은 조용하다.
			ⓑ He **keeps** crying. 그는 계속 운다.
	stay	지속	ⓒ Mike **stays** healthy. 마이크는 건강하다.
	stand	서서	ⓓ The building **stands** empty. 그 건물은 비어 있다.
	sit	앉아서	ⓔ They **sit** crouched. 그들은 웅크려 앉아 있다.
	lie	누워서	ⓕ He **lies** awake. 그는 잠이 깬 채 누워 있다.

stay는 keep과 의미가 비슷해 보이지만 기존 상태를 유지할 때만 쓰인다는 차이가 있죠. 가령 ⓒ는 과거에도 건강했고 지금까지도 건강한 상태를 계속 유지하고 있음을 암시합니다. 원래 건강한 사람이라는 말이죠. keep은 We keep the room clean. 우리는 방을 깨끗하게 유지한다과 같은 5형식 문형도 만들지만 stay는 그렇지 않다는 점도 다릅니다.

stand, sit, lie의 의미를 각각 '서다, 앉다, 눕다'로 알고 있을 텐데요, be동사 대신 이들 동사를 쓰면 한동안 지속되는 상태나 구체적인 상태를 나타낼 수 있습니다. 가령 ⓓ처럼 건물이 그냥 존재하는 것이 아니라 '서서' 존재한다는 구체적인 상태를 나타낼 수 있죠. ⓔ에서는 '앉아 있는 채로' 웅크리고 있는 모습을 묘사하고, ⓕ에서는 그냥 깨어 있는 것이 아니라 '누운 상태'에서 깨어 있음을 알 수 있습니다. 이 표현들은 맥락에 따라 '웅크리고 앉아 있다'와 '잠들지 않고 누워 있다'는 식으로 해석하기도 하죠.

식물은 생물입니다. 이들은 아주 작은 수초부터 높이 솟은 나무까지 모든 형태와 크기로 나타납니다. 모든 식물들처럼 나무도 살아남기 위해 자신들의 잎사귀가 필요합니다. 잎은 나무의 식량 공장이죠. 이들은 엽록소라고 불리는 끈적끈적한 녹색 물질을 함유하고 있습니다. 아카시아와 같은 나무들은 초식동물이 가까이 오지 못하게 하는 가시를 갖고 있죠.

식물은 생물입니다.

구문Tip 동사 live(현재분사형 형용사)

이들은 아주 작은 수초에서부터 높이 솟은 나무까지 모든 형태와 크기로 나타납니다.

구문Tip 1형식 동사 come, from A to B

모든 식물들처럼 나무도 살아남기 위해 자신들의 잎사귀가 필요합니다. 잎은 나무의 식량 공장이죠.

구문Tip 전치사 like, to부정사의 부사적 용법, 2형식 동사 stay

이들은 엽록소라고 불리는 끈적끈적한 녹색 물질을 함유하고 있습니다.

구문Tip 동사 call(과거분사)

아카시아와 같은 나무들은 초식동물이 가까이 오지 못하게 하는 가시를 갖고 있죠.

구문Tip 5형식 동사 keep

Expression Tip plant 식물 come in (상품 등이) 나오다 shape 형태 size 크기 tiny 아주 작은 waterweed 수초 tower 우뚝 솟다 contain ~이 들어 있다[함유되다] sticky 끈적거리는 stuff 물건, 물질 chlorophyll 엽록소 acacia 아카시아 thorn 가시 keep away ~을 멀리 하다 plant-eating 초식을 하는

첫 번째 문장은 쉬운 듯 어려워 보이네요. '생물'은 영어로 뭐라고 할까요? '생물'은 동물이나 식물처럼 '생명을 갖고 스스로 살아가는 것'을 가리키는 말입니다. 따라서 동사 live에서 파생된 현재분사형 형용사 living이 명사 thing을 수식하는 living things로 나타내면 말 그대로 '스스로 살아가는 것', 즉 '생물'을 뜻하게 되죠. thing은 보통 물건이나 사물, 무생물을 나타낸다고 알고 있지만 이렇게 형용사 living과 함께 쓰이면 '생물'이라는 정반대의 뜻을 나타낼 수 있습니다.

두 번째 문장의 동사는 come이 적절합니다. 여기서는 '나타나다, 나오다'라는 의미를 나타내는데요, 전치사 in과 함께 쓰이면 '~으로 되어 나오다[나타나다]'를 뜻하죠.

그다음 문장의 '살아남다'는 어떻게 표현할까요? 현재 살아 있고 이 상태를 지속시킨다는 문맥이므로 keep alive가 아닌 stay alive라고 씁니다. stay가 기존 상태를 유지한다는 의미를 나타내기 때문이죠. 따라서 '목적'을 나타내는 to부정사의 부사적 용법을 이용해 to stay alive라고 쓰면 되겠군요. '엽록소라고 불리는'에서는 '~을 …로 부르다'라는 뜻의 「동사＋목적어＋목적격 보어」 구조를 만드는 5형식 동사 call을 써서 a sticky green stuff called chlorophyll의 수식 구조로 나타냅니다.

'초식 동물'은 plant-eating animals라고 합니다. 이처럼 두 단어 사이에 하이픈을 두면 명사를 수식하는 형용사로 쓸 수 있는데요, 여기서 두 번째 단어는 앞의 명사와 능동 관계를 나타내므로 현재분사를 썼습니다. '아카시아와 같은'에서는 like가 아닌 such as가 어울립니다. like는 유사성을 나타낼 때, such as는 예를 언급할 때 사용하죠.

Plants are living things. They **come** in all shapes and sizes, from tiny waterweeds to towering trees. Like all plants, trees need their leaves to **stay** alive. Leaves are a tree's food factories. They contain a sticky green stuff called chlorophyll. Trees such as the acacia have thorns to **keep** plant-eating animals away.[4]

속속들이 뜯어보는 영단어

come

의 핵심은 '기준이 있는 쪽으로 이동함'입니다. 주어 자리에 사람이 올 때는 He came towards me to hand it over. 그는 그걸 내게 건네주려고 내 쪽으로 다가왔다.와 같은 1형식과 Jack came rushing. 잭이 달려왔다.과 같은 2형식을 만들죠. 참고로 come ~ing은 '~하러[하면서] 오다'라는 의미를 나타냅니다.

주어 자리에 사물이 올 때는 부사구를 써서 의미를 더 구체화할 수 있습니다. 가령 This news came as a shock. 이 소식은 충격적이었다.에서는 as a shock가, His resignation came at a good time. 그는 제때 퇴직했다.에서는 at a good time이, This bag comes in many colors. 이 가방은 다양한 색상으로 출시된다.에서는 in many colors가 동사의 의미를 더 구체적으로 나타내죠.

'어떤 상태나 결과에 이르다'라는 의미로도 쓰여 The window came open with a strong gust of wind. 강한 돌풍에 창문이 열렸다.와 같이 '되다'를 뜻하거나 I came to know he liked me. 나는 그가 나를 좋아했다는 것을 알게 되었다.와 같이 to부정사를 써서 '~하게 되다'를 뜻하기도 합니다. 또는 His teeth came out. 그는 이가 다 빠졌다.처럼 부사 out 등을 써서 특정 상태 빠져 나온 상태를 나타낼 수도 있죠.

stay

의 핵심은 '머무름'입니다. 떠나지 않고 같은 장소에 계속 존재한다는 의미일 때는 You stay here—I promise I will be back. 너는 여기서 기다려. 꼭 돌아온다고 약속할게. 또는 I used to stay at my grandmother's home during vacation. 나는 방학 동안 할머니 댁에서 지내곤 했다. 과 같은 1형식을 만들죠. 이 의미가 확대돼 He stayed with the group. 그는 이 단체와 함께하기로 했다. 과 같이 역경을 견디며 행동이나 시기를 함께 한다는 의미를 나타내기도 합니다.

'어떤 상태에 머무르다', 즉 '그대로[~인 채로] 있다'라는 의미로도 쓰이는데요, 이 경우 They stayed calm despite his constant interruptions. 그의 지속적인 방해에도 그들은 침착함을 유지했다. 처럼 주격 보어 자리에 형용사를 넣어 2형식을 만들거나 Please stay away from the broken window. 깨진 창문에서 멀리 떨어져 있으세요. 처럼 away 등의 부사를 추가해 의미를 구체화한 1형식을 만들 수도 있습니다.

keep

의 핵심은 '유지'입니다. 상태 유지를 의미할 때는 He keeps silent. 그는 침묵을 지켰다. 처럼 쓰이거나 행동 유지를 의미할 때는 He keeps saying that. 걔는 그 말만 계속해. 과 같은 2형식, They kept my belongings. 그들은 내 소지품을 보관해 주었다. 와 같은 3형식, The party kept me awake all night. 파티 때문에 밤을 샜다. 과 같은 5형식을 만들죠.

'유지'라는 의미가 확대돼 '지킴'을 뜻하기도 합니다. 특히 '약속이나 믿음을 지키다'를 의미할 때는 They kept the promise. 그들은 약속을 지켰다. 또는 She worked hard and kept her family. 그녀는 열심히 일해서 가족을 부양했다. 와 같은 3형식을 만들죠.

가거나 하지 못하도록 유지시킨다는 의미에서 '붙잡음', '제지'를 뜻하기도 합니다. 이 경우 목적어 뒤에 전치사 from을 넣어 My parents kept me from leaving the town. 부모님은 내가 마을을 떠나지 못하게 하셨다. 과 같이 제지하는 대상을 덧붙이기도 하죠.

그는 잠이 깬 채 별들을 바라봤습니다. 그는 피아노를 연주하는 자신의 모습을 상상했습니다. 그는 벨벳 의자에 앉아 악보를 유심히 보고 있을 것입니다. 그러고 나서 똑바로 앉아 연주를 시작하겠죠. 그는 매끄러운 검은 건반과 흰 건반에 손이 닿는 것을 상상했습니다. 그는 자신이 연주하는 음표들의 맑은 소리가 들리는 듯했습니다. 그는 유명한 피아노 연주자가 되는 모습을 상상했습니다.

그는 잠이 깬 채 별들을 바라봤습니다.

구문Tip 2형식 동사 lie

그는 피아노를 연주하는 자신의 모습을 상상했습니다.

구문Tip 5형식 동사 imagine, 재귀대명사 myself

그는 벨벳 의자에 앉아 악보를 유심히 보고 있을 것입니다.

구문Tip 조동사 would

그러고 나서 똑바로 앉아 연주를 시작하겠죠.

구문Tip 부사 then, 조동사 would

그는 매끄러운 검은 건반과 흰 건반에 손이 닿는 것을 상상했습니다.

구문Tip 동명사 목적어

그는 자신이 연주하는 음표들의 맑은 소리가 들리는 듯했습니다.

구문Tip 조동사 could/would, 목적격 관계대명사

그는 유명한 피아노 연주자가 되는 모습을 상상했습니다.

구문Tip 동명사 목적어

Expression Tip awake 깨어 있는 velvet 벨벳 stool (등받이와 팔걸이가 없는) 의자 study ~을 유심히 보다 music 악보 sit up 자세를 바로 하다 straight 똑바로 smooth 매끄러운 key 건반 crisp (소리가) 맑은 note 음(표)

HOW TO WRITE

첫 번째 문장에서는 누워 있지만 잠들지 않고 깨어 있는 상태를 묘사하고 있으니 2형식 동사 lie가 어울리겠네요. '깨어 있는'을 뜻하는 형용사 awake를 써서 lay awake라고 하면 되겠죠?

'~을 상상하다'는 동사 imagine을 쓰면 되겠네요. imagine은 목적어 자리에 동명사가 오는 3형식 문장과 「주어+동사+목적어+목적격 보어」 형태의 5형식 문장을 만들 수 있는데요, 자신이 특정한 동작을 하고 있는 모습을 상상한다는 문맥이므로 He imagined himself playing the piano. 형태의 5형식으로 나타냅니다. 이때 목적격 보어 자리에는 주로 to부정사가 오지만 목적어로 재귀대명사가 나오면 분사 형태가 오기도 하죠.

머릿속에 그리는 장면들을 묘사하는 이후 문장들에서는 조동사 would가 필요합니다. would는 상상이나 가정을 나타내 '~(할) 것이다'를 뜻하는데요, 여기서도 피아노 의자에 앉아 악보를 정독하고 연주를 하는 일련의 동작들이 상상 속에서 펼쳐지고 있으므로 「would+동사원형」 형태로 나타내야 합니다.

'맑은 소리가 들리는 듯했다'에서는 조동사 could와 부사 almost가 결정적인 뉘앙스를 전달합니다. almost는 '한도에 매우 가까울 정도로'를 뜻하고 could는 가능성을 나타내므로 could almost hear를 의역하면 '들릴 정도였다, 들리는 듯했다'로 해석할 수 있죠. 목적어는 '자신이 연주하는'이 '음표들의 맑은 소리'를 수식하는 구조이므로 notes를 관계대명사절 (that) he would play가 뒤에서 수식하는 the crisp sound of the notes he would play로 나타내면 됩니다.

He lay awake and looked at the stars. He imagined himself playing the piano. He would sit on a velvet stool and study the music. Then he would sit up straight and begin to play. He imagined touching the smooth black and white keys. He could almost hear the crisp sound of the notes he would play. He imagined being a famous piano player.[5]

속속들이 뜯어보는 영단어

lie 의 핵심은 '있다'입니다. '존재하다'라는 의미의 '있다'와 '(~의 상태에) 있다'라는 두 가지 의미를 나타내죠. '존재하다'를 뜻할 때는 The strength of this company lies in its healthy corporate culture.이 회사의 강점은 건전한 기업 문화에 있다.와 같은 1형식을 만들고, '누워 있다/놓여 있다' 등의 의미로 쓰일 때는 Could you please lie on your side?옆으로 누워 보시겠어요? 또는 The school lies halfway between my house and the subway station.학교는 우리 집과 지하철역 중간에 있다.과 같은 1형식을 만듭니다.

뒤에 보어를 동반해 '(~의 상태에) 있다'라는 의미로 쓰이면 He lay asleep when the thief broke into the house.도둑이 집에 들어왔을 때 그는 누워서 잠을 자고 있었다. 또는 The flag lay flat on the ground.국기가 바닥에 쫙 펼쳐져 있었다.와 같은 2형식을 만들 수 있죠.

'거짓말하다'라는 의미로도 쓰이는데요, 이때는 Your face tells me that you are lying.네 얼굴에 거짓말한다고 다 써 있어.처럼 나타내거나 I suspect that he lies about his age.그 사람 나이를 속이는 것 같아.와 같이 전치사 about과 함께 쓰여 1형식을 만듭니다.

look 의 핵심은 '보기'와 '찾기' 입니다. 특정 방향을 향해 바라본다는 의미일 때는 He looked out of the window and smiled at me.그는 창밖을 바라보았고 내게 미소 지었다.와 같은 1형식을 만들죠.

'(겉으로 보기에) ~인 것 같다'라는 뜻으로도 쓰여 He looks like a good person.그는 좋은 사람 같다.과 같은 1형식, Watch your step!—the path looks icy.발 조심하세요. 길이 얼어붙은 것 같아요와 같은 2형식을 만듭니다. 또는 '주시하다'라는 의미로 쓰여 Look at the time! It's getting late now.시간 좀 봐. 늦었어.와 같은 1형식과 Why don't you look where we are going?어디로 가고 있는 건지 좀 살펴보세요.과 같은 3형식을 만들기도 하죠.

'찾기'를 뜻할 때는 He looked everywhere but couldn't find his son.그는 모든 곳을 찾아봤지만 그의 아들을 발견하지 못했다.과 같은 1형식을 만드는데요, 이 경우 전치사 for와 함께 쓰여 Are you still looking for your key?아직도 열쇠를 찾고 있어요?처럼 나타내기도 합니다.

sit 의 핵심은 '앉기'입니다. '자리에 앉다'라는 의미일 때는 He glanced around as he sat at his desk.그는 자신의 책상에 앉으며 주변을 힐긋거렸다.와 같은 1형식과 The child's father lifted her and sat her on the top bunk.아이의 아빠는 아이를 안아 올려 2층 침대에 앉혔다.와 같은 3형식을 만들 수 있습니다.

'앉은 자세에서 특정 상태를 유지하다'라는 의미로 쓰일 때도 The village sits at the end of the valley.이 마을은 계곡의 끝자락에 자리잡고 있다.와 같은 1형식, The letter sat unopened on the table.그 편지는 개봉되지 않은 채 탁자 위에 놓여 있었다.과 같은 2형식을 만들죠.

앉은 자리는 흔히 직위와 관련이 있으므로 Do you think she is going to sit on the committee next year?내년에도 그녀가 위원직을 유지할 것 같나요?처럼 '직위에 앉다'라는 의미로 쓰이기도 합니다.

포유류들은 새끼들에게 모유를 수유합니다. 거의 모두가 긴 털이나 짧은 털을 가지고 있으며 대다수가 활발하고 호기심이 많죠. 포유류의 몸은 스스로 온기를 만들어 내 날이 덥든 춥든 상관없이 이들의 체온은 그대로 유지됩니다. 포유류는 온기를 유지하면서 많은 에너지를 쓰므로 자주 먹어야 합니다.

포유류들은 새끼들에게 모유를 수유합니다.

구문Tip 3형식 동사 feed

거의 모두가 긴 털이나 짧은 털을 가지고 있으며 대다수가 활발하고 호기심이 많죠.

구문Tip 대등접속사 and

포유류의 몸은 스스로 온기를 만들어 내 날이 덥든 춥든 상관없이 이들의 체온은 그대로 유지됩니다.

구문Tip 대등접속사 and, 종속접속사 whether, 2형식 동사 stay

포유류는 온기를 유지하면서 많은 에너지를 쓰므로 자주 먹어야 합니다.

구문Tip 대등접속사 and, 2형식 동사 keep

Expression Tip mammal 포유동물　fur 털　lively 활발한　curious 호기심이 많은　one's own 자기의　warmth 온기　temperature 체온, 기온　the same (~와) 똑같은[동일한] 것　frequently 자주, 흔히

첫 번째 문장은 동사 feed를 써서 Mammals feed milk to their babies.라고 하면 됩니다. breastfeed는 인간에 국한해서 쓰는 말이므로 이 문맥에는 어울리지 않죠. feed는 '젖먹이에게 젖을 주다'라는 뜻이 있어서 feed a baby라고만 해도 '아기에게 젖을 먹이다'를 표현할 수 있습니다.

세 번째 문장에서는 스스로 온기를 만들어 내 체온이 항상 같다는 논리적 관계를 나타낼 접속사가 필요합니다. and는 '그리고' 외에도 '그래서, 그리고 나서, 그러므로' 등의 의미로 쓰여 동시성, 시간적 전후 관계, 결과, 보충, 모순 등 다양한 뜻을 나타내는데요, 여기서도 and를 써서 원인과 결과를 나타내는 두 절을 연결합니다.

'체온은 그대로 유지된다'에는 어떤 동사를 써야 할까요? 외부 온도와 상관없이 항상 따뜻한 체온을 일정하게 유지한다는 항온동물에 대한 설명이니 '변함없다', 즉 기존의 체온을 유지한다는 의미의 stay가 어울리겠군요. 2형식 동사이므로 주격 보어 자리에는 동일함을 뜻하는 명사 the same이 와야겠죠. 수식어인 부사절에는 종속접속사 whether를 쓰고, 문맥상 '날'은 '당일'을 의미하므로 주어로는 the day를 씁니다.

마지막 문장은 앞의 내용이 뒤의 나올 내용의 근거가 되므로 '그래서'를 뜻하는 대등접속사 and로 두 절을 연결합니다. 앞 문장은 온기가 내려가지 않도록 유지한다는 의미이므로 2형식 동사 keep을 써서 keep warm이라고 하고, 온기를 유지하는 것과 에너지를 쓰는 것은 동시에 일어나는 일이니 접속사를 생략한 분사구문으로 간결하게 줄인 use a lot of energy (while they are) keeping warm 형태의 수식 구조로 나타내면 되겠네요.

Mammals feed milk to their babies. Almost all have hair or fur, and most are lively and curious. A mammal's body makes its own warmth and its temperature stays the same whether the day is hot or cold. Mammals use a lot of energy keeping warm, and need to eat frequently.[6]

속속들이 뜯어보는 영단어

feed 의 핵심은 '식량 공급'입니다. 사람이나 동물이나 식량이 공급돼야 움직일 수 있죠? 이처럼 먹이를 준다는 의미로 쓰이면 A lion is a meat-eater and feeds on flesh.사자는 육식동물이라 고기를 먹고산다.와 같은 1형식과 We should feed the kids first and have ours later.아이들을 먼저 먹이고 우리는 나중에 식사해야겠어요.와 같은 3형식, Did you feed your cat the tuna fish?네 고양이한테 그 참치를 먹였어?와 같은 4형식을 만들 수 있습니다.

같은 맥락에서 '기계 등에 연료나 원료를 공급하다'라는 의미로도 쓰여 It is freezing outside. Please keep feeding the fire.밖이 엄청 추워요. 불을 계속 지피세요. 또는 Have you fed the meter with coins?미터기에 동전 넣었어요?와 같은 3형식을 만들죠.

이 의미가 확대돼 정보[데이터]를 지속적으로 공급한다는 뜻으로 쓰여 The information is fed over satellite networks to base stations.정보는 인공위성 네트워크를 통해 기지국에 제공된다.처럼 나타낼 수도 있습니다.

use 의 핵심은 '사용'입니다. You can use scissors to cut them out.가위를 써서 잘라내도 돼요.과 같이 도구/기술 등을 사용한다는 뜻으로 쓰이거나 You can use the detergent up—we have more in storage.세제를 다 쓰셔도 돼요. 창고에 더 있으니까

요와 같이 지속적인 소비로 다 써 버린다는 의미를 나타내죠. 또는 Don't use his mistake to get what you want. 그의 실수를 이용해서 네가 원하는 걸 얻어내려고 하지는 마. 와 같이 어떤 상황이나 사람을 이용한다는 의미로 쓰이기도 합니다.

need 의 핵심은 '필요'입니다. 무언가를 간절히 원한다는 의미로 쓰이면 (대)명사나 to부정사를 목적어로 취해 I need you here. 네가 여기 있어 줘야 겠어. 또는 They need to have dinner first. 그들은 저녁 식사부터 해야 돼. 와 같은 3형식과 We need you to help him move these heavy boxes. 그 사람이 이 무거운 상자들을 옮기는 걸 도와주도록 해요. 와 같은 5형식을 만들 수 있습니다.

'필요'의 의미가 확대돼 필수, 즉 '해야 하는 것'을 뜻하기도 하는데요, 이때는 The house needs cleaning. 이 집은 청소를 해야 해. 과 같은 3형식과 He needs his shirt washed. 그는 셔츠를 빨아야 해. 와 같은 5형식을 만들죠.

미국식 영작문 패턴 ③
: ~을 …하게 두다

'문을 열어 두세요'는 영어로 어떻게 옮길까요? 대부분 Open the door.라고 답할 겁니다. 하지만 자세히 따져 보면 틀린 답입니다. '문을 여세요'와 '문을 열어 두세요'는 엄연히 다른 의미니까요. '여세요'는 닫혀 있는 문을 열어 달라는 요청이라면, '열어 두세요'는 열려 있는 문을 열린 상태 그대로 두라는 말이죠.

그럼 어떤 동사를 쓰면 될까요? 저라면 세 가지 후보를 고려해 볼 텐데요, 바로 5형식 동사 keep, leave, hold입니다. Keep the door open.이라고 하면 문이 닫히지 않도록 신경을 쓴다는 어감을 전달할 수 있는 데 반해, Leave the door open.이라고 하면 열린 채로 내버려 두라는 의미를 나타내죠. 반면 Hold the door open.이라고 하면 일시적으로 열어 놓는 것, 즉 언제든 닫힐 수 있는 상태를 나타냅니다. 그래서 손으로 문을 잠깐 잡고 있을 때도 Hold the door open.이라고 하죠.

~을 …하게 두다	keep	관리	ⓐ He **keeps** the house clean. 그는 집을 깨끗하게 관리한다.
	hold	일시	ⓑ They **held** him hostage for a month. 그들은 그를 한 달간 인질로 잡고 있었다.
	leave	방치	ⓒ Don't **leave** your dog alone. 개를 혼자 두지 마세요.

이처럼 keep은 '관리', hold는 '일시', leave는 '방치'라는 뉘앙스를 지닙니다. 그래서 keep을 쓴 ⓐ는 '집을 깨끗하게 관리한다'로 해석하죠. ⓑ에서는 인질을 붙잡고 있는 사람의 요구가 관철되기 전까지 일시적으로 붙들려 있는 상태를 나타내기 때문에 hold를 쓴 거고요. leave를 쓴 ⓒ는 관리 감독이나 돌봄 없이 그냥 내버려 둔다는 의미를 나타냅니다.

며칠 후, 열은 사라졌습니다. 하지만 여전히 뭔가 매우 잘못돼 있었죠. 어린 헬렌 Helen은 더 이상 볼 수도, 들을 수도 없었습니다. 그 병으로 그녀는 눈이 멀고 귀가 멀어 버렸죠. 켈러Keller 부부의 사랑스러운 어린 소녀는 난폭한 아이가 되었습니다. 그녀는 부모가 만지려고 하면 발로 차고 할퀴었습니다. 헬렌은 큰 목소리로 고함을 치고 소리를 질렀습니다.

며칠 후, 열은 사라졌습니다. 하지만 여전히 뭔가 매우 잘못돼 있었죠.

구문Tip a few days, 대명사 something

어린 헬렌은 더 이상 볼 수도, 들을 수도 없었습니다.

구문Tip no longer

그 병으로 그녀는 눈이 멀고 귀가 멀어 버렸죠.

구문Tip 5형식 동사 leave, 과거완료 시제

켈러 부부의 사랑스러운 어린 소녀는 난폭한 아이가 되었습니다.

구문Tip the + 성(姓) + -s, 2형식 동사 become

그녀는 부모가 만지려고 하면 발로 차고 할퀴었습니다.

구문Tip 접속사 when

헬렌은 큰 목소리로 고함을 치고 소리를 질렀습니다.

구문Tip 전치사구 in a loud voice

Expression Tip fever 열 wrong 잘못된 blind 눈이 먼 deaf 귀가 먹은 wild 난폭한 kick (발로) 차다 scratch ~을 긁다 yell 소리 지르다 scream 비명을 지르다

HOW TO WRITE

첫 번째 문장의 '사라졌다'는 영어로 어떻게 옮길까요? disappear가 떠오른다고요? 저라면 be gone을 쓰겠습니다. 우리말에서는 동사로 표현한 말을 영어에서는 상태를 나타내는 형용사로 표현할 때가 많은데요, 여기서도 '사라져 지금은 없어진 상태'를 의미하므로 형용사 gone을 쓰는 게 더 어울립니다. disappear는 시야에서 갑자기 사라진다는 의미라 문맥상 어색하기도 하고요.

'그 병으로 그녀는 눈이 멀고 귀가 멀어 버렸다'에서는 because of this illness를 떠올렸는지도 모르겠네요. 눈이 멀고 귀가 먼 상태가 되게 했다는 의미이므로 '(목적어가) ~한 상태가 되게 하다'를 뜻하는 5형식 동사 leave를 쓰면 목적어 보어 자리에 상태를 나타내는 형용사를 넣어 더 간결한 문장으로 나타낼 수 있습니다.

'어린 소녀'는 young girl이 아니라 little girl이라고 합니다. 참고로 영어권에서는 작거나 어린 사람을 두고 귀엽다고 할 때 주로 sweet little이라는 수식어를 쓰죠. '켈러 부부'는 가족의 성姓을 복수형으로 나타낸 Kellers에 '총칭'을 의미하는 the를 붙여 나타냅니다.

'만지려고 하면'에서 접속사는 if가 아닌 when이 어울립니다. 우리말만 보면 조건절로 생각하기 쉽지만 의미상 '가정'과 '때'를 동시에 나타낸다고 볼 수 있기 때문이죠. 즉 만지는 '시점'을 '가정'하는 셈입니다. 그다음 문장에서 동사 yell과 scream을 수식하는 '큰 목소리로'는 부사구 in a loud voice로 나타내는데요, 이때 in은 '수단, 방법'을 나타냅니다.

A few days later, the fever was gone. But something was still very wrong. Little Helen could no longer **see** or hear. The illness had left her blind and deaf. The Kellers' sweet little girl became a wild child. She **kicked** and scratched her parents when they tried to **touch** her. She yelled and screamed in a loud voice.[7]

속속들이 뜯어보는 영단어

see 의 핵심은 '보기'와 '알기'입니다. 의도를 갖고 일부러 본다는 뉘앙스가 있는 look, watch와 달리 see는 시각이 본능적으로 감지한다는 의미의 '눈에 보이다'를 뜻하죠. 이때는 I can see now that you turned on the light.당신이 불을 켜니까 이제 보이네요.와 같은 1형식, He looked out of the window and saw her in the crowd.그는 창문 밖을 바라보다 군중 속에서 그녀를 보았다.와 같은 3형식, Did you see a man playing golf in the yard?앞뜰에서 골프 치고 있는 남자 봤어요?와 같은 5형식을 만듭니다.

이외에도 전문가 등을 보러 가거나 방문한다는 의미로 My mother has to see a doctor every week.우리 어머니는 매주 진료를 보러 가셔야 합니다.처럼 쓰이거나 누군가와 만나거나 교제한다는 의미로 How long have you been seeing Mike?마이크랑 얼마나 교제했어요?처럼 쓰이기도 하죠. 또한 특정 시간이나 장소가 어떤 사건을 발생시킨다는 의미도 있어 This year has seen unprecedented development of medical science.올해 의학계에서는 유례없는 진전이 있었다.처럼 쓰이기도 합니다.

'알기'는 '이해하거나 알게 되다'와 '간주[생각]하다'를 의미합니다. 이때는 I don't think you can see my point of view.내 의견의 요지를 이해하지 못한 것 같군요. 또는 Do you see this car as a kind of bribe?이 차를 일종의 뇌물이라고 생각하는 거예요?와 같은 3형식을 만들죠.

kick

의 핵심은 '걷어차기'입니다. 발을 들어서 세게 찬다는 의미일 때는 Can you feel the baby kicking inside you?배 속에서 아기가 발로 차는 게 느껴져요?와 같은 1형식, He teaches kids how to kick a soccer ball.그는 아이들에게 축구공 차는 법을 가르친다.과 같은 3형식, You have to kick the door open when your hands are full. 양손 가득 무언가를 들고 있으면 발로 문을 열어야 해요.과 같은 5형식을 만들죠.

잘못된 습관을 (발로 차듯) 내친다는 의미일 때는 I've been smoking for a decade and need help to kick the habit.난 10년간 담배를 피웠고 이 습관을 없애려면 도움이 필요해.과 같은 3형식을 만듭니다. 재귀대명사와 함께 kick oneself 형태로 쓰이면 You will kick yourself if you sell your shares this time.이 시점에 주식을 팔면 나중에 땅을 칠걸.처럼 '실수를 저지르거나 기회를 놓쳐 속상하다'를 뜻하기도 하죠.

touch

의 핵심은 '닿기'입니다. 표면에 일부가 닿는다는 의미일 때는 Don't touch them—You are only allowed to look at them.만지지 마시고 눈으로 보기만 하세요. 또는 What if these two ropes touch?이 두 밧줄이 붙으면 어떻게 되나요?와 같은 1형식, Your coat is touching the floor.코트가 바닥에 닿아요와 같은 3형식을 만들죠. 이 의미가 확대돼 어떤 수준에 닿는다[미친다]를 의미할 때는 Please slow down—your speedometer is touching 80.속도 좀 줄여요. 속도계가 80을 가리키잖아요.처럼 쓰이기도 합니다.

이외에도 마음에 와닿아 감동시킨다는 의미로 We all were deeply touched by her story.그녀의 이야기에 우리 모두 깊은 감동을 받았어.처럼 쓰이거나 어떤 일에 손을 대듯 개입한다는 의미로 Do you know everything he touches turns to a mess?그가 손대면 전부 엉망이 된다는 거 알아요?처럼 쓰이기도 하죠. 또한 특정 수준이나 실력에 맞먹는다는 의미도 있어서 When it comes to methodology, no one will touch you.방법론에 관해선 너를 필적할 사람은 없어.처럼 쓰일 때도 있습니다.

나비는 색이 가장 화려한 유형의 곤충 중 하나입니다. 대다수는 단 몇 주만 살죠. 이들은 짝짓기를 하고 알을 낳은 다음 죽습니다. 나비가 날개를 펴고 있으면 태양으로부터 온기를 모으고 있는 것입니다. 이는 나비에게 날 수 있는 에너지를 주는 데 도움이 되죠. 나비가 날개를 접고 있으면 쉬고 있는 것입니다. 나비는 태양을 마주합니다. 그러면 드리우는 그늘이 작아 적들이 그것을 발견할 가능성이 낮습니다.

나비는 색이 가장 화려한 유형의 곤충 중 하나입니다.

구문Tip 전치사 among

대다수는 단 몇 주만 살죠. 이들은 짝짓기를 하고 알을 낳은 다음 죽습니다.

구문Tip 대명사 most, 부사 then

나비가 날개를 펴고 있으면 태양으로부터 온기를 모으고 있는 것입니다.

구문Tip 접속사 when, 5형식 동사 hold

이는 나비에게 날 수 있는 에너지를 주는 데 도움이 되죠.

구문Tip 3형식 동사 help, to부정사의 형용사적 용법

나비가 날개를 접고 있으면 쉬고 있는 것입니다.

구문Tip 접속사 when, 5형식 동사 hold

나비는 태양을 마주합니다. 그러면 드리우는 그늘이 작아 적들이 그것을 발견할 가능성이 낮습니다.

구문Tip 접속사 so, 목적격 관계대명사, be less likely + to부정사

Expression Tip colorful 색이 다채로운 insect 곤충 mate 교미하다 lay (알을) 낳다 wing 날개 gather ~을 모으다 warmth 온기 rest 쉬다 face ~을 마주보다 cast (그림자를) 드리우다 spot ~을 찾아내다

첫 번째 문장의 '(여러) ~중에서'는 among을 씁니다. '~중에 하나'라고 하면 「one of+복수명사」를 떠올리기 쉽지만, be among도 '~의 범위 안에서[~중에서] 하나이다, ~에 속하다'라는 뜻으로 흔히 쓰이죠. 여기서는 '색이 가장 화려한 유형의 곤충', 즉 the most colorful types of insects 에 속하는 한 가지 종류를 나타냅니다.

'나비가 날개를 펴고 있으면'은 날개를 편 상태를 계속 유지한다기보다 편 상태를 일시적으로 유지한다는 뜻이니 5형식 동사 hold를 써서 holds its wings open으로 나타내고, 주절은 날개를 펴고 있는 동안 진행 중인 동작을 묘사하므로 현재진행형 it is gathering warmth로 나타냅니다.

그다음 문장은 동사 help를 써서 3형식 구조로 나타냅니다. help가 5형식 문장을 만들 때는 목적격 보어 자리에 to부정사나 동사원형이 오듯이 3형식을 만들 때도 목적어 자리에 to부정사나 동사원형이 오죠. 여기서는 목적어 자리에 쓰인 동사 give가 「give+간접목적어+직접목적어」 형태의 4형식 구조를 취하므로 help give it the energy to fly라고 씁니다.

그다음 문장도 마찬가지로 hold를 써서 앞선 문장과 같은 구조로 나타냅니다. 여기서는 목적격 보어 자리에 과거분사형 형용사 closed를 써서 holds its wings closed라고 하면 되겠군요. 마지막 문장에서는 '나비가 태양을 마주하다', '나비가 드리우는 그늘이 작다', '적들이 나비를 발견할 가능성이 낮아진다'의 논리적 관계를 고려해 어떤 접속사를 써서 세 개의 절을 연결할지 고민해야 합니다. 첫 번째 절은 원인을 나타내고 두 번째와 세 번째 절은 그로 인한 결과를 나타내므로 각각 so와 and로 연결하면 되겠네요.

Butterflies are among the most colorful types of insects. Most live for only a few weeks. They mate, lay eggs, (and) then die. When a butterfly holds its wings open, it is gathering warmth from the sun. This helps give it the energy to fly. When it holds its wings closed, it is resting. It faces the sun, so the shadow it casts is small and enemies are less likely to spot it.[8]

속속들이 뜯어보는 영단어

gather 의 핵심은 '모으기'입니다. 여기저기 흩어져 있는 사람이나 사물을 모은다는 의미일 때는 Union members have gathered in front of the headquarters.노조원들이 본사 앞에 집합했다.와 같은 1형식, Toddlers were gathered around the TV to see *Pororo*.<뽀로로>를 보려고 아기들이 TV 주변에 모여들었다. 또는 What were you doing while she gathered her belongings?그녀가 소지품을 챙길 때 당신은 뭘 했죠?와 같은 3형식을 만들죠.

또한 정보를 수집한다는 의미로 쓰여 How long does it take to gather all the data?모든 데이터를 다 수집하는 데는 얼마나 걸리나요?처럼 나타내거나 수집한 정보를 토대로 어떤 사실을 알거나 이해했다는 의미로 쓰여 So, from these notes, I gathered that it is not true.이 메모들을 보고 사실이 아니라는 걸 알게 됐죠.처럼 나타냅니다.

모으고 모아 속도나 힘이 점점 더해가는 양상을 묘사하거나 수량이 서서히 많아지는 양상을 나타내기도 하는데요, 이때는 The train began to gather speed.열차가 속도를 내기 시작했다. 또는 The sky turned dark as the clouds were gathering.구름이 모여들면서 하늘이 어두워졌다.처럼 쓰입니다.

이외에 팔로 사람을 당겨 끌어안는다는 의미도 있어서 He gathered his son up and left in a hurry.그는 자신의 아들을 안고서 급히 떠났다.처럼 쓰이기도 하죠. 또는 옷을 당겨 주름을 잡거나 여민다는 의미를 나타내 The weather was so cold that she gathered her coat around her.너무 추워서 그녀는 코트를 꽁꽁 동여맸다.처럼 쓰이기도 합니다.

face

의 핵심은 '직시하기'입니다. 어떤 대상을 정면으로 바라본다는 의미일 때는 They were facing each other across the street.그 길을 사이에 두고 그들은 서로를 마주보고 있었다.과 같은 1형식, I would like to book a room that faces the sea.바다가 내려다보이는 방을 예약하고 싶어요.와 같은 3형식을 만들죠.

싫은 일 또는 어려운 상황을 직시하거나 그러한 상황에 맞선다는 의미로도 쓰여 We could face the hassle of moving all these things again.이걸 다 다시 옮겨야 하는 성가신 문제가 생길 수 있죠. 또는 You have to face the truth.넌 현실을 받아들여야 해.와 같은 3형식 문장을 만들 수 있습니다.

cast

의 핵심은 '던지기'입니다. 특정 방향으로 세게 던진다는 의미일 때는 The fisherman cast the net far out into the river.어부는 강에 낚시 그물을 멀리 내던졌다.처럼 쓰이거나 빛이나 그림자를 던진다는 의미일 때는 The established old tree cast a shadow over our cozy cottage.늙은 거목이 아늑한 우리 오두막에 그늘을 드리웠다.처럼 쓰이죠.

미소나 시선, 의구심을 던진다는 의미도 있습니다. 이때는 He cast a quick look at me as he passed by.그는 지나가면서 나를 힐긋 쳐다봤다. 또는 New studies cast doubt on the previous analysis on this matter.새 연구들은 이 문제에 대한 이전의 분석에 의문을 던졌다.와 같은 3형식, She cast him a welcoming smile.그녀는 그에게 환영의 미소를 건넸다.과 같은 4형식을 만들 수 있죠.

이외에 영화나 연극에서 역을 배정한다는 의미로 쓰여 She was cast as a cool-headed surgeon in the latest movie.그녀는 최근작에서 냉철한 외과의사 역으로 낙점됐다.처럼 나타낼 수 있습니다. 또한 금속 등을 틀에 넣어 주조하거나 본을 뜬다는 의미도 있어 Bronze was cast and made into tools.청동은 주조되어 연장으로 만들어졌다.처럼 쓰이기도 하죠.

태양은 태양계라고 불리는 공전하는 행성들의 무리에 둘러싸여 있습니다. 태양의 중력은 이 행성들을 끌어당겨 이들이 태양 주변을 계속 돌게 하죠. 지구는 살아 있는 생명체를 가진 유일한 행성입니다. 우주에서 보면 지구는 거대한 바다들과 구름이라는 축축한 덩어리들이 있는 파란색과 흰색의 행성입니다.

태양은 태양계라고 불리는 공전하는 행성들의 무리에 둘러싸여 있습니다.

구문Tip 동사 call(과거분사)

태양의 중력은 이 행성들을 끌어당겨 이들이 태양 주변을 계속 돌게 하죠.

구문Tip 1형식 동사 pull, 5형식 동사 keep

지구는 살아 있는 생명체를 가진 유일한 행성입니다.

구문Tip 전치사 with

우주에서 보면 지구는 거대한 바다들과 구름이라는 축축한 덩어리들이 있는 파란색과 흰색의 행성입니다.

구문Tip 전치사 from/with/of

Expression Tip surround ~을 둘러싸다 circle ~의 주위를 돌다 planet 행성 Solar system 태양계 gravity 중력 creature 생물 huge 거대한 wet 축축한 mass 덩어리

'여럿이 모여 있는 떼'를 일컫는 '무리'는 대상에 따라 저마다 다른 명사를 씁니다. 가장 흔한 표현이 a group of이라면 곤충 떼는 a swarm of, 새나 가축 떼는 a flock of, 물고기 떼는 a school of라고 하죠. a family of도 이처럼 같은 종류의 무리를 가리킬 때 주로 쓰입니다.

주어인 '태양'이 '둘러싸인' 대상이니까 수동태로 써야겠군요. '태양계라고 불리는'이 '공전하는 행성들의 무리'를 수식하는 구조이므로 분사구문 called the Solar system이 명사구 a family of circling planets를 꾸며 주는 형태로 나타내면 됩니다. 여기서 circling은 planets을 앞에서 수식하는 현재분사형 형용사죠.

두 번째 문장의 앞뒤 절은 원인과 결과에 해당합니다. 중력이 작용해야 행성들이 태양에서 멀어지지 않고 일정한 궤도를 계속해서 돌 수 있다는 말이니까 접속사 and으로 연결하면 되겠죠? 앞 절에는 1형식 동사 pull과 부사 on을 함께 써서 '~을 끌다[잡아당기다]'라는 의미를 나타내고, 뒤 절에는 5형식 동사 keep을 써서 주어 gravity가 공전하는 상태를 계속 유지시키는 원동력임을 나타내면 되겠군요.

마지막 문장에서는 전치사구를 쓰는 게 핵심입니다. 여기서는 특히 관계대명사를 대신하는 with 구문이 필요하죠. 수식어구인 '거대한 바다들과 구름이라는 축축한 덩어리들이 있는'은 전치사 with로 간단히 표현할 수 있는데요, with 앞에 쉼표를 넣으면 with 구문이 관계사절처럼 앞선 명사를 보충 설명하는 역할을 할 수 있습니다. 또 '구름이라는 축축한 덩어리들'에서 '구름'과 '축축한 덩어리들'은 결국 같은 말이니 동격 관계임을 나타내는 전치사 of를 쓰면 되겠네요.

The Sun is surrounded by a family of circling planets called the Solar system. The Sun's gravity pulls on the planets and keeps them circling around it. The Earth is the only planet with living creatures. From space the Earth is a blue and white planet, with huge oceans and wet masses of cloud.[9]

속속들이 뜯어보는 영단어

surround 의 핵심은 '둘러싸기'입니다. 주로 어떤 대상이 빙 둘러 에워싼 모습을 묘사할 때 The village is surrounded by beautiful mountains. 이 마을은 아름다운 산으로 둘러싸여 있다. 또는 It is good to surround yourself with family and friends. 여러분 곁에 친구와 가족을 두는 게 좋습니다. 처럼 쓰이죠. 어떤 관심이나 행동에 둘러싸여 중심이 된다는 의미도 있어 The scandal is surrounded by suspicion. 그 스캔들은 의혹에 둘러싸여 있다. 처럼 나타내기도 합니다.

이 의미가 확대돼 봉쇄한다는 뜻으로도 쓰여 The police surrounded the building. 경찰이 건물을 에워쌌다. 과 같은 3형식 문장을 만들 수도 있죠.

pull 의 핵심은 '강하게 끌어당김'입니다. 사물을 이쪽으로 잡아당긴다는 의미일 때는 We can move this case. You pull and I'll push. 우리가 이 덮개를 옮길 수 있어요. 당신이 당기면 제가 밀게요. 와 같은 1형식, He kept pulling her hair. 그는 계속 그녀의 머리카락을 잡아당겼다. 와 같은 3형식, He pulled the window closed. 그는 창문을 당겨 닫았다. 와 같은 5형식을 만들죠.

잡아당겨 뽑아 없앤다는 의미로 쓰이면 They are busy pulling up the weeds. 그들은 잡초를 뽑느라 바쁘다. 처럼 나타내거나 끌어당겨 유인한다는 의미로 쓰이면 The street concert has certainly pulled in passersby.거리 음악회가 행인들을 끌어당겼다는 건 분명했다.처럼 나타낼 수 있습니다.

이외에 특정 방향으로 끌려 간다는 의미로도 쓰여 The train was pulling out of the station.기차가 역을 빠져나가고 있었다.처럼 나타낼 수도 있죠.

circle

의 핵심은 '원 모양'입니다. 원을 그리며 둘레를 반복적으로 회전한다는 의미일 때는 The bird has been circling for an hour above us.그 새는 우리 머리 위에서 한 시간 동안 맴돌고 있다.와 같은 1형식, The police circled the building every half an hour.경찰이 건물 주변을 30분마다 한 번씩 순찰했다.와 같은 3형식을 만들죠. 또한 '원을 그려 표시하다', '동그라미를 치다'라는 의미로도 쓰여 The teacher circled the correct answer.선생님은 정답에 동그라미를 쳤다.와 같은 3형식 문장을 만들 수 있습니다.

이외에 회피할 생각으로 어떤 주제에 대해 우회적으로 말한다는 의미도 있어 My boss has circled around the idea of paying me more.내 상사는 임금 인상 건에 대한 답을 회피하고 있다.처럼 쓰이기도 하죠.

미국식 영작문 패턴 ④
: ~이 …하게 하다

'~이 …하게 하다'라는 의미의 5형식 문형을 만들 때 주로 쓰는 대표 동사가 make죠? 하지만 실제로 원어민들은 맥락에 따라 make 외에 다양한 동사를 쓰는데요, 우선 5형식 동사는 목적격 보어 자리에 원형부정사to가 생략된 부정사/동사원형가 오느냐 to부정사to+동사원형가 오느냐에 따라 다음과 같이 두 부류로 나뉩니다.

~이 …하게 하다	원형부정사 (동사원형)	make	강제	ⓐ His boss **made** him stay late every day. 그의 상사는 그를 매일 늦게까지 야근시켰다.
			원인	ⓑ It **makes** me look about 20. 이것은 나를 20살쯤으로 보이게 해 준다.
		let	허락	ⓒ This software **lets** us create personalized accounts. 이 소프트웨어로 우리는 개별 계정을 만들 수 있다.
		help	도움	ⓓ They **helped** him (to) find his key. 그들은 그가 열쇠를 찾도록 도왔다.
		have	책임	ⓔ Please **have** your children clear up their desks. 아이더러 자기 책상을 치우라고 하세요.
	to부정사	get	설득	ⓕ He **got** his daughter to take the medicine. 그는 딸이 약을 먹게 했다.
		allow	허락	ⓖ My teacher **allowed** me to leave early. 선생님이 일찍 가라고 허락해 주셨다.
		force	강제	ⓗ The police **forced** him to sit down. 경찰은 그를 강제로 앉혔다.
		cause	원인	ⓘ The cold weather **caused** him to be sick. 그는 추운 날씨 때문에 병에 걸렸다.

원형부정사를 취하는 5형식 대표 동사로는 make, let, help, have가 있습니다. make는 '강제' 또는 '원인 제공'을 뜻하는데요, 가령 ⓐ는 목적어him를 강제로 회사에 남게 했다는 의미라면, ⓑ는 주어it가 원인이 되어 목적어me를 20대로 보이게 한다는 의미를 나타내죠. let은 '허락'을 의미합니다. 가령 ⓒ는 주어this software가 목적어us로 하여금 어떤 일을 할 수 있도록 조건을 만들어 준다는 의미를 나타내죠. help는 '다른 사람이 ~할 수 있도록 도와 주다'를 뜻하는데요, ⓓ는 주어they의 도움으로 목적어him가 열쇠를 찾았다는 의미로, help는 원형부정사와 to부정사 모두 목적격 보어로 취할 수 있습니다. 반면 have는 '책임'을 뜻하기 때문에 ⓔ는 목적어your children가 책임지고 책상을 치우게 만들라는 의미를 나타내죠. 원형부정사 대신 분사를 쓰기도 하는데, 이 경우 현재분사냐~ing 형태 과거분사냐p.p 형태에 따라 또 뉘앙스가 달라집니다.

to부정사를 취하는 5형식 동사는 꽤 많지만 그중에서도 흔히 쓰는 동사가 get, allow, force, cause입니다. ⓕ에서처럼 get은 '설득'의 뉘앙스가 있어 딸이 약을 먹도록 유도한다는 의미를 나타낼 수 있죠. get의 기본 의미가 '도달하다, 닿다'임을 떠올린다면 딸이 어떻게든 약을 먹는 지점까지 이르게 한다는 뉘앙스로 이해하면 쉽겠죠?

allow는 let과 의미가 유사하고 force, cuase는 make와 뜻이 비슷하지만 allow, force, cause 등의 to부정사를 취하는 동사들이 더 적극적이고 구체적인 뉘앙스를 전달한다는 차이가 있습니다. 가령 ⑧는 선생님이 일찍 가도록 '허락'했음을, ⓗ는 경찰이 그를 '강제로' 앉혔음을, ⓘ는 추운 날씨가 '원인'으로 작용했음을 알 수 있죠.

그는 뭔가 날카로운 것이 그의 눈을 찌르고, 또 다른 것이 그의 심장을 꿰뚫는 것을 느꼈어요. 하지만 케이Kay도 게르다Gerda도 무슨 일이 벌어졌는지 알 수가 없었죠. 이 찔림 들은 그 부서진 거울의 파편 들에서 왔습니다. 케이는 사람이 바로 바뀌더니 잔인해지기 시작했어요. 게르다의 놀란 얼굴을 보는 것만으로도 그는 화가 났습니다. 그는 벌떡 일어나 가버렸어요. 게르다는 계단을 삐걱거리며 내려가는 그의 부츠 소리만 슬프게 듣고 있었죠.

그는 뭔가 날카로운 것이 그의 눈을 찌르고, 또 다른 것이 그의 심장을 꿰뚫는 것을 느꼈어요.

구문Tip 과거완료, 현재분사 수식

하지만 케이도 게르다도 무슨 일이 벌어졌는지 알 수가 없었죠.

구문Tip Neither A nor B, 과거완료

이 찔림 들은 그 부서진 거울의 파편 들에서 왔습니다.

구문Tip 과거분사 수식

케이는 사람이 바로 바뀌더니 잔인해지기 시작했어요.

구문Tip 접속부사 at once, 2형식 ~되다 grow

게르다의 놀란 얼굴을 보는 것만으로도 그는 화가 났습니다.

구문Tip 동명사 주어, 과거분사 수식, 5형식 make

그는 벌떡 일어나 가버렸어요.

구문Tip 대등접속사 and

게르다는 계단을 삐걱거리며 내려가는 그의 부츠 소리만 슬프게 듣고 있었죠.

구문Tip listen to ~ ing, 전치사 down

Expression Tip jab 찌름 (날카로운 것) pierce 꿰뚫다 splinter 파편 at once 바로 cruel 잔인한 frightened 놀란 creak 삐걱거리는 소리를 내다 stairs 계단

HOW TO WRITE

첫 문장에 '~을 ~하게 느끼다'의 5형식 feel을 써도 되겠다는 느낌이 듭니다. 하지만 그렇게 하면 '하나(One)' 그리고 '또 다른 하나(Another)' 라는 대구를 살리기 힘들어지죠. One에 해당하는 a sharp jab에 another 을 붙여주고 나머지를 수식어 구조로 나타내는 방법을 제안하고 싶네요. 즉 He had felt a sharp jab in his eye and another, piercing his heart. 와 같은 세련된 문장을 만들 수 있습니다.

'A도 아니고 B도 아니다' 라고 할 때 Neither A nor B 만큼 요긴 한 표현이 없습니다. Neither Kay nor Gerda could see what had happened.라고 하면 되겠네요. 기준 시점 이전에 발생한 것이기 과거완 료가 필요하죠. 또한 neither는 대명사의 품사도 가지고 있어, Neither has come. (두 분 모두 오지 않았다)과 같이 표현할 수 있습니다. '잔인해 지다'는 역시 '~되다'의 grow가 필요하네요.

다섯 번째 문장은 앞에서 배운 '~이~하게 하다'를 활용할 수 있는 문장 입니다. 부사절을 사물 주어로 바꿔 'Seeing Gerda's frightened face'로 하여 술부를 'made him angry'로 처리하면 되죠. 이런 방식은 원어민이 선호하는 5형식 문형의 대표적인 형태입니다.

마지막 문장에서 케이의 부츠 소리를 집중해서 듣고 있었기 때문에 hear이 아닌 listen to가 필요하죠. hear와 마찬가지로 listen to도 듣는 내용을 분사 형태로 표현할 수 있습니다. Gerda listened sadly to his boots creaking down the stairs.라고 하면 좋겠네요. '삐걱거리며'를 creak이 '내려가는'을 down이 담당하는 영어 구조도 한국어와 다른 부분 이니 꼭 기억해 두세요.

He had felt a sharp jab in his eye and another, piercing his heart. But neither Kay nor Gerda could see what had happened. The jabs came from splinters of the broken mirror. At once, Kay began to change and grow cruel. Seeing Gerda's frightened face made him angry. He jumped up and left. Gerda listened sadly to his boots creaking down the stairs.[10]

속속들이 뜯어보는 영단어

grow 의 핵심은 '자람'입니다. 동물이나 식물이 자라남을 의미할 때는 Bears grow quickly during the first three months of their birth. 곰은 출산 후 3개월 동안 빠르게 성장한다.와 같은 1형식, Rice has been grown in this region since ancient times. 고대부터 이 지역에서 쌀을 재배해 오고 있다.와 같은 3형식을 만듭니다.

점진적으로 질이 높아지거나 양이 늘어난다는 의미도 있어 Fears are growing as no sign has been found about the missing boys. 실종된 아이들의 흔적을 찾지 못하자 우려가 깊어지고 있다.와 같이 활용될 수도 있죠.

정도나 수준이 '점진적으로 ~되다'라는 의미를 나타내 He grew to understand his father as he had his own children. 자신의 아이가 생기면서 그는 아버지를 이해하게 됐다.과 같은 1형식, They grew bored of the story. 그들은 이야기가 점점 지겨워졌다.와 같은 2형식이 가능하죠.

jump 의 핵심은 '점프'입니다. Here are tips for how to keep your kids from jumping in apartments. 아파트에서 아이가 뛰지 못하게 하는 팁이 여기 있습니다.와 같이 땅에서 뛰어오른다는 뜻하죠. 뛰어서 건넌다는 의미도 있어, I am wondering if you could jump over this fence. 나는 당신이 이 울타리를 뛰어넘을 수 있을

지 궁금합니다.와 같은 1형식, She used to jump rope three to five times a week.그녀는 일주일에 3~5회 정도 줄넘기를 하곤 했다.와 같은 3형식을 만듭니다.

점프가 가지는 이런 뉘앙스를 살려 뛰는 것처럼 빠르고 갑작스럽게 움직인다는 의미로 He jumped to his feet and saluted.그는 갑자기 일어서더니 거수경례를 했다.라고 하거나, 급하게 증가한다는 의미로 House prices have jumped this year by 200 percent.올해 집값이 200%나 올랐다.라고도 하죠.

과정의 정해진 단계를 건너뛴다는 의미로 They have jumped a few important steps of shipment.그들은 선적 과정에 중요한 몇 개의 단계를 건너뛰었다.라고 하거나, 점프하는 모습에 착안해 A loud crash of thunder made everyone jump.엄청난 천둥소리에 모두들 깜짝 놀랐다.와 같이 소리나 행동으로 인한 깜짝 놀란 모습을 나타내기도 합니다.

leave

의 핵심은 '떠남'과 두고 감'입니다. '떠남'을 의미할 때는 I will be leaving at Seven o'clock.나는 7시에 떠날 예정이야.와 같은 1형식과 They left the building yesterday.그들은 어제 그 빌딩을 떠났다.와 같은 3형식을 만들죠. 어떤 장소를 떠난다는 의미가 확대돼 무언가를 그만둔다는 뜻으로도 쓰여 I will leave work for personal reasons.일신상의 이유로 일을 그만둘 예정입니다.와 같이 '일터를 떠나다', '학교를 떠나다'등의 의미를 나타내기도 합니다.

'두고 감'을 의미할 때는 3형식과 5형식을 만듭니다. 3형식에서는 Your left a book on the table.너는 탁자 위에 책을 두고 갔어.과 같은 사물뿐 아니라 He left a great mark in history.그는 역사에 큰 족적을 남겼다.와 같은 추상적인 대상을 목적어로 취할 수 있습니다. 또는 He left his wife and two children.그는 부인과 두 자녀를 두고 떠났다.과 같은 부재나 사망을 뜻할 수도 있죠. '두고 감'의 의미가 확대돼 Please leave me alone.제발 절 좀 내버려 두세요. 또는 He leaves his kids playing games.그는 아이들이 게임을 하도록 내버려 둔다.와 같이 무간섭이나 방임의 의미를 나타내 5형식을 만들기도 합니다.

어밀리아Amelia는 더 많은 여성 비행사들을 합류시키려 힘썼습니다. 이듬해 여름 즈음엔 Ninety-Nines에는 거의 200명의 회원이 있었죠. 이 단체는 여성 비행사가 일자리를 찾도록 도움을 주었습니다. 어밀리아는 이 단체의 최초 회장으로 선출되었습니다. 가끔 어밀리아는 대중들이 자신에게 보내는 모든 찬사가 과분하다고 느꼈습니다. 하지만 그녀는 다른 여성 비행사들의 진심 어린 존경을 받고 있었죠.

어밀리아는 더 많은 여성 비행사들을 합류시키려 힘썼습니다.

구문Tip 5형식 동사 get

이듬해 여름 즈음엔 Ninety-Nines에는 거의 200명의 회원이 있었죠.

구문Tip 전치사 by

이 단체는 여성 비행사가 일자리를 찾도록 도움을 주었습니다.

구문Tip 5형식 동사 help, 3형식 동사 get

어밀리아는 이 단체의 최초 회장으로 선출되었습니다.

구문Tip 5형식 동사 elect, 수동태

가끔 어밀리아는 대중들이 자신에게 보내는 모든 찬사가 과분하다고 느꼈습니다.

구문Tip 목적격 관계대명사 that, 3형식 동사 deserve, all + the + 복수명사

하지만 그녀는 다른 여성 비행사들의 진심 어린 존경을 받고 있었죠.

구문Tip 과거완료 시제, 3형식 동사 earn

Expression Tip work 힘을 다하다 join 함께하다 following 그다음의 member 일원, 회원 president 회장 deserve ~을 받을 만하다 praise 찬사 the public 대중, 국민 respect 존경 flier 비행사

HOW TO WRITE

첫 번째 문장의 '힘썼다'는 영어로 어떻게 옮기면 될까요? 이때는 1형식 자동사 work를 쓰는데요, 이처럼 '(~을 위해) 힘을 다하다'라는 뜻의 자동사로 쓰일 때는 바로 뒤에 to부정사가 따라옵니다. 여성들을 설득해서 합류하게 했다는 문맥이므로 '(권유[설득])하여 ~하도록 하다'라는 의미의 동사 get을 써서 「get + 목적어 + to부정사」로 나타내면 되겠군요.

'이듬해 여름 즈음엔'에는 어떤 전치사가 어울릴까요? 다음 여름이 되자 회원 수가 200여 명에 이르렀다는 뜻이니까 '기한'을 나타내는 by가 적절합니다. 그다음 문장의 동사는 '도움을 주다'이니까 5형식 동사 help가 필요하군요. 목적어인 women pilots가 목적격 보어와 능동 관계이므로 동사원형을 써서 helped women pilots get jobs로 나타냅니다. '최초 회장으로 선출되었다'에서는 5형식 동사 elect를 씁니다. 능동태인 「elect + 목적어 + 목적격 보어」를 수동태로 바꿔 목적어를 주어 자리로 보내면 보어만 동사 뒤에 남아 Amelia Earhart was elected the first president of the group.이 완성되죠.

'모든 찬사'를 수식하는 '대중들이 자신에게 보내는'은 관계대명사절로 나타내면 되겠네요. all the praise가 관계절의 목적어이므로 all the praise that the public gave her라고 하면 됩니다. 마지막 문장의 동사로는 뭐가 어울릴까요? 존경은 그냥 주어지는 것이 아니니 자신의 노력과 수고를 통해 쟁취했다는 의미를 나타내는 earn이 적절합니다. 진심 어린 존경을 받아온 시점은 찬사가 과분하다고 느낀 시점보다 앞서기 때문에 과거완료 시제를 써서 But she had truly earned the respect of the other women fliers.로 완성하면 되겠네요.

Amelia worked to get more woman pilots to join. By the following summer, the Ninety-Nines had almost two hundred members. The group helped women pilots get jobs. Amelia was elected the first president of the group. Sometimes Amelia felt she didn't deserve all the praise that the public gave her. But she had truly earned the respect of the other women fliers.[11]

속속들이 뜯어보는 영단어

join 의 핵심은 '붙임'입니다. 둘을 물리적으로 붙인다는 의미로 쓰이면 He used strong glue to join these two pieces together.그는 강력한 풀을 써서 이 두 개의 조각을 붙였다.처럼 나타내고, 어떤 활동이나 단체에 사람이나 사물을 합류시킨다는 의미로 쓰이면 It is a nice club. You should join.이 동호회 괜찮아요. 당신도 가입해요.과 같은 1형식, I would like you to join us for dinner tonight.오늘 저녁 식사는 우리와 함께하시면 좋겠어요.과 같은 3형식을 만들 수 있습니다.

도로나 물길이 한 곳에서 만난다는 의미도 있어 Keep walking, this path will soon join a larger track.이 길을 계속 걷다 보면 곧 더 큰 오솔길과 만나게 될 거예요.처럼 나타내기도 하죠.

give 의 핵심은 '주기'입니다. 무언가를 준다는 의미로 쓰이면 We are willing to give to charity.우리는 기꺼이 기부할 의향이 있습니다.와 같은 1형식, The organization gave safety booklets to the participants.그 단체는 참가자들에게 안전 지침서를 제공했다.와 같은 3형식, I hope he gives me another chance.그 사람이 내게 한 번 더 기회를 줬으면 해.와 같은 4형식을 만들죠.

특정한 행동을 나타내는 명사와 함께 쓰이면 그런 행동을 한다는 의미를 나타내기도 합니다. 이때는 He gave the speech to the audience.그는 청중 앞에서 연설을 했다.와 같은 3형식, My baby gave me a lovely smile.내 아기가 사랑스런 미소를 지어 보였다.과 같은 **4형식**을 만들 수 있죠.

또한 돈을 준다는 의미로도 쓰여 How much did he give for this second-hand car? 그 사람은 이 중고차를 얼마나 주고 산 거야?와 같은 **3형식**, We gave him $50 and he kept the change.우리는 그에게 50달러를 줬고 그는 거스름돈을 챙겼다.와 같은 **4형식**을 만듭니다. 어떤 범죄에 대해 구형한다는 의미도 있어 He was found guilty and they gave him five years. 그는 유죄 판결을 받았고 5년형을 선고받았다.처럼 쓰이기도 하죠.

자동사로 쓰일 때도 있습니다. '무게나 압력으로 구부러지거나 휘다'라는 의미로 쓰이면 The branch gave under the weight of snow.눈 무게 때문에 나뭇가지가 휘어졌다.처럼 나타내거나 '용기 등이 꺾이거나 굴복[순응]하다'라는 의미로 쓰이면 Don't give up.포기하지 마. 처럼 나타낼 수 있죠.

earn

의 핵심은 '얻기'입니다. 노동과 수고의 대가로 얻는다는 의미로 쓰이면 She earns $20 an hour working as a babysitter.그녀는 보모로 일하면서 시간당 20달러를 받는다.와 같은 **3형식**, Car exports earn this country billions of dollars per year.이 나라는 자동차 수출로 연간 수십억 달러를 벌어들인다.와 같은 **4형식**을 만들죠.

또한 '준 것에 대한 대가로 마땅히 받아야 할 것을 받다'라는 어감이 있어 After years of hard work, she has finally earned a long vacation.수년간의 고된 근무 끝에 그녀는 마침내 장기 휴가를 얻었다.처럼 쓰이거나 수익이나 이자 등을 낳는다는 의미로도 쓰여 Put your money in this account where it will earn interest.이자가 붙는 이 계좌에 돈을 넣어 두세요.처럼 나타내기도 합니다.

몇 주 전만 해도 이 모든 나뭇잎들은 녹색이었습니다. 예전 봄이었을 때, 조그마한 새잎들이 이 나뭇잎 봉우리에서 피어났죠. 잎에 있는 이 녹색 덕분에 잎들은 햇빛을 흡수하거나 담을 수 있습니다. 가을이 되면 빛과 온도에 변화가 생깁니다. 이런 모든 변화들은 가을의 아름다운 색을 이끌어 내죠. 햇빛으로 인해 저장된 당분은 색소로 변하게 됩니다. 새로운 색소들은 몇몇 나뭇잎들을 붉은빛, 녹빛, 혹은 자줏빛으로 바뀌게 하죠.

몇 주 전만 해도 이 모든 나뭇잎들은 녹색이었습니다.

구문Tip 대명사 all, 수량 표현 a few

예전 봄이었을 때, 조그마한 새잎들이 이 나뭇잎 봉우리에서 피어났죠.

구문Tip 부사 Back, 계절을 나타내는 전치사 in

잎에 있는 이 녹색 덕분에 잎들은 햇빛을 흡수하거나 담을 수 있습니다.

구문Tip 5형식 동사 help

가을이 되면 빛과 온도에 변화가 생깁니다.

구문Tip 유도 부사 there

이런 모든 변화들은 가을의 아름다운 색을 이끌어 내죠.

구문Tip 대명사 all, 구동사 bring about

햇빛으로 인해 저장된 당분은 색소로 변하게 됩니다.

구문Tip 5형식 동사 cause, 과거분사 stored 수식

새로운 색소들은 몇몇 나뭇잎들을 붉은빛, 녹빛, 혹은 자줏빛으로 바뀌게 하죠.

구문Tip 5형식 동사 make, 2형식 동사 turn

Expression Tip bud 봉우리 absorb 흡수하다 hold 담다 bring about 이끌어내다 pigment 색소 rust 녹빛

HOW TO WRITE

첫 번째 문장의 '이 모든 나뭇잎'을 all leaves, all of the leaves, all the leaves과 같이 3가지 방법으로 표현할 수 있습니다. All leaves는 일반적인 모든 잎이죠. All of the leaves는 특정한 나뭇잎들 중 모두라는 뜻으로 all이 대명사로 활용됩니다. 이때 of를 생략할 수 있는데 그래서 all the leaves도 가능합니다. 우리가 보고 있는 이 잎들을 뜻함으로 all the leaves로 쓸 수 있겠네요. '예전 봄이었을 때'는 부사절 when이 아니라 전치사 in을 씁니다. 이때 예전은 부사 back을 활용해, 'Back in the spring'으로 간결하게 표현할 수 있죠.

두 번째 문장의 '이 녹색 덕분에'를 'thanks to the green color'라는 부사구로 생각하셨다면 문제가 있습니다. 원어민들은 5형식 help 동사를 활용해 The green color in the leaves helps them to absorb or hold sunlight.라고 하니까요. Help는 목적격 보어 자리에 원형과 To 부정사를 모두 쓸 수 있죠. 일시적으로 담고 있기 때문에 hold를 쓴 것도 주목할 부분입니다.

'빛과 온도에 변화가 생긴다'는 특정한 사건의 발생이 아니라 일반적인 사실을 기술하고 있기 때문에 동사보다는 유도 부사를 활용해 There are changes in light and temperature.와 같이 명사로 표현하는 것이 좋습니다. '이끌어 내다'의 'bring about'은 가장 많이 쓰이는 구동사로 about이 '주변에'라는 뜻의 부사로 bring을 꾸며주면서 '주변에 가져오다', 즉 '야기하다' '이끌어내다'과 같은 뜻으로 쓰이죠.

여섯 번째 문장은 원인을 나타내는 5형식 동사 cause를 활용해 Sunlight causes the stored sugar to change to pigment.라고 하면 어떨까요? 마지막 문장도 이번에는 원인의 make를 가져와 The new pigments make some leaves turn red, rust, or purple.이라고 하면 되겠네요.

Just a few weeks ago, all the leaves were green. Back in the spring, the tiny new leaves uncurled from their buds. The green color in the leaves helps them to absorb or hold sunlight. In the fall, there are changes in light and temperature. All of these changes bring about the beautiful colors of fall. Sunlight causes the stored sugar to change to pigment. The new pigments make some leaves turn red, rust, or purple.[12]

속속들이 뜯어보는 영단어

help 의 핵심은 '도움'입니다. 자원과 인력을 동원해 돕는다는 의미로 쓰이면 These measures will help in protecting animals in danger of extinction.이들 조치는 멸종 위기 동물 보호에 도움이 될 것이다.과 같이 1형식, Does he help you with the housework?그가 집안일을 도와주나요?와 같은 3형식, The program helps you stay healthy.그 프로그램은 당신이 건강을 유지하는데 도움을 줍니다.와 같은 5형식을 만듭니다.

도움을 줘서 향상시킨다는 의미도 있어 Professional competence will help your chance of promotion at work.전문적인 능력은 일터에서의 승진 가능성을 높여준다.처럼 나타내거나 도움을 줘서 용이하게 한다는 의미로 쓰여 This will help to reduce the expenses.이거면 지출을 줄이는 데 도움이 될 거야.처럼 나타낼 수도 있죠.

이외에 음식을 떠 주거나 집어 준다는 의미로도 쓰여 Can I help myself to some cake? 케이크 좀 먹어도 될까요?처럼 나타내기도 합니다.

bring 의 핵심은 '가져오기'입니다. 특정한 공간이나 대상에게 가져온다는 의미일 때는 We are not allowed to bring pets with us in train.열차 이용 시 반려동물을 데려가면 안 된다.과 같이 3형식, He hastened to bring her a drink.그는 서둘러 그녀에게 마실 것을 가져주었다.와 같이 4형식을 만듭니다.

가져온다는 의미에서 확장돼 상징적인 경험, 감정이나 물리적인 재화 등을 제공한다는 의미로 He brought inspiration to us.그는 우리에게 영감을 주었다.라고 하거나, Her novels bring her millions of dollars a year.그녀는 소설로 매년 수백만 달러를 번다.라고 할 수 있죠.

특정한 상태가 되게 가져온다고도 할 수 있어, The scandal brought his career to an end.이번 스캔들로 그의 사회생활은 끝났다.와 같은 3형식, My daughter brings me so much happiness.나는 내 딸 덕분에 너무나 행복하다.와 같은 4형식, He finally brought everything normal.그는 마침내 모든 것을 정상적인 것으로 돌려놨다.과 같은 5형식을 만듭니다.

change

의 핵심은 '달라짐'과 '교환'입니다. 달라진다는 의미로 My life has changed completely since I met you.당신을 만난 이후로 내 삶은 완전히 달라졌어요.와 같은 1형식, We are studying how technology has changed the way people work.우리는 기술이 어떻게 사람들의 일하는 방식을 바꿨는지를 연구하고 있어요.와 같은 3형식을 만들죠.

교환의 의미로는 우선 유사한 대상과 바꾼다는 의미로 I am wondering why he has changed his jobs.나는 왜 그가 직장을 바꿨는지가 궁금해.와 같은 3형식이 가능하고, 또 이동을 위해 교통수단을 바꾼다는 의미로 I have changed several times to come here. 나는 여기 오기 위해 여러 번 갈아탔습니다.와 같은 1형식, The train will terminate soon—we have to change trains.열차가 곧 종착역에 도착해요. 열차를 바꿔 타야 해요.처럼 3형식이 가능하죠.

이외에도 옷이나 커버를 갈아입는다는 의미로 Please change out of the work clothes before dinner.작업복을 갈아입고 나서 식사하세요.와 같은 1형식, How often do you change the bed in the sleeping room?침실의 침대커버는 얼마나 자주 바꾸세요?과 같은 3형식을 만들죠. 환전하거나 아니면 잔돈으로 바꾼다는 의미로 Could you please change this 50,000 won bill?이 5만 원권 바꿔 주실 수 있나요?라고도 할 수 있죠.

미국식 영작문 패턴 ⑤
:~이 …하는 것을 보다[듣다/느끼다]

흔히 말하는 '지각동사'로는 see, watch, notice, hear, feel이 있습니다. 여기서 '지각'이란 감각 기관을 통해 사물이나 대상을 구별해 아는 것을 뜻하죠. 이 동사들은 목적격 보어 자리에 원형부정사나 분사를 취해 5형식 문장을 만든다는 공통점이 있습니다.

보다	see	인지	ⓐ I **saw** him run[running] around the park. 나는 그가 공원 주변을 달리는 것을 봤다.
	watch	관찰	ⓑ He **watched** the bugs crawl[crawling] up the tree. 그는 나무 위로 기어오르는 벌레를 지켜봤다.
	notice	감지	ⓒ She **noticed** her students behave[behaving] suspiciously. 그녀는 학생들의 수상쩍은 행동을 눈치챘다.
듣다	hear		ⓓ I **heard** someone scream[screaming] last night. 어젯밤에 누군가가 비명을 지르는 소리를 들었다.
느끼다	feel		ⓔ He **felt** something touch[touching] his shoulders. 그는 무언가가 어깨를 건드리는 느낌을 받았다.

시각과 관련된 동사로는 see, watch, notice가 주로 쓰이는데요, 쓰임새는 조금씩 다릅니다. see는 의도하지 않았지만 자연스럽게 눈에 보여서 알게 될 때, watch는 유심히 관찰하듯 보면서 알게 될 때, notice는 눈에 갑자기 들어오거나 눈에 띄어서 알게 될 때 주로 쓰인다는 차이가 있죠. 이와 비슷하게 들어서 알게 될 때는 hear, 느껴서 알게 될 때는 feel을 씁니다.

문장의 술어로 지각동사가 쓰였을 때 목적격 보어 자리에 원형부정
사가 오면 '사실 전달'에 중점을 둡니다. 반대로 분사가 오면 현재분사
진행/능동냐 과거분사완료/수동냐에 따라 뉘앙스가 달라지죠. 가령 I heard
someone call my name.누군가 내 이름을 부르는 소리를 들었다과 같이 원형부정
사가 오면 사실 전달에 더 무게가 실립니다. 반면 I heard someone
calling my name.누군가 내 이름을 부르는 소리가 들렸다과 같이 현재분사가 쓰이
면 지금 진행되는 상황을, I heard my name called.내 이름을 부르는 소리를 들었
다와 같이 과거분사가 쓰이면 수동의 의미가 더 강조되죠.

지각은 감각 기관을 통한다는 점에서는 '감각동사'와 유사하지만 쓰
임새는 다릅니다. '감각'은 외부의 자극을 보거나 듣거나 느꼈을 때 즉
각적으로 보이는 본능적인 반응을 말하죠. 쉽게 말해 눈시각, 귀청각, 코후
각, 피부촉각, 혀미각로 외부의 자극을 느끼거나 알아차리는 것을 뜻합니
다. 대표적인 감각동사로는 feel, sound, smell, taste, look이 있는데요,
이들 동사는 지각동사와 달리 5형식이 아닌 2형식 문장을 만듭니다.
다만 feel은 지각동사과 감각동사로 두루 쓰여 2형식과 5형식을 모두
만들 수 있죠.

feel	느끼다	I feel tense. 나는 긴장된다.
sound	들리다	He sounds sick. (목소리를 들으니) 그는 아픈 것 같다.
smell	냄새가 나다	She smells nice. 그녀에게서 좋은 향기가 난다.
taste	맛이 나다	The food tastes good. 그 음식은 맛있다.
look	보다	They look the same. 그들은 똑같이 생겼다.

자신들의 창문을 통해 그들은 지구가 점점 작아지는 것을 봅니다. 그것은 아름다운 광경입니다. 그들은 해양의 푸른색과 하얀 구름, 붉은 사막을 볼 수 있죠. 그리고 지구는 매우 밝습니다! 그것은 달보다 훨씬 밝습니다. 3일 후면 이들은 자신들의 목적지에 도착할 것입니다. 시간을 가늠하기가 어렵습니다. 태양이 우주선에 쉼 없이 빛을 비추기 때문에 정오와 자정이 똑같아 보입니다.

자신들의 창문을 통해 그들은 지구가 점점 작아지는 것을 봅니다.

구문Tip 5형식 동사 see, 2형식 동사 grow

그것은 아름다운 광경입니다. 그들은 해양의 푸른색과 하얀 구름, 붉은 사막을 볼 수 있죠.

구문Tip 대명사 it, 조동사 can

그리고 지구는 매우 밝습니다! 그것은 달보다 훨씬 밝습니다.

구문Tip 비교급 강조 부사 much

3일 후면 이들은 자신들의 목적지에 도착할 것입니다.

구문Tip 전치사 in, 미래 시제

시간을 가늠하기가 어렵습니다.

구문Tip 가주어/진주어

태양이 우주선에 쉼 없이 빛을 비추기 때문에 정오와 자정이 똑같아 보입니다.

구문Tip 2형식 동사 look, 부사 never, 3형식 동사 stop

Expression Tip sight 광경, 모습 reach ~에 도착하다 destination 목적지 keep track of ~에 대해 계속 파악하고 있다 shine 빛나다 space craft 우주선

HOW TO WRITE

첫 번째 문장의 '점점 작아지다'를 보고 decrease, reduce 등을 떠올리기 쉽지만, '되다'를 뜻하는 2형식 동사 grow를 쓰면 의외로 간단하게 표현할 수 있습니다. 2형식 구조의 「grow + 보어형용사/명사」에서 보어 자리에 비교급 smaller를 반복해 쓰면 점진적인 변화 양상을 나타낼 수 있죠. grow smaller and smaller를 다시 현재분사구로 바꾸면 5형식 동사 see 의 목적어 the Earth를 수식하는 목적격 보어가 됩니다.

'지구가 너무나 밝다'에서 형용사 bright를 수식하는 부사는 very도, too도 아닌 so입니다. too는 필요 이상으로 지나치다는 부정적인 어감을 지니고 very는 so보다 어감이 약하죠. very는 It is a very cold day.몹시 추운 날이야처럼 명사를 취할 수 있지만 so는 It is so beautiful.너무 아름다워처럼 형용사만 취한다는 차이도 있습니다. 한편 '달보다 훨씬 밝다'처럼 비교급을 강조할 때는 앞에 부사 much/a lot/still/far/even 등을 씁니다.

'3일 후'는 in three days라고 합니다. 현재 시점에서 앞으로 3일 후를 나타낼 때는 after가 아닌 in을 쓰는데요, in은 시간의 경과, 즉 '~ 지나면, ~후에'를 의미하죠. 그다음 문장은 주어가 긴 편이므로 '시간을 가늠하는 것'을 진주어 to keep track of time으로 나타낸 가주어 구문을 씁니다.

마지막 문장에서는 주절에 2형식 동사 look을 쓰고 대명사 the same 을 보어 자리에 넣어 look the same으로 나타냅니다. 이유를 나타내는 부사절의 동사가 '쉼 없이 ~하다'이니까 동명사 관용 표현 stop ~ing 앞에 never를 쓰면 되겠네요. 단, stop의 목적어 자리에는 동명사가 와야 '하던 행동을 멈추다'라는 뜻을 나타냅니다. to부정사가 오면 '어떤 행동을 하기 위해 멈추다'라는 의미의 부사 역할을 하죠.

Through their windows they see Earth growing smaller and smaller. It is a beautiful sight. They can see the blue of the oceans, white clouds, and red deserts. And the earth is so bright! It is much brighter than the moon. In three days, they will reach their destination. It is hard to keep track of time. Noon and midnight look the same because the sun never stops shining on the space craft.[13]

속속들이 뜯어보는 영단어

reach 의 핵심은 '도착'입니다. 특정 장소에 도착한다는 의미로 쓰이면 This place can only be reached by airplane.이곳은 비행기로만 갈 수 있습니다.처럼 나타내거나 특정한 수준[지점]에 도착한다는 의미로 쓰이면 He resigned before he reached retirement age.그는 정년이 되기 전에 퇴직했다.처럼 나타낼 수 있죠. 어떤 결론이나 합의에 이른다는 의미도 있어 We reached the conclusion that there was no way to go.우리는 더 이상 해결 방법이 없다는 결론에 도달했다.처럼 쓰이기도 합니다.

무언가를 만지거나 찾기 위해 대상에 손을 뻗는다는 뜻으로 쓰이면 He reached inside his bag for a receipt.그는 영수증을 찾으려고 가방 안에 손을 넣어 뒤졌다.과 같은 1형식, She reached the switch and turned the light off.그녀는 전등 스위치로 손을 뻗어 불을 껐다.와 같은 3형식을 만들죠.

전화나 메일 등을 통해 다른 곳에 있는 사람과 연락을 취한다는 의미로도 쓰여 We have tried to reach Mr. Park all day but there was no response.우리는 박 선생님께 종일 연락해 봤지만 응답이 없었어요.처럼 나타내기도 합니다.

stop 의 핵심은 '멈춤'입니다. 하던 일을 멈춘다는 의미로 쓰이면 Once the phone starts ringing, it never stops.일단 저 전화가 울리기 시작하면 멈추는 법이 없다.와 같은 1형식, Can you stop crying and tell me what is going on?이제 그만 울고 무슨 일인지 얘기해 볼래요?과 같은 3형식을 만들 수 있습니다. 이동하다가 멈춘다는 의미로 쓰일 때도 She suddenly stopped in front of this building.그녀는 이 건물 앞에서 갑자기 멈춰 섰다.과 같은 1형식, The police stopped me for speeding.경찰이 속도위반으로 내 차를 멈춰 세웠다.과 같은 3형식을 만들죠.

작동을 멈춘다는 의미로 쓰이면 The engine has stopped, so we have to get it repaired.엔진이 멈춰서 수리를 맡겨야겠어요.와 같은 1형식, Can you stop the machine? It sounds like something is wrong.기계를 멈춰 주시겠어요? 뭔가 잘못된 것 같은데요.과 같은 3형식을 만듭니다. 잠시 멈춘다는 의미로 쓰이면 I stopped to pick up the handkerchief he had dropped.나는 멈춰 서서 그가 떨어뜨린 손수건을 집어들었다.와 같은 1형식을 만들죠.

이외에 어떤 일이 발생하거나 하는 것을 막는다는 의미도 있어 Nothing can stop him from saying what he thinks.그 사람이 자기 의견을 말하고 싶다는데 누가 말리랴.처럼 쓰이기도 합니다.

shine 의 핵심은 '빛남'입니다. 빛을 발한다는 의미로 쓰이면 The sun was shining brightly in a clear blue sky.맑게 갠 푸른 하늘에서는 태양이 밝게 빛나고 있었다.처럼 나타내거나 문질러서 빛이 나게 한다는 의미로 쓰이면 Why are you shining your shoes and ironing your shirt?왜 구두를 닦고 셔츠를 다리는 거예요?처럼 나타낼 수 있죠. 빛을 특정한 방향으로 비춘다는 의미도 있어 He walked along the hallway and shone a flashlight into every room.그는 복도를 따라 걸으면서 방마다 손전등을 비췄다.처럼 쓰이기도 합니다.

어떤 분야에서 두각을 나타낼 때 '빛이 나다'라는 표현을 쓰죠? 영어에서도 마찬가지로 He is terrible at science but shines in arts.그는 과학은 못하지만 예술 분야에서는 두각을 보인다.처럼 shine을 써서 '빼어나다, 탁월하게 잘하다'라는 의미를 나타냅니다.

화염이 헛간에 매우 가까워졌습니다. 이자벨Isabelle의 아버지는 헛간을 물로 흠뻑 적셨죠. 그는 헛간을 구하느라 너무 바쁜 나머지 불길이 잔디를 가로질러 번지는 것을 알아차리지 못했습니다. 불길은 계속해서 집으로 더 가까이 다가왔습니다. 연기가 높이 소용돌이쳐 이자벨의 아버지를 감춰 버렸습니다. 연기가 너무 짙어 그는 불길이 잡초더미에 다다르는 것을 볼 수 없었죠.

화염이 헛간에 매우 가까워졌습니다.

구문Tip 형용사 close

이자벨의 아버지는 헛간을 물로 흠뻑 적셨죠.

구문Tip 전치사 with

그는 헛간을 구하느라 너무 바쁜 나머지 불길이 잔디를 가로질러 번지는 것을 알아차리지 못했습니다.

구문Tip so + 형용사 + that, 5형식 동사 notice, 동사 spread(현재분사)

불길은 계속해서 집으로 더 가까이 다가왔습니다.

구문Tip 2형식 동사 keep

연기가 높이 소용돌이쳐 이자벨의 아버지를 감춰 버렸습니다.

구문Tip 부사 up, 대등접속사 and

연기가 너무 짙어 그는 불길이 잡초더미에 다다르는 것을 볼 수 없었죠.

구문Tip so + 형용사 + that, 5형식 동사 see

Expression Tip shed 헛간　soak ~을 흠뻑 적시다　busy ~ing ~하느라 바쁜　notice ~을 알아차리다　flame 불길, 불꽃　spread 번지다　billow 소용돌이치다　hide ~을 덮어 가리다　thick (연기 등이) 자욱한, 짙은　pile of ~을 쌓아 올린 더미

HOW TO WRITE

첫 번째 문장은 형용사 close를 써서 2형식으로 나타냅니다. 뒤에 전치사 to를 붙이면 '~에 가까운'이라는 방향성을 나타낼 수 있죠. 참고로 close는 물리적인 거리가 가까울 때 뿐만 아니라 가까운 관계를 나타낼 때도 쓰입니다.

'너무 ~한 나머지 …하다'는 인과관계를 나타내므로 so ~ that 구문을 씁니다. 결과를 나타내는 that절에는 동사 notice를 써서 5형식 문형으로 표현하는데요, 목적어는 the flames, 목적격 보어는 목적어와 능동 관계이면서 진행 중인 상황을 나타내므로 현재분사를 써서 he didn't notice the flames spreading across the lawn이라고 하면 되겠군요.

'계속해서 집으로 더 가까이 다가왔다'에는 앞서 배운 keep ~ing이 어울립니다. 불길이 차차 가까워지는 모양을 묘사하는 말이니 계속해서 조금씩 진행되는 상황을 나타내는 keep이 문맥상 적절하죠. '~에 더 가까이'는 앞에 나온 close to를 비교급 closer to로 나타내면 됩니다. 여기서는 closer to가 move를 수식하는 부사로 쓰였죠.

마지막 문장에서도 so ~ that 구문을 써서 '너무 짙어 볼 수 없었다'라는 원인과 결과를 나타냅니다. 결과를 나타내는 that절에는 동사 see를 써서 5형식 구조로 표현하는데요, 목적어는 the flames, 목적격 보어 자리에는 사실을 전달한다는 뉘앙스를 살리기 위해 동사원형을 써서 The smoke was so thick that he couldn't see the flames reach the pile of grass.으로 완성합니다.

The fire was very close to the shed. Isabelle's dad soaked it with water. He was so busy saving the shed that he didn't notice the flames spreading across the lawn. The flames kept moving closer to the house. Smoke billowed up and hid Isabelle's dad. The smoke was so thick that he couldn't see the flames reach the pile of grass.[14]

속속들이 뜯어보는 영단어

soak 의 핵심은 '수분 흡수'입니다. 수분이 흡수되면 축축해진다는 의미에서 (흠뻑) 적신다를 뜻할 때는 The wind may blow the rain in and soak the curtain.바람 때문에 비가 집 안으로 들이쳐서 커튼이 젖을지도 몰라요.처럼 쓰이고, 수분이 어떤 대상을 통과해 드나든다는 의미를 나타낼 때는 I bandaged the cut but the blood soaked through it.나는 베인 상처에 붕대를 감았지만 피가 스며 나왔다.처럼 쓰이죠.

수분을 흡수시키기 위해 액체에 담근다는 의미도 있어 Leave the rice to soak.쌀을 물에 담가 두세요.과 같은 1형식, Soak the clothes for a few hours and the stain should come out. 옷을 몇 시간 물에 담가 두면 얼룩이 빠질 거예요.과 같은 3형식을 만듭니다.

spread 의 핵심은 '확산'입니다. 물건을 풀어 펼친다는 의미로 쓰이면 She spread a towel on the ground and sat down.그녀는 바닥에 수건을 펼치고 앉았다.처럼 나타내거나 어떤 상황이 넓게 퍼진다는 의미로 쓰이면 The fire spread so rapidly that it was very difficult to put it out.불이 너무 빠르게 번져 진화하기가 매우 어려웠다.처럼 나타낼 수 있죠. 흩어지듯 이동한다는 의미도 있어 The students spread out across the ground.학생들이 운동장에 넓게 흩어져 있었다.처럼 쓰이기도 합니다.

이외에도 잼 등의 물질을 펴서 바른다는 의미로 쓰여 I spread a thick layer of cream cheese on my bagel.나는 크림 치즈를 베이글에 두껍게 펴 발랐다.처럼 나타내거나 손발 등을 펼친다는 의미로 쓰여 He spread his arms wide.그는 팔을 넓게 벌렸다.처럼 나타낼 수 있습니다. 또한 병균이나 소문 등을 퍼뜨린다는 의미를 나타내 I have found who spread lies about him.그 사람에 대한 거짓말을 누가 퍼트렸는지 알아냈다.과 같이 쓰이기도 하죠.

hide

의 핵심은 '숨김' 입니다. 다른 사람이 보거나 발견하지 못하도록 숨긴다는 의미로 쓰이면 I felt that I could hide behind sunglasses, so I loved wearing them.선글라스로 얼굴을 가릴 수 있다고 생각해서 애용했었죠.과 같은 1형식, Where did you hide your diary when you were young?어렸을 때 일기를 어디에 숨겼나요?과 같은 3형식을 만들죠.

또한 감정을 숨긴다는 의미도 있어 I tried to hide my disappointment, but he noticed something not going well.나는 실망감을 숨기려 애썼지만 그는 뭔가 잘못됐다는 걸 눈치챘다.처럼 쓰이기도 합니다.

나는 계속 찾았다. 나는 스티브Steve의 침대 아래를 살펴봤다. 그런 다음 내 침대 아래도 살펴봤다. 나는 지하실, 차고, 내 벽장까지 찾아봤다. 스티브의 흔적은 없었다. 나는 주방에서 버스터Buster가 짖는 소리를 들었다. 나는 무슨 일이 일어나고 있는지 알아보려 달려갔다. 그곳에 도착했을 때 개 사료통이 엎어져 있었다. 스티브의 머리와 어깨가 그 위로 삐죽 나와 있었다.

나는 계속 찾았다. 나는 스티브의 침대 아래를 살펴봤다.

구문Tip continue + to부정사

그런 다음 내 침대 아래도 살펴봤다. 나는 지하실, 차고, 내 벽장까지 찾아봤다.

구문Tip 부사 then

스티브의 흔적은 없었다. 나는 주방에서 버스터가 짖는 소리를 들었다.

구문Tip 형용사 no, 5형식 동사 hear, 동사 bark(현재분사)

나는 무슨 일이 일어나고 있는지 알아보려 달려갔다.

구문Tip to부정사의 부사적 용법, what 명사절

그곳에 도착했을 때 개 사료통이 엎어져 있었다.

구문Tip 접속사 when, 수동태

스티브의 머리와 어깨가 그 위로 삐죽 나와 있었다.

구문Tip 전치사구 out of, 과거진행형

Expression Tip search (~을) 찾다 check 확인하다 basement 지하실 sign 흔적, 조짐 bark 짖다 bin (뚜껑이 달린 저장용) 통 tip over ~을 뒤집어엎다 stick 튀어나오다 top 윗면, 맨 위

첫 번째 문장의 '계속 ~하다'를 보고 대부분은 keep 또는 continue를 떠올렸을 텐데요, 의미상 keep은 반복성을, continue는 지속성을 나타낸 다는 차이가 있습니다. 이 문맥에서는 찾는 행동을 계속했다는 의미이므로 continued to search로 써야 하죠. 참고로 continue의 목적어 자리에는 to부정사와 동명사 모두 올 수 있습니다.

'스티브의 흔적은 없었다'에서는 '흔적'을 뜻하는 명사 sign을 쓰면 되겠군요. '~의 흔적'은 sign of ~라고 하고, '흔적이 없다'는 명사 sign 앞에 '조금의 ~도 없는'을 뜻하는 형용사 no를 붙여서 There was no sign of Steve.로 간결하게 표현할 수 있습니다.

'나는 주방에서 버스터가 짖는 소리를 들었다'는 「hear + 목적어 + 목적격 보어」 구조의 5형식 문형으로 나타냅니다. 목적격 보어 자리에 현재분사를 넣어 heard Buster barking라고 하면 진행의 의미를 나타낼 수 있죠. 그다음 문장의 '무슨 일이 일어나고 있는지'에서는 어떤 동사를 쓸까요? 혹시 happen을 쓰셨나요? 한창 벌어지고 있는 일을 의미하므로 '(일이) 일어나다, 벌어지다'를 뜻하는 go on이 어울립니다. 그럼 의문사 what을 써서 what was going on 형태의 명사절 목적어로 표현하면 되겠네요.

그다음 문장에서는 '때'를 나타내는 접속사 when을 써서 두 절을 연결하는데요, the dog food bin이 뒤집어엎어진 대상이므로 the dog food bine was tipped over 어순의 수동태로 나타냅니다. 사료통 윗부분에 머리만 비죽 나와 있는 모습을 묘사하는 다음 문장은 동사 stick과 전치사 out of를 써서 진행형으로 표현하면 되겠군요.

I continued to search. I checked under Steve's bed. Then I checked under my bed. I searched the basement, the garage, and my closet. There was no sign of Steve. I heard Buster barking in the kitchen. I ran to see what was going on. When I got there, the dog food bin was tipped over. Steve's head and shoulders were sticking out of the top.[15]

속속들이 뜯어보는 영단어

search 의 핵심은 '검색'입니다. 무언가를 찾기 위해 어떤 것을 살펴본다는 의미로 쓰이면 While searching among some old boxes, I found your diary.낡은 상자를 뒤지다 네 일기장을 찾았어.와 같은 1형식, He desperately searched his pockets for some money.그는 절박한 마음에 돈이 좀 있을까 싶어 그의 주머니를 뒤졌다.와 같은 3형식을 만들죠. 이 의미가 확대돼 컴퓨터로 정보를 찾아본다는 뜻으로 쓰이면 We searched the internet for the best artworks of contemporary artists.우리는 동시대 예술가의 최고 작품들을 인터넷에서 검색했다.처럼 나타내기도 합니다.

이외에도 Visitors are regularly searched for any prohibited items.반입금지 물품을 수색하기 위해 방문객 검색이 주기적으로 실시된다.처럼 숨겨 놓은 물건이 있는지 수색한다는 의미로 쓰이거나 Scientists are searching for ways to defeat COVID-19.과학자들은 코로나 바이러스를 퇴치할 방안을 찾는 중이다.처럼 문제를 해결하기 위해 고심한다는 의미로 쓰이기도 하죠.

check 의 핵심은 '확인'과 '통제'입니다. 제대로 진행되고 있는지 확인한다는 의미로 쓰이면 He gave me a few minutes for checking before I turned in the paper.그는 내가 과제를 제출하기 전에 잠깐 확인할 시간을 주었다.와 같은 1형식, Customs officers are responsible for checking all luggage.세관 직원들은 모든 수하물 확인을 전담한다.와 같은 3형식을 만들죠.

사실을 알아보기 위해 확인한다는 의미로 쓰일 때도 If you are not certain about your rights, you should check with a lawyer.당신의 권리를 잘 모르겠다면 변호사에게 문의해 보세요. 와 같은 1형식, Didn't you check whether anyone was following?미행하는 사람은 없는지 확인 안 했어요?과 같은 3형식을 만들 수 있습니다.

'통제'를 뜻할 때는 증가하거나 악화되는 것을 막는다는 의미로 쓰여 Mass vaccination programs were launched to check the spread of the disease.질병 확산을 막기 위한 집단 백신 정책이 시행되었다.처럼 나타내거나 감정이나 행동을 억제한다는 의미로 쓰여 Let your tears run down your face—Don't make any effort to check them.흐르는 눈물은 그냥 두 세요. 억누르려 하지 말아요.처럼 나타낼 수 있죠.

tip 은 '기울어짐', '팁,' '뾰족한 끝' 등 다양한 뜻이 있습니다. 기울어진다는 의미로 쓰이면 She screamed as the boat tipped to one side.배가 한쪽으로 기울자 그녀 는 소리를 질렀다.와 같은 1형식, We had to tip the bed up to get it through the veranda window.베란다 창문을 통과하려면 침대를 위로 기울여야 했다.와 같은 3형식을 만듭니다. 내용물 을 기울여 붓는다는 의미도 있어 He asked me to tip the contents of my bag out onto the table.그는 내게 가방 안 내용물을 탁자 위에 쏟으라고 했다.처럼 쓰이기도 하죠.

'팁', 또는 '팁을 주다'라는 의미로 쓰이면 Waiters always welcome visitors who tip heavily.웨이터들은 팁을 후하게 주는 방문객을 언제든 환영한다.와 같은 1형식, The porter was so rude that we didn't tip him.짐꾼이 무례해서 우리는 팁을 주지 않았다.과 같은 3형식, He tipped the taxi driver a dollar.그는 택시 기사에서 1달러의 팁을 줬다.와 같은 4형식을 만듭니다.

'뾰족한 끝', 또는 '뾰족한 끝을 특정 색깔[물질]로 덮다'라는 의미로도 쓰여 A spear that was tipped with poison was used to hunt animals.끝에 독을 묻힌 창은 동물을 사냥하는 데 쓰 였다.처럼 나타내기도 하죠.

Writing Session 02
명사 만들기

영어는 명사 중심 언어라고 불릴 만큼 명사가 차지하는 비중이 큽니다. 명사는 문장의 주어/목적어/보어 자리에 들어가는데요, 단어뿐 아니라 구나 절도 명사가 될 수 있다는 점에 특히 유의해야 하죠. 명사 역할을 하는 구 형태로는 동명사구와 부정사구가 있고, '~하는 것'으로 해석합니다. 명사 역할을 하는 절은 that, if/whether, 의문사가 이끄는 형태를 말합니다. that은 '~하는 것,' if/whether은 '~인지 아닌지,' 의문사는 각 의문사의 의미를 살려 해석하죠. 다양한 명사구와 명사절을 자유자재로 만들어 낼 수 있으려면 자주 쓰이는 형태 위주로 꾸준히 영작하는 습관을 들이는 것이 중요합니다.

명사 (주어/목적어/보어 자리)

구

동명사구

주어
Studying hard will help you pass the exam.
성실한 공부가 당신을 시험에 합격시켜 줄 겁니다.

목적어
I like working together.
나는 함께 일하는 것을 좋아합니다.

보어
My favorite thing is reading books.
내가 좋아하는 것은 독서입니다.

to부정사구

주어
To do exercise every day is good for your health.
매일 운동하는 것이 당신의 건강에 좋습니다.

목적어
I tried to remember his name.
나는 그의 이름을 기억해 내려고 했다.

보어
My plan is to leave as soon as possible.
내 계획은 가능한 한 빨리 떠나는 것이다.

절

that절

주어
That he has left you behind is true.

그가 당신을 두고 떠난 건 사실이죠.

목적어
I think that your idea is great.

당신의 아이디어는 훌륭한 것 같아요.

보어
The important thing is that you are happy now.

중요한 건 네가 지금 행복하다는 거야.

if/whether절

주어
Whether she likes me does not matter to me.

그녀가 날 좋아하는지는 중요한 게 아냐.

목적어
I am wondering if he is safe.

그 사람이 안전한지 모르겠네.

보어
My question is whether we should begin now.

내 질문은 우리가 당장 시작해야 하는지 아닌지입니다.

의문사절

주어
When they came is my question.

그들이 언제 왔는지가 궁금합니다.

목적어
They explained how he had escaped.

그들은 그가 어떻게 도망쳤는지 설명했다.

보어
Today's topic is what action we should take.

오늘의 주제는 우리가 어떤 조치를 취해야 하는가입니다.

동명사구로 만드는 명사

'동명사'란 동사원형에 ~ing를 붙여 명사처럼 쓰는 형태를 말합니다. 동명사는 문장의 주어 자리 Studying hard will help you pass the exam. 성실한 공부가 당신을 시험에 합격시켜 줄 겁니다, 목적어 자리 I like working together. 나는 함께 일하는 것을 좋아합니다, 보어 자리 My favorite thing is reading books. 내가 좋아하는 것은 독서입니다에 들어가 명사 역할을 하죠.

동명사는 전치사의 목적어 자리에도 들어갑니다. '전치사의 목적어'가 뭐냐고요? 목적어란 단어의 사전적 의미에서 물결 표시(~)나 말줄임표(…)로 생략된 자리에 들어가는 말이라고 했는데요, 전치사도 사전적 의미에 이 목적어가 생략돼 있습니다. 쉽게 말해 동명사가 전치사의 목적어가 된다는 말이죠. 가령 People will die without drinking water. 인간은 물을 마시지 않으면 죽는다에서 전치사 without~없이, ~하지 않고의 목적어는 drinking water입니다.

동명사는 동사에 뿌리를 둔 말이라 동사처럼 수동태, 부정, 의미상 주어를 나타낼 수 있습니다. 「be동사+과거분사」 형태의 수동태에서는 be동사를 동명사 형태being로 바꾸면 되는데요, 가령 They were afraid of being seen by the police. 그들은 경찰에게 발각될까 봐 두려웠다에서 being seen은 수동의 의미를 나타냅니다. 부정은 동명사 앞에 not 등의 부정부사를 써서 나타내는데, 가령 I am sorry for not coming on time. 제 시간에 오지 못해 죄송합니다과 같이 동명사coming 앞에 not을 붙이면 부정의 의미를 나타낼 수 있습니다. 행위의 주체를 나타내는 의미상 주어는 Would you mind my smoking here? 여기서 담배를 피어도 될까요? 와 같이 동명사 앞에 소유격을 써서 표현합니다. 구어체에서는 소유격 대신 목적격을 쓰기도 하죠.

다음과 같은 동명사 관용 표현들을 알아 두면 영작문을 할 때 유용하게 활용할 수 있습니다.

be good at ~ing	~을 잘하다 He **is good at** cook**ing**. 그는 요리를 잘한다.
be used to ~ing	~하는 데 익숙하다 We **are used to** gett**ing** up early. 우리는 일찍 일어나는 데 익숙하다.
be busy ~ing	~하느라 바쁘다 They **are busy** prepar**ing** for the party. 그들은 파티 준비를 하느라 바쁘다.
go ~ing	~하러 가다 He **went** fish**ing**. 그는 낚시하러 갔었다.
have difficulty ~ing/ have trouble ~ing	~하는 데 어려움을 겪다 I **have trouble** mak**ing** friends. 나는 친구를 사귀는 데 어려움이 있다.
It is no use ~ing	~해도 소용없다 **It is no use** cry**ing**. 울어도 소용없다.

과학자들은 우주에서 무중력 상태로 있는 것이 우주 비행사들에게 어떤 영향을 미칠지 알고 싶었습니다. 오로지 우주비행만이 이 질문에 실질적으로 답을 줄 수 있었죠. 하지만 우주 비행사들은 지구에서 무중력 상태를 연습하는 것이 필요했습니다. 과학자들이 방법을 찾아냈어요. 비행사가 제트기 뒷부분에 탔죠. 그리고 나서 그 제트기가 급상승한 다음 급강하했어요. 급강하하는 약 30초 동안 비행사는 무중력을 느끼는 거죠. 시험 삼아 식사를 하고 주변을 움직여 보는 데는 충분한 시간이었죠.

과학자들은 우주에서 무중력 상태로 있는 것이 우주 비행사들에게 어떤 영향을 미칠지 알고 싶었습니다.

구문Tip 동명사 주어, 명사절을 만드는 의문사 what, 조동사 would

오로지 우주비행만이 이 질문에 실질적으로 답을 줄 수 있었죠.

구문Tip 조동사 could

하지만 우주 비행사들은 지구에서 무중력 상태를 연습하는 것이 필요했습니다.

구문Tip 동명사 목적어

과학자들이 방법을 찾아냈어요. 비행사가 제트기 뒷부분에 탔죠. 그리고 나서 그 제트기가 급상승한 다음 급강하했어요.

구문Tip 조동사 would, 전치사구 in the back of, 전치사 into

급강하하는 약 30초 동안 비행사는 무중력을 느끼는 거죠.

구문Tip 조동사 would, 2형식 동사 feel, 전치사 during/for

시험 삼아 식사를 하고 주변을 움직여 보는 데는 충분한 시간이었죠.

구문Tip enough to 용법, Try + 동명사

Expression Tip weightless 무중력의 astronaut 우주비행사 spaceflight 우주비행 jet plane 제트기 steep climb 급상승 dive 급강하

HOW TO WRITE

첫 번째 문장의 '무중력 상태로 있는 것'은 동명사구인 'being weightless' 로 표현할 수 있죠. 형용사 앞에 being을 붙이면 명사가 되죠. '어떤 영향을 미칠지'는 과거 시점에서 발생할 미래 상황이므로 조동사 would를 가져와 What being weightless in space would do to astronauts라고 하면 되겠네요.

세 번째 문장에서 being weightless가 동사 practice의 목적어 자리에 들어갑니다. 부정사는 미래, 일시, 행위의 뉘앙스, 동명사는 과거, 연속, 상태의 뉘앙스를 가집니다. Practice는 '연습하다'는 뜻 때문에 지속과 상태의 뉘앙스를 가진 동명사만을 목적어 자리에 취합니다.

다섯 번째 문장의 '그러고 나서'는 부사 then을 쓰는 경우가 많습니다. 하지만 조동사 would로도 나타낼 수 있죠. 제트기 뒷부분에 탄 다음 급상승, 급강하했으니 제트기를 탄 과거 시점에서 발생할 미래로 처리해서 An astronaut rode in the back of a jet plane. The jet would go into a steep climb and a dive.라고 할 수 있겠네요.

여섯 번째 문장에서 '급강하하는 약 30초 동안'은 for와 during의 차이를 보여주는 좋은 예입니다. For는 시간, during은 활동의 '동안'으로, For about thirty seconds, during the dive로 나타낼 수 있죠.

마지막 문장의 '시험 삼아'가 골칫거리이네요. 이를 해결할 동사가 바로 try입니다. Try는 '~하려고 시도하다'로 알려져 있죠. 이는 목적어 자리에 부정사를 취할 경우만 그렇습니다. 동명사를 취하면 '시험 삼아 ~을 해보다'는 뜻을 가지죠. 이것은 위에서 설명한 동명사와 부정사의 뉘앙스 차이 때문입니다. 'try eating and moving around'로 표현할 수 있습니다.

Scientists wanted to know what being weightless in space would do to astronauts. Only spaceflight could really answer the question. But astronauts needed to practice being weightless on Earth. Scientists found a way. An astronaut rode in the back of a jet plane. The jet would go into a steep climb and a dive. For about thirty seconds, during the dive, the astronaut would feel weightless. It was time enough to try eating and moving around.[16]

속속들이 뜯어보는 영단어

answer

의 핵심은 '응답'입니다. 질문이나 편지에 응답한다는 의미로, He politely asked an interview result but they didn't answer.그는 공손히 인터뷰 결과를 물어봤지만 답이 없었다.와 같은 1형식, You haven't answered my question—where were you last night?당신은 아직 내 질문에 답하지 않았어요. 어제 어디 있었죠?와 같은 3형식을 만들죠.

질문이나 편지만이 아니라 전화나 방문에 응답할 때도 사용 가능합니다. I phoned this morning and your son answered.나는 오늘 아침에 전화했고, 당신 아들이 전화를 받았다.라고 할 수 있고, Someone knocked on the door and I went downstair to answer it.누군가가 문을 두드렸고, 나는 문을 열러 아래층으로 내려갔다.라고도 할 수도 있죠.

이외에도 어떤 필요나 요구에 응답한다는 의미로, We are looking for tools that could answer our needs.우리의 필요를 충족해 줄 수 있는 도구를 찾고 있다.라고 하기도 하고, 설명이나 묘사에 부합한다는 의미로, Haven't you met a woman who answers to the police's description?경찰이 말한 인상착의의 여성을 만난 적이 없나요?와 같은 1형식, A man answering his description was seen at a store downtown.그의 설명과 일치하는 인상착의의 남자가 시내 가게에서 목격되었다.와 같은 3형식도 만듭니다.

practice

의 핵심은 '규칙적인 행동'입니다. 기술을 습득하기 위해 규칙적이며 반복적으로 연습을 한다는 의미일 때 I used to tune my guitar before I practiced.나는 연습을 하기 전에 기타를 조율하곤 했다.와 같은 1형식, He paired his students up when they practiced conversational skills.회화 연습 때 그는 학생들을 두 명씩 짝을 지웠다.와 같은 3형식을 만들죠.

많은 연습과 전문적인 기술을 요하는 직장에서 일한다는 의미도 있어, She has been practicing as a dentist for more than a decade.그녀는 10년 넘게 치과 의사 일을 하고 있다.와 같은 1형식, He was banned from practicing law after he was found to be guilty.유죄 판결 후 그의 변호사 활동은 금지되었다.와 같은 3형식이 가능합니다.

마지막으로 관습, 종교, 규칙에 따라 특정활동을 일상적으로 반복해서 할 때도 About a million Muslims practice their religion every day in this area.백만 명 정도의 이슬람교도가 이 지역에서 종교활동을 한다.라고 할 수 있죠.

dive

의 핵심어는 '다이빙', '급락', '빠른 이동'입니다. 다이빙은 물속에 들어간다는 의미로 쓰여 Do you have guts to dive into the river without any equipment?어떤 장비도 없이 그냥 강에 뛰어들 배짱이 있나요?라고 할 수 있죠. 장비를 가지고 물속 세상을 관찰하는 식의 다이빙도 dive를 이용해 I used to go diving every weekend.나는 주말마다 스쿠버 다이빙을 하러 가 곤했다.라고 할 수 있습니다.

급락은 The hawk soared and dived into water to catch fish.매는 급상승했다가 물속의 물고기를 잡기 위해 급강하했다.와 같이 위치의 급락을 나타낼 수 있고, The shares I bought last week have dived by 75p.지난주에 산 주식이 75 포인트나 급락했다.와 같이 가치의 급락을 나타낼 수도 있습니다.

마지막으로 몸을 던지는 재빠른 이동의 뜻도 가지고 있어, We dived into the nearest café when we heard people screaming.사람들의 비명 소리를 듣고 우리는 근처 카페에 급히 몸을 숨겼다.와 같이 활용될 수도 있죠.

오로지 가장 강하고 사납고 덩치가 큰 동물만이 적으로부터 공격 당하는 것을 두려워하지 않습니다. 야생 상태에 사는 대다수 동물들은 늘 잡아먹히는 위험에 놓인 채 살고 있습니다. 보통은 달아나는 것이 최선의 방어입니다. 다람쥐는 나무에 올라감으로써 달아납니다. 그들은 자신들의 적이 따라올 수 없는 매우 가느다란 나뭇가지로 뛰어오를 수 있죠.

오로지 가장 강하고 사납고 덩치가 큰 동물만이 적으로부터 공격 당하는 것을 두려워하지 않습니다.

구문Tip the + 최상급, 형용사 no, 수동태

야생 상태에 사는 대다수 동물들은 늘 잡아먹히는 위험에 놓인 채 살고 있습니다.

구문Tip 전치사구 in danger of, 수동태

보통은 달아나는 것이 최선의 방어입니다.

구문Tip 동명사 주어, 최상급

다람쥐는 나무에 올라감으로써 달아납니다.

구문Tip 전치사 by

그들은 자신들의 적이 따라올 수 없는 매우 가느다란 나뭇가지로 뛰어오를 수 있죠.

구문Tip 전치사 onto, 관계부사 where

Expression Tip fierce 사나운 have fear of ~을 무서워하다 attack ~을 공격하다 enemy 적 wild 야생의 constant 끊임없는 run away 도망치다 defense 방어 escape 달아나다, 탈출하다 leap 뛰어오르다 thin 얇은, 가는

HOW TO WRITE

첫 번째 문장에서 두려움의 대상은 '적으로부터 공격 당하는 것'이죠? '~하지 않을까 하는 두려움'이라는 의미로 두려움의 원인이나 대상을 나타낼 때는 전치사 of를 씁니다. 전치사의 목적어 자리니까 동명사를 써야겠군요. 수동의 의미를 나타내는 '당하다'는 수동태 동명사구인 being attacked by enemies라고 씁니다. 감정을 나타낼 때는 feel이 아닌 have를 쓰기도 하는데요, 이때 have는 '(감정을) 품다'를 뜻합니다. '조금도 ~ 이 없는'이라는 뜻으로 부정의 의미를 강조할 때는 형용사 no를 써서 명사를 수식하는 구조로 나타내면 되죠.

두 번째 문장의 '잡아 먹히는 위험'도 위와 같은 구조로 나타냅니다. of의 목적어 자리에는 being eaten을 써서 '먹히다'라는 수동의 의미를 나타내고, of 앞에는 constant가 danger를 수식하는 전치사구 in constant danger를 쓰죠.

그다음 문장의 주어는 '달아나는 것'을 뜻하는 동명사 running으로 나타냅니다. 이때 부사 away가 running을 수식하면 '멀리 가 버린다'는 뉘앙스를 살릴 수 있죠. 이어지는 문장은 '수단'을 뜻하는 전치사 by와 동명사를 써서 by climbing trees라고 나타냅니다.

마지막 문장에서는 '적이 따라올 수 없는'이 '나뭇가지'를 수식할 수 있도록 형용사절을 써야 합니다. '나뭇가지'는 다람쥐가 뛰어오르는 '장소'에 해당하니 관계부사 where을 써서 where their enemies cannot follow 형태의 관계절이 선행사 very thin branches를 꾸며 주는 구조로 나타내면 되겠죠?

Only the strongest, fiercest and biggest animals have no fear of being **attacked** by enemies. Most animals in the wild live in constant danger of being eaten. Running away is often the best defense. Squirrels escape by climbing trees. They can **leap** onto very thin branches where their enemies cannot **follow**.[17]

속속들이 뜯어보는 영단어

attack 은 주로 '지나치게 적극적인 행동으로 해를 끼치는 상황'을 나타낼 때 쓰입니다. 물리적인 폭력을 이용한 공격을 의미할 때는 The dog won't attack unless you provoke him. 당신이 개를 건드리지만 않으면 공격하지 않을 거예요. 과 같은 1형식, Air forces attacked the town last night. 어젯밤에 공군이 도시를 공격했다. 과 같은 3형식을 만들죠. 바이러스나 균으로 인한 신체 질환이 생길 때도 The bacteria attacks the immune system. 그 박테리아는 면역 체계를 공격한다. 처럼 attack을 씁니다.

물리적인 공격 외에도 지면이나 연설을 통한 말로 하는 공격에 비유해 The newspaper attacked the government's policy on health care. 그 신문은 정부의 보건 정책을 비판했다. 처럼 나타내거나 It is time to attack the problem and find a solution. 그 문제에 적극적으로 대처해서 해결 방안을 찾아야 할 때다. 과 같이 '적극적인 행동'의 의미를 부각시켜 무언가를 다룬다는 의미를 나타내기도 하죠.

leap 의 핵심은 '갑작스러움'입니다. 주로 껑충 뛰어오른다는 의미로 쓰여 We tried to leap over a stream. 우리는 시냇물을 뛰어넘으려고 했다. 처럼 나타낼 수 있죠.

이외에도 He leaped out of his car and picked up the package. 그는 차에서 뛰쳐나와 그 꾸

러미를 가져갔다. 또는 They leaped to our defense.그들은 즉시 우리를 편들었다.처럼 어떤 일에 급히 뛰어들어야 하는 상황이나 Sales in the company leaped 300 percent.회사 매출이 3백 퍼센트 급증했다.처럼 무언가 급작스레 증가하는 상황을 나타낼 때 쓰여 1형식 문장을 만듭니다.

'하루아침에 유명해지다'라는 우리말 표현에 가장 적절한 단어가 바로 leap입니다. 갑작스러울 만큼 짧은 시간에 권력이나 명예를 거머쥔다는 의미로 쓰여 He leaped to fame after his appearance on a TV show.그는 TV쇼에 나오고 나서 일약 유명해졌다.처럼 나타낼 수 있죠.

follow

의 핵심은 '따름'입니다. 움직이는 대상을 따라간다는 의미일 때는 If you lead, we will follow behind.당신이 이끈다면 우리가 그 뒤를 따르겠습니다.와 같은 1형식, The cats followed me into the house.고양이들이 내 뒤를 따라 집으로 들어왔다.와 같은 3형식을 만들죠. 길처럼 정해져 있는 코스를 따라간다는 의미도 있어 Follow this road, then you will see the cathedral soon.이 길을 따라가세요. 그러면 바로 대성당이 보일 겁니다.처럼 쓰이기도 합니다.

'따름'의 의미가 확대돼 '이해'와 '순종'을 뜻하기도 하는데요, 가령 I cannot follow you, could you explain in detail?이해가 안되네요. 좀 자세히 설명해 주시겠어요?과 같이 요점을 따라간다는 의미의 '이해하다'라는 뜻으로 쓰이거나 The faithful follow the teachings of their religions.독실한 신자들은 자기 종교의 가르침에 순종한다.와 같이 '교리나 원칙을 따르다'라는 '순종'의 의미를 나타내기도 합니다.

특정 시기를 따른다는 의미도 있어 '뒤를 잇다, 뒤따르다'를 뜻하기도 합니다. 전치사 또는 접속사 afte/before 대신 follow를 쓰면 The earthquake has been followed by a series of minor aftershocks.지진이 발생하고 나서 소규모 여진이 여러 차례 이어졌다.와 같은 세련된 문장을 구사할 수 있죠.

할로윈 전날 밤이었어요. 아서Arthur네 가족은 집을 <u>으스스하게</u> 보이게 만드느라 바빴죠. 실제로 너무 <u>으스스해</u> 보여서 아서는 잠들기가 어려웠습니다. 다음날 아침에 상황은 훨씬 더 악화됐죠. "살려주세요!" 아서가 눈을 뜨며 소리쳤습니다. "나야!" 그의 여동생 D.W.가 말했죠. "어머, 무서워서 그래? 잊지 마, 오늘 밤 사탕 받으러 다닐 때 나 데리고 가야 해."

할로윈 전날 밤이었어요.

구문Tip 비인칭주어 It

아서네 가족은 집을 으스스하게 보이게 만드느라 바빴죠.

구문Tip 5형식 동사 make

실제로 너무 으스스해 보여서 아서는 잠들기가 어려웠습니다.

구문Tip so + 형용사 + that

다음날 아침에 상황은 훨씬 더 악화됐죠.

구문Tip bad의 비교급

"살려주세요!" 아서가 눈을 뜨며 소리쳤습니다.

구문Tip 접속사 when

"나야!" 그의 여동생 D.W.가 말했죠. "어머, 무서워서 그래? 잊지 마, 오늘 밤 사탕 받으러 다닐 때 나 데리고 가야 해."

구문Tip 4형식 동사 take

Expression Tip spooky 으스스한 be busy ~ing ~하느라 바쁘다 have trouble ~ing ~하는 데 어려움을 겪다 fall asleep 잠들다 even 훨씬 scream 소리지르다 jumpy (공포 등으로) 흠칫하는, 조마조마한 trick-or-treating 할로윈 데이에 아이들이 무서운 복장을 하고 집집마다 사탕 등을 얻으러 다니는 것

두 번째 문장의 '~하느라 바쁘다'는 앞서 배운 것처럼 동명사 관용구 be busy ~ing를 써서 was busy making으로 나타냅니다. 여기서 make는 5형식 동사로 쓰였으니 「make+목적어+목적격 보어」 형태로 나타내고, '~하게 보이다'를 뜻하는 2형식 동사 look을 써서 making the house look spooky라고 하면 되겠군요.

세 번째 문장은 '너무 ~해서 …하다'를 뜻하는 「so+형용사/부사+that 절」 구조의 looks so spooky that ~으로 나타냅니다. 결과에 해당하는 that절의 '잠들기가 어려웠다'도 마찬가지로 동명사 관용 표현 have trouble[difficulty] ~ing를 이용해 had trouble falling asleep로 완성하면 되고요. 여기서도 '~이 되다'를 뜻하는 2형식 동사 fall이 쓰였네요.

직접화법 인용문의 어순은 어떻게 나타내면 될까요? 보통 문어체에서는 인용구가 문두에 올 경우 인용구가 강조되면서 "Help!" screamed Arthur 또는 "It's just me," said his sister처럼 주어와 동사의 자리가 바뀌는 도치가 일어납니다. 하지만 주어가 대명사이거나 주어를 강조하는 경우에는 도치가 일어나지 않죠.

It was the night before Halloween. Arthur's family was busy
making the house look spooky. It looked so spooky, in fact, that
Arthur had trouble falling asleep. Things were even worse the next
morning. "Help!" screamed Arthur when he opened his eyes. "It's
just me," said his sister, D. W. "Boy, are you jumpy? Don't forget,
you have to take me trick-or-treating tonight."[18]

속속들이 뜯어보는 영단어

make 의 핵심은 '만듦'입니다. 자원이나 노동을 투입해 무언가를 만들어 낸
다는 의미와 어떤 대상이 '~하게 만든다'는 사역의 의미로 나뉘죠. 전
자는 He made gooey cookies.그는 꾸덕한 쿠키를 만들었다.와 같은 1형식, She made him a
toy.그녀는 그에게 장난감을 만들어 주었다.와 같은 4형식을 만듭니다. 돈을 만들어 내다, 즉 돈
벌이를 나타낼 때도 He makes $40,000 a year as a teacher.그는 교사로 근무하면서 매년 4
만 달러를 번다.처럼 쓸 수 있죠.

어떤 행동을 유발한다는 의미에서 He had to make a phone call.그는 전화를 걸어야 했다.처
럼 전화를 거는 행위 등을 뜻하기도 합니다. 이처럼 특정 명사와 어울려 쓰이면 make
a trouble문제를 일으키다, make an appointment약속을 하다, make a decision결정을 하다,
make a request요청을 하다 등 다양한 숙어로 활용할 수 있죠. 이외에 I made it to the
class just in time.나는 제시간에 맞춰 수업에 도착할 수 있었다.과 같은 make it to~ 형태로 쓰이
면 '(장소나 상황 등)에 도착[참여]하다'라는 뜻을 나타낼 수 있습니다.

사역의 의미는 '강제' 또는 '원인 제공'으로 나뉩니다. 가령 The heavy makeup makes
you look middle-aged.두껍게 화장하면 중년처럼 보여요.와 같이 원인(화장)을 나타내거나
You cannot make your kids study, if they don't want to.아이가 원치 않으면 억지로 공부를
시킬 순 없어.와 같이 강제로 시킨다(공부)는 의미를 나타낼 수 있죠.

have

의 핵심은 '소유, 허용, 사역'입니다. 소유를 뜻할 때는 I want to have a two-story house.나는 이층집을 갖고 싶다.와 같은 사물뿐만 아니라 We had a wonderful time.우리는 멋진 시간을 보냈어요.과 같은 경험, Can I have a cup of coffee?커피 한 잔 마실 수 있을까요?와 같은 음식, You should have a try if it is worthy.그럴 만한 가치가 있다면 시도해 보세요.와 같은 행동 등을 자기 것으로 한다는 의미를 나타내죠.

허용을 뜻할 때는 My mom won't have any bugs in the house.엄마는 이 집에 벌레 한 마리도 못 들어오게 할 거야.와 같은 3형식, The guard won't have these dogs running all over the flowerbeds.경비는 이 개들이 꽃밭을 뛰어다니게 놔두지 않을 거야.와 같은 5형식을 만듭니다.

사역을 뜻할 때는 강제의 어감을 지닌 make와 달리 원인과 동기를 부여한다는 어감을 전달합니다. 이때는 목적격 보어 자리에 Don't worry, I will have someone finish it for you.걱정 마세요. 다른 사람을 시켜 끝내도록 하겠습니다.처럼 동사원형을 쓰거나 We are going to have the door painted next month.다음달에 방문 페인트 작업을 의뢰할 예정입니다.와 같이 분사를 넣어 5형식을 만들죠.

take

의 핵심은 '적극적인 취함'입니다. 부정적인 의미로 '빼앗다'를 뜻할 때는 He took my bag without permission.그가 허락도 없이 내 가방을 가져갔어. 또는 If you take 3 from 9, you get 6.9에서 3을 빼면 6이 됩니다.처럼 쓰이죠.

'긍정적인 취함'을 뜻할 때는 사람/물건, 수단, 시간, 온도, 측정, 입장 등 취하는 대상이 다양합니다. 사람/물건을 취할 때는 They are going to take their kids to the zoo this weekend.그들은 이번 주말에 아이들을 동물원에 데려갈 것이다.와 같은 3형식, My mom took me a letter.엄마는 내게 편지를 가져다 주셨다.와 같은 4형식을 만들죠. 수단을 취할 때는 If you take this road, you will find the beach soon.이 길로 가면 곧 해변이 보일 거예요.과 같은 이동 수단과 Do you take credit cards?신용카드로 결제 가능한가요?와 같은 지불 수단으로 나눕니다. 시간을 취할 때는 Finishing this task takes many hours.이 일을 끝내는 데는 장시간이 걸린다.와 같은 3형식과 It took us half a day to cook this soup.이 국을 만드는 데 반나절이 걸렸다.과 같은 4형식을 만들죠.

이외에도 Nurses took his temperature.간호사들이 그의 체온을 측정했다.처럼 측정을 통해 취하는 행위, He takes this medicine two times a day.그는 이 약을 하루에 두 번 복용한다.처럼 약이나 식음료 등을 섭취하는 행위, Can I take it as a complement?그 말 칭찬으로 받아들이면 될까요?처럼 충고, 비난 등을 취하는 행위 등을 나타내기도 합니다.

to부정사구로 만드는 명사

'to부정사'란 동사를 명사처럼 쓰기 위해 동사원형 앞에 to를 붙인 형태를 말합니다. to부정사는 주어 자리 To do exercise every day is good for your health.매일 운동하는 것이 당신의 건강에 좋습니다, 목적어 자리 I tried to remember his name.나는 그의 이름을 기억해 내려고 했다, 보어 자리 My plan is to leave as soon as possible.내 계획은 가능한 한 빨리 떠나는 것이다에 들어가 명사 역할을 하죠.

to부정사를 배울 때 꼭 등장하는 용어가 바로 '가주어또는 가목적어 it'입니다. 주어또는 목적어 자리에 it이라는 가짜 주어또는 가짜 목적어를 넣고 진짜 주어또는 목적어인 to부정사구는 문장의 뒤로 보내는 용법을 말하는데요, 가령 It is good for your health to do exercise every day.에서 가주어는 it, 진짜 주어는 to do exercise입니다.

그럼 가목적어는 뭘까요? '가목적어'란 목적격 보어의 수식을 받는 목적어 자리에는 구 형태가 올 수 없다는 원칙 때문에 생겨난 용법입니다. 가령 I found to do business difficult.라고 하지 않고 진짜 목적어to do business를 뒤로 보낸 뒤 목적어 자리에 가짜 목적어 it을 넣어 I found it difficult to do business.사업을 한다는 건 힘들다는 사실을 깨달았다라고 나타내는 것을 가리키죠.

to부정사도 동명사처럼 수동태, 부정, 의미상 주어를 나타낼 수 있습니다. 수동태는 I hope to be given a second chance.내게 다시 기회가 주어지길 바라의 「to + 수동태」to be given 형태로, 부정은 My teacher told me not to worry.선생님은 내게 걱정 말라고 하셨다의 「not+부정사」로, 의미상 주어는 It is a good idea for you to come first.네가 제일 먼저 온다면 좋겠지의 「for+목적격」 형태로 나타냅니다. It is nice of you to say so.그렇게 말씀해 주시니 친절하시군요처럼 사람의 성품을 나타낼 때는 for가 아닌 of를 쓰기도 하죠. I don't know how to do it.그건 어떻게 하는 건지 모르겠다과 같은 「의문사+to부정사」 형태의 의문사구도 자주 쓰입니다.

명사 역할을 하는 구 형태로는 동명사구와 to부정사구가 있는데요, 둘 다 '~하는 것'으로 해석하지만 뉘앙스는 다릅니다. 동명사구는 '과거/연속/상태', to부정사는 '미래/일시/행위'를 의미하기 때문이죠. 이런 차이 때문에 일부 타동사는 둘 중 하나만 목적어로 취할 수 있습니다. 가령 '~을 기대하다'라는 의미의 expect는 '~을'에 해당하는 목적어 자리에 '미래'에 일어날 일을 암시하는 내용만 나올 수 있다면, '~을 즐기다'라는 뜻의 enjoy는 과거에 이미 경험한 행위를 나타내기 때문에 목적어 자리에 동명사만 올 수 있습니다.

동사	목적어(명사)	
enjoy, finish, quit, mind, oppose, avoid, imagine, practice...	+ 동명사 (과거/연속/상태)	I enjoy **swimming**. 나는 수영을 즐긴다.
expect, decide, plan, wish, force, hope, want, promise, refuse...	+ to부정사 (미래/일시/행위)	I expect **to see** you again. 당신과 재회할 날이 기대됩니다.

토마스 제퍼슨Thomas Jefferson 대통령은 인디언 이주라 불리는 정책이 옳다고 믿었습니다. 이는 모든 인디언이 미시시피강 서쪽 땅인 인디언 관할 구역으로 이동하는 것을 의미했죠. 제퍼슨은 이 정책이 인디언들의 땅을 갖기 위해 이들을 속이거나 죽일지도 모르는 부정직한 백인들로부터 인디언들을 보호해 줄 것이라 생각했습니다. 대다수 체로키족Cherokees은 자신들의 땅을 포기하는 데 반대했습니다. 그렇지만 시쿼야Sequoyah를 포함한 일부는 서쪽으로 가기로 결정했죠.

토마스 제퍼슨 대통령은 인디언 이주라 불리는 정책이 옳다고 믿었습니다.

구문Tip 동사 call(과거분사)

이는 모든 인디언이 미시시피강 서쪽 땅인 인디언 관할 구역으로 이동하는 것을 의미했죠.

구문Tip 동명사를 취하는 동사 mean, 동격의 쉼표(,)

제퍼슨은 이 정책이 인디언들의 땅을 갖기 위해 이들을 속이거나 죽일지도 모르는 부정직한 백인들로부터 인디언들을 보호해 줄 것이라 생각했습니다.

구문Tip 조동사 would, 주격 관계대명사 who, 조동사 might

대다수 체로키족은 자신들의 땅을 포기하는 데 반대했습니다.

구문Tip 동명사를 취하는 동사 oppose

그렇지만 시쿼야를 포함한 일부는 서쪽으로 가기로 결정했죠.

구문Tip 부사 though, to부정사의 명사적 용법

Expression Tip policy 정책 Indian Removal 인디언 이주 move to ~로 옮기다 territory 영토, 구역 land 땅 west of ~의 서쪽에 the Mississippi River 미시시피 강 protect A from B B로부터 A를 지키다 dishonest 부정직한 trick ~을 속이다 give up ~을 포기하다

HOW TO WRITE

첫 번째 문장의 '옳다고 믿었습니다'에서 알아 두면 유용한 표현이 보이네요. 바로 believe in인데요, believe가 전치사 in과 함께 쓰이면 '~의 존재를 믿다, ~이 옳다고 믿다'라는 뜻을 나타냅니다. '인디언 이주라 불리는'이 '정책'을 수식하고 '정책'은 '불리는' 대상이니 수동의 의미를 나타내는 과거분사 구문을 써서 believed in a policy called Indian Removal 라고 하면 되겠군요. a policy와 called 사이에 앞선 주어를 가리키는 주격 관계대명사 that[which]와 수동태의 be동사가 생략된 문형이죠.

두 번째 문장의 동사 mean은 '~을 의도[작정]하다'라는 의미로 쓰이면 목적어로 to부정사를 취하지만, '~을 의미하다'라는 의미로 쓰이면 동명사를 목적어로 취합니다. 따라서 This meant moving all Indians to Indian Territory라고 쓰면 되겠네요. '미시시피강 서쪽 땅'이 Indian Territory와 동격을 의미하므로 두 표현 사이에는 쉼표를 넣어 동격 관계임을 나타냅니다.

네 번째 문장에서는 '~에 반대하다'를 뜻하는 oppose를 써 볼까요. oppose는 동명사를 목적어로 취하므로 Most Cherokees opposed giving up이라고 하면 됩니다. 반면, 마지막 문장의 '결정하다'를 뜻하는 decide는 목적어로 to부정사를 취하는 동사이므로 decided to go west 라고 써야 합니다.

President Thomas Jefferson **believed** in a policy called Indian Removal. This **meant** moving all Indians to Indian Territory, the lands west of the Mississippi River. Jefferson thought this policy would protect the Indians from dishonest white people who might trick them or kill them for their land. Most Cherokees opposed giving up their land. Some Cherokees, though, including Sequoyah, decided to **go** west.[19]

속속들이 뜯어보는 영단어

believe 의 핵심은 '수용'입니다. 수용의 의미는 세 가지로 나뉠 수 있는데요, 첫 번째는 증거는 없지만 어떤 사실을 그러하다고 수용한다는 의미로, I believed his story for a while.난 한동안 그 사람 얘기를 믿었어.과 같은 3형식과 They believe him dead.그들은 그가 사망한 걸로 알고 있다.와 같은 5형식을 만들죠.

두 번째는 누군가의 주장을 수용한다는 의미로, 목적어 자리에는 주로 사람이 나와 She claims to have seen a tornado, but I don't believe her.걔는 토네이도를 봤다고 주장하지만 믿음이 안 가.처럼 쓰입니다. 마지막으로 특정 입장을 자신의 의견으로 수용한다는 의미로 쓰이면 He still believes that a ghost is a mythical creature.그는 아직도 유령이 신화 속 존재라고 생각해.와 같은 3형식, I believe him to be the greatest leader in this country.나는 그가 이 나라의 위대한 지도자가 될 거라고 생각해.와 같은 5형식을 만들죠.

mean 의 핵심은 '의미함'입니다. '의미함'은 다시 '뜻, 결과, 의도, 가치'로 나뉘고 전부 3형식 문장을 만들죠. 가령 These words mean that your claim was wrong.이 말은 당신의 주장이 잘못됐다는 의미예요.에서는 '뜻하다'라는 의미를 나타내고 One more drink means divorce.한 잔만 더 마시면 바로 이혼이야.에서는 '결과'를 나타냅니다.

'의도를 나타내다'라는 의미로 쓰이면 She didn't mean any harm.그녀는 해를 끼칠 의도는 없었어.처럼 목적어 자리에 명사를 취하거나 I did not mean to offend you.널 기분 나쁘게 할 생각은 없었어.처럼 to부정사를 취하죠. '가치'를 의미할 때는 This book means a lot to me.이 책은 제겐 아주 소중한 거예요.처럼 나타낼 수 있습니다.

go

go 의 핵심은 '앞으로 나아가기'와 '진행'입니다. '앞으로 나아가기'를 뜻할 때는 They went into the church.그들은 교회로 들어갔다. 또는 This road goes to Seoul.이 길은 서울로 갑니다.처럼 사람이나 길 등이 주어 자리에 오거나 We have only a week to go before the vacation is over.일주일 후면 방학이 끝난다.처럼 시간 등이 주체가 될 수 있습니다. 또 '특정한 상태로 나아간다', 즉 어떤 상태로 변하거나 된다는 의미로 쓰이면 My hair is going grey.머리가 하얗게 세고 있어.와 같은 2형식을 만들 수 있죠.

'진행'을 뜻할 때는 How did your interview go?면접은 잘 봤어요?와 같은 상황의 진행이나 I am wondering why this watch won't go.이 시계가 왜 멈춘 건지 모르겠네.와 같은 정해진 방식으로의 진행, 또는 This color would go well with your shirt.이 색깔이 네 셔츠랑 어울리겠는데.와 같은 조화로운 상태로의 진행을 나타내기도 하죠.

Task 02

어밀리아 에어하트Amelia Earhart는 선구자였습니다. 그녀는 새로운 것을 처음으로 해
내는 사람이 되는 것을 좋아했죠. 1920년대에 어밀리아는 비행사가 되었습니다. 이
당시는 비행기가 여전히 새로운 발명품이었던 시절이었죠. 비행기를 어떻게 조종
하는지 아는 사람은 거의 없었습니다. 여자가 비행기를 조종한다는 건 더더욱 드문
일이었죠. 하지만 어밀리아는 자신이 최고임을 증명하는 많은 비행 기록들을 세웠
습니다.

어밀리아 에어하트는 선구자였습니다. 그녀는 새로운 것을 처음으로 해내는 사람
이 되는 것을 좋아했죠.

구문Tip 동사 like, to부정사의 명사적/형용사적 용법

1920년대에 어밀리아는 비행사가 되었습니다.

구문Tip the + 연도

이 당시는 비행기가 여전히 새로운 발명품이었던 시절이었죠.

구문Tip in a time + 관계부사 when

비행기를 어떻게 조종하는지 아는 사람은 거의 없었습니다.

구문Tip 부정부사 not, 의문사 + to부정사

여자가 비행기를 조종한다는 건 더더욱 드문 일이었죠.

구문Tip to부정사의 의미상 주어, 가주어/진주어

하지만 어밀리아는 자신이 최고임을 증명하는 많은 비행 기록들을 세웠습니다.

구문Tip to부정사의 형용사적 용법, 접속사 that

Expression Tip pioneer 선구자 the first 최초의 인물 invention 발명(품) fly (비행기 등)을 조종하다 even
more 더욱더 unusual 흔치 않은 set (기록 등을) 세우다 record 기록 prove ~을 입증하다

HOW TO WRITE

두 번째 문장의 '새로운 것을 처음으로 해내는 사람이 되는 것'을 영어로 옮기려면 두 가지 용법의 to부정사가 필요합니다. 동사 like의 목적어로 '최초가 되는 것'이라는 의미를 나타내는 명사적 용법의 to be the first, 그리고 the first를 수식하는 형용사적 용법의 to do new things를 쓰면 She liked to be the first to do new things.가 완성되죠.

'이때는 ~하던 시절이었다'는 관계부사 when을 써서 This was in a time when ~ 으로 표현합니다. 그다음 문장의 목적어인 '어떻게 조종하는지'는 「의문사+to부정사」 형태의 명사구 how to fly로 나타내고요. 까다로운 부분은 '아는 사람은 거의 없었다'인데요, '거의 없는'을 뜻하는 대표적인 형용사로 few가 있죠? few people 또는 부정부사 not이 형용사 many를 수식하는 Not many people로 주어를 표현할 수 있습니다. 둘 다 부정의 의미가 포함돼 있으니 동사는 긍정형으로 나타내 Few[Not many] people knew how to fly one.라고 하면 되죠. 이때는 airplane을 반복하지 않기 위해 앞서 나온 명사나 같은 종류를 가리켜 '(그중) 하나[한 사람]'을 뜻하는 대명사 one을 씁니다.

'여자가 비행기를 조종한다는 건 더더욱 드문 일이었다'의 긴 주어를 보자마자 가주어/진주어 구문이 떠올라야 합니다. '여자'는 진주어 to fly planes의 의미상 주어니까 for a woman to fly planes라고 써야겠죠? 마지막 문장은 '자신이 최고임을 증명하는'이 '비행 기록'을 수식하는 구조이므로 that절을 목적어로 취한 to부정사의 형용사적 용법을 써서 flying records to prove that she was the best로 나타냅니다.

Task 02

Amelia Earhart was a pioneer. She liked to be the first to do new things. In the 1920s, Amelia became a pilot. This was in a time when the airplane was still a new invention. Not many people knew how to fly one. It was even more unusual for a woman to fly planes. But Amelia set many flying records to prove that she was the best.[20]

속속들이 뜯어보는 영단어

like 는 동사보다 전치사와 접속사로 흔히 쓰이는데요, 전치사로 쓰일 때는 '~처럼, ~같은'이라는 의미를 나타내 Your hair is very soft. It is like silk.머릿결이 너무 좋네요. 비단 같아요. 또는 It looks like rain.비가 올 것 같아.처럼 표현할 수 있죠. 접속사로 쓰이면 You look like you have just got up now.너 지금 막 일어난 것 같은데.처럼 뒤에 「주어+동사」 형태의 절이 나오겠죠?

동사로 쓰일 때는 '좋아하다'라는 의미로 쓰여 3형식을 만듭니다. 이때 목적어로는 I like your new style.당신의 새로운 스타일이 마음에 들어요.과 같은 명사, I don't like making a big deal out of it.난 이것 때문에 소란을 피우고 싶지 않아.과 같은 동명사, We like to spend mornings with tea.우리는 차를 마시며 오전 시간을 보내는 것을 좋아한다.와 같은 to부정사를 취할 수 있죠.

fly 의 핵심은 '날기'와 '갑작스러운 이동'입니다. Baby birds cannot fly alone.새끼 새들은 혼자 날 수 없다.과 같이 날개 달린 조류뿐 아니라 인간을 주어로 취해 They flew to London last night.그들은 어젯밤에 비행기를 타고 런던으로 떠났다.과 같은 1형식, They flew wounded soldiers to a safe place.그들은 부상당한 병사들을 비행기에 태워 안전한 곳으로 데려갔다.와 같은 3형식을 만들 수 있죠.

이 의미가 확대돼 '(비행기)를 조종하다'라는 의미로도 쓰이는데요, 이때도 I learned how to fly when I was young. 나는 어렸을 때 비행기를 조종하는 법을 익혔다. 과 같은 1형식, Can you fly an airplane? 넌 비행기를 조종할 수 있니? 과 같은 3형식을 만들 수 있습니다.

어떤 것을 '날린다'는 의미도 있어 She ran past him with her hair flying behind her. 그녀는 머리카락을 흩날리며 그를 휙 지나갔다. 와 같은 1형식, The weather is good enough to fly a kite. 연을 날리기에 딱 좋은 날씨야. 와 같은 3형식을 만들죠.

의외로 많이 쓰이는 뜻이 '빠르고 갑작스러운 이동'입니다. 이때는 With the blast near the building, glass flew across the office. 그 건물 인근에서 일어난 폭발로 유리 파편들이 사무실로 쏟아져 들어왔다. 와 같은 1형식, The window has flown open. 창문이 갑자기 확 열렸다. 과 같은 2형식을 만들 수 있죠.

set

의 핵심은 '놓기'입니다. 어떤 장소에 둔다는 의미일 때는 My father has set a chair by his bed. 아버지는 침대 옆에 의자 하나를 두셨다. 처럼 나타내고, 어떤 상태에 둔다는 의미일 때는 The hostages were finally set free after years of ordeal. 수년간의 고난 끝에 인질들이 마침내 풀려났다. 처럼 나타낼 수 있죠.

놓는다는 의미가 확대돼 '정하다'라는 뜻으로 쓰이면 The council has set new standards. 위원회는 새 기준을 세웠다. 또는 Haven't you set a date for the meeting yet? 회의 날짜를 아직도 안 정했어요? 처럼 나타낼 수 있습니다.

이외에도 The heating is set to come on at 9 a.m. isn't it? 난방 시작이 오전 9시로 설정돼 있죠, 그렇지 않나요? 처럼 to부정사와 함께 쓰여 '~하기로 정해져 있다'를 뜻하기도 하죠.

오늘날 돈에 대한 생각들은 전 세계적으로 거의 동일합니다. 사람들은 살아남기 위해 반드시 돈이 있어야 하죠. 이들은 직장에서 일을 하면서, 자신의 삶을 편안하게 해 주는 재화와 서비스를 구매하기 위해 지불해야만 하는 돈과 자신의 노동력을 교환하죠. 장터가 점점 커져서 결국 전 세계를 포함하게 됐어요. 현대 교통 체계 덕분에 세계의 모든 국가들이 해외에 제품을 선적하고 받는 것이 가능 해졌죠.

오늘날 돈에 대한 생각들은 전세계적으로 거의 동일합니다.

구문Tip 부사 pretty much, 전치사 over

사람들은 살아남기 위해 반드시 돈이 있어야 하죠.

구문Tip To 부정사 부사 활용 (목적)

이들은 직장에서 일을 하면서, 자신의 삶을 편안하게 해 주는 제품과 서비스를 구매하기 위해 지불해야만 하는 돈과 자신의 노동력을 교환하죠.

구문Tip 분사구문, 관계대명사

장터가 점점 커져서 결국 전세계를 포함하게 됐어요.

구문Tip To 부정사 부사 활용 (결과)

현대 교통체계 덕분에 세계의 모든 국가들이 해외에 제품을 선적하고 받는 것이 가능 해졌죠.

구문Tip 가목적어 it, 부정사의 의미상의 주어

Expression Tip idea 생각 job 직장 labor 노동 Trade A for B A와 B를 교환하다 재화, goods 제품 marketplace 장터 ship 선적하다

HOW TO WRITE

첫 번째 문장은 단어 활용에 신경을 써야 할 듯합니다. 개인적으로 가지는 생각을 thought라고 한다면 어떤 것이 무엇인지에 대해 가지는 생각을 idea라고 합니다. 즉, 돈이 무엇인지에 대한 생각이기 때문에 idea가 필요하죠. '거의'라고 하면 almost가 떠오르죠. 여기서는 동의어인 pretty much를 써보는 것이 어떨까요?

세 번째 문장은 두 가지 사실을 담고 있습니다. 직장에서 일을 한다는 것과 직장에서 자신의 노동력과 돈을 교환하는 것이죠. 이 두 문장을 배치할 때 종속접속사 While을 사용해 부사절 (while they work at jobs)을 만들 수도 있고, They work at jobs, and they trade their labor처럼 대등접속사 and를 이용할 수도 있습니다. 선택의 기준은 두 문장의 중요도에 달려있어요. 전자의 경우는 '직장에서 일한다'는 내용이 부사절로 수식어가 되면서 중요한 정보가 아니게 됩니다. 직장에서 일하는 것이 기본 전제인데 과연 옳은 선택일까요? 후자를 추천합니다. 여기서 더 나아가 대등접속사도 분사구문을 만들 수 있기 때문에 They work at jobs, trading their labor…가 좋겠네요.

네 번째 문장은 부정사의 결과적 용법으로 나타내는 것이 가장 효과적일 듯합니다. 점점 커져 결국에는 전 세계를 포함하게 되었으니까요. 마지막 문장을 'Thanks to modern transportation'으로 시작했다면 세련된 문형을 기대하기는 힘들어집니다. 원어민들은 현대 교통 체계를 사물 주어로 만들어 5형식 동사 make를 활용하거든요. 목적어가 '세계 모든 국가들이 해외에 제품을 선적하고 받는 것'이고 목적격 보어가 '가능한'입니다. 보어의 수식을 받는 목적어 자리에는 구나 절이 올 수 없죠. 그렇습니다. 가목적어 it이 필요한 구조입니다. '세계 모든 국가들이'는 부정사의 의미상의 주어로 써보면 어떨까요?

Today, ideas about money are pretty much the same all over the world. People must have money to survive. They work at jobs, trading their labor for the money they need to pay for the goods and services that make their lives comfortable. The marketplace has grown to include the whole world. Modern transportation has made it possible for all countries of the world to ship and receive goods from abroad.[21]

속속들이 뜯어보는 영단어

trade 의 핵심은 '교환'입니다. 사고 판다는 거래의 의미로 This firm has traded in arms with the Middle East for many years.이 회사는 수년 동안 중동 국가와 무기를 거래해 왔다.라는 1형식을, The textiles of this company are being traded worldwide now.이 회사의 직물은 현재 전 세계적으로 거래되고 있다.라는 3형식을 만들죠.

보다 구체적으로는 주식시장의 거래를 특정하여 'trade'를 사용할 수도 있죠. 예를 들어, The shares that I bought last month are trading actively.지난달에 산 주식이 활발하게 거래되고 있다.와 같은 1형식, The volume of stocks traded today hit a record high.오늘 주식 거래량이 사상 최고를 기록했다.와 같은 3형식을 만듭니다.

금전적 이익과 상관없이 대상을 서로 교환한다는 의미도 있어, Can you believe that your son traded his computer for a gameplayer?당신 아들이 컴퓨터를 게임기와 맞바꿨다는 것이 믿어져요?'와 같은 3형식, I want to trade you some of my chips for some of your cookies.내 감자 칩 조금이랑 네 쿠키 조금이랑 바꿔 먹고 싶어.와 같은 4형식이 가능합니다.

pay 의 핵심은 '지불'입니다. 우선 일, 물건, 서비스에 대해 돈을 지불한다는 의미로 I prefer to pay by credit card.나는 신용카드로 결제하는 것을 선호합니다.와 같은 1형식, How much did you pay the taxi driver?택시 기사에게 얼마를 지불했나요?와 Did you pay the bill at the restaurant?레스토랑에서 당신이 음식값을 냈나요?와 같이 사람과 대상을 모두 목적어 자리에 취할 수 있는 3형식, You have to pay him $1,000 dollars if you sign the contract.계약서를 체결하면 너는 그에게 1,000달러를 지불해야만 한다.와 같은 4형식, We need to pay a plumber to repair the burst pipe. 배관공이 터진 파이프를 수리하려면 그에게 비용을 지불해야 한다.와 같이 5형식을 만들죠.

'지불'이라는 개념은 받는 입장에서는 이익이지만, 주는 입장에서는 손해라는 이중적인 성격을 띠죠. 그래서 Lying really doesn't pay!거짓말은 정말 도움이 되지 않아!라고 하거나, It would pay you to be cautious when driving.운전할 때 주의를 기울이는 것이 너에게 좋을 거야.와 같이 긍정적인 혜택이나 이익을 준다는 의미를 가지기도 하고, I am certain he will pay for that remark.그는 그 말로 고초를 겪을 거야.와 같이 고통을 준다는 의미도 나타내죠.

마지막으로 특정한 행동을 한다는 뜻도 있습니다. 지불한다는 의미가 좀 더 보편화된 것이라고 볼 수 있죠. Could you pay attention a second?잠시만 집중해 주세요?와 같은 3형식 I will pay you a visit when I am in your town.당신 동네에 가면 꼭 들르겠습니다.와 같이 4형식을 만들죠. 이외에 대표적인 것이 pay a respect존경을 표하다, pay a compliment칭찬을 하다, pay a tribute감사의 표시를 하다 등이 있죠.

receive

의 핵심은 '받음'입니다. 누군가가 주거나 보내는 것을 받는다는 의미로, He has received an avalanche of letters from his fans.그는 그의 팬들로부터 산더미 같은 편지를 받았다.라고 하죠. We received a cordial reception as soon as we arrived at the hotel.우리는 호텔에 도착하자마자 후한 대접을 받았다.와 같이 대접을 받거나, They received an impression that he looked down on them.그들은 그가 자기들을 얕본다는 인상을 받았다.와 같이 인상을 받거나 하는 등의 특정한 문맥에 사용되기도 합니다.

새롭게 등장하거나 출시된 대상에 대해 평가하거나 의견을 낼 때도 His new novel has been well received by the critics.그의 새로운 소설이 비평가들에게 좋은 평가를 받고 있다.라고 하거나, 어떤 조직이나 단체에 입단을 하는 경우에도 Three new hires have been received into the company's golf club.세 명의 신입사원이 회사 골프 동호회에 가입했다.라고 합니다.

that/whether/if절로 만드는 명사

that으로 명사 만들기

명사절을 만드는 종속접속사 중에서는 that이 가장 흔히 쓰입니다. '종속접속사'가 뭔지 잘 모르겠다고요? 그럼 '접속사'가 뭔지부터 살펴보죠. 접속사란 두 문장을 연결접속하는 말을 가리킵니다. 접속사는 두 문장을 연결하는 방식에 따라 다음과 같이 세 부류로 나뉘죠.

첫 번째로 단어와 단어, 구와 구, 절과 절처럼 문법적으로 대등하거나 동일한 형태를 연결하는 말을 대등접속사라고 합니다. but그러나, and 그리고, or또는, so그래서, for~이기 때문에가 대표적이죠. 두 번째로 짝을 이루는 둘 이상의 요소를 연결하는 말을 상관접속사라고 하는데, 주로 both A and B A와 B 모두, either A or B A나 B 중 하나, neither A nor B A와 B 중 어느 것도 아닌가 쓰입니다. 끝으로 한 문장을 다른 문장의 일부로 연결하는 말을 종속접속사라고 합니다. 더 큰 문장에 '종속'된 문장이 명사 역할을 하면 '명사절'을 만드는 종속접속사라고 하고, 부사 역할을 하면 '부사절'을 만드는 종속접속사라고 부르죠.

명사절을 만드는 종속접속사 that은 '~하는 것'이라고 해석합니다. that이 이끄는 절은 주어 자리 That he has left you behind is true. 그가 당신을 두고 떠난 건 사실이죠, 목적어 자리 I think that your idea is great. 당신의 아이디어는 훌륭한 것 같아요, 보어 자리 The important thing is that you are happy now. 중요한 건 네가 지금 행복하다는 거야에 들어가 명사 역할을 하죠.

that이 주어 자리에 오면 that절을 뒤로 보내고 가주어 it을 써서 It is true that he has left you behind.처럼 나타낼 수 있고, 목적어와 보어 자리에 들어간 that절의 that은 생략할 수 있습니다.

그런데 영문을 읽다 보면 that이 명사 역할만 하는 건 아님을 알 수 있습니다. 이외에도 형용사, 부사, 대명사와 같은 다양한 품사로 쓰이죠. p.126 참조

whether/if로 명사 만들기

whether와 if 둘 다 '~인지 아닌지'라는 뜻으로 쓰여 명사절을 만들 수 있습니다. whether 명사절이 주어 자리 Whether she likes me does not matter to me.그녀가 날 좋아하는지는 중요한 게 아냐, 목적어 자리, 보어 자리에 들어간다면, if 명사절은 목적어 자리 I am wondering if he is safe.그 사람이 안전한지 모르겠네, 보어 자리 My question is whether we should begin now.내 질문은 우리가 당장 시작해야 하는지 아닌지입니다에만 들어가죠.

whether와 if는 부사절도 만들 수 있습니다. 이 경우 의미가 달라지는데요, if는 '만약 ~이라면'If you pay more, I will finish it before the deadline. 돈을 더 주신다면 마감 전에 끝낼게요이라는 뜻으로 '조건'을 나타내고, whether는 '~이든 아니든 간에'I will stick to my way, whether you like it or not.네가 좋든 싫든 난 내 방식대로 하겠어라는 뜻의 '여부'를 나타낸다는 데 유의해야 합니다.

that

종속접속사

명사

주어
That he has left behind you is true.

그가 당신을 두고 떠난 건 사실이죠.

목적어
I think that your idea is great.

당신의 아이디어는 훌륭한 것 같아요.

보어
The important thing is that you are happy now.

중요한 건 네가 지금 행복하다는 거야.

부사

「so that절」 ~하기 위해서
I woke up early so that I could get to the school on time.

나는 학교에 제시간에 도착하려고 일찍 일어났다.

「so+형용사/부사+that절」 너무 ~해서 …하다
He is so smart that he can solve a puzzle on the first try.

그는 매우 똑똑해서 첫판에서 수수께끼를 풀 수 있다.

관계대명사

형용사
I bought a new bag that was made in Italy.

나는 이탈리아에서 만들어진 새 가방을 샀다.

The company announced the plan **that it will launch a new brand**.

명사

그 회사는 새 브랜드를 출시하겠다는 계획을 발표했다.

Your dream is bigger than **that** of ours.

당신의 꿈은 우리의 꿈보다 크다.

형용사

Is **that** book on the table yours?

식탁 위에 있는 저 책이 네 거야?

부사

The station is not **that** far.

역은 그렇게 멀지 않아요.

때때로 누군가 당신을 싫어한다는 생각이 든다면 실제로는 그 사람이 어떻게 느끼는지를 여러분이 지어내고 있는 것입니다. 이것이 사실이라고 단정하기 전에, 그 외에 다른 일이 있는 건 아닌지 곰곰이 생각해 보세요. 어쩌면 여러분의 친구는 여러분이 한 행동은 싫어하지만 (그녀는) 여전히 여러분을 좋아하고 있을지도 모릅니다. 여러분이 더 알아낼 수 있을지 알아보려면 그녀와 이야기해 의견을 들어 보세요.

때때로 누군가 당신을 싫어한다는 생각이 든다면 실제로는 그 사람이 어떻게 느끼는지를 여러분이 지어내고 있는 것입니다.

구문Tip when 부사절, how 명사절

이것이 사실이라고 단정하기 전에, 그 외에 다른 일이 있는 건 아닌지 곰곰이 생각해 보세요.

구문Tip 명령문, whether 명사절

어쩌면 여러분의 친구는 여러분이 한 행동은 싫어하지만 (그녀는) 여전히 여러분을 좋아하고 있을지도 모릅니다.

구문Tip what 명사절

여러분이 더 알아낼 수 있을지 알아보려면 그녀와 이야기를 나눠 보세요.

구문Tip 명령문, if 명사절

Expression Tip dislike ~을 싫어하다 actually 실제로, 사실은 make up ~을 지어내다 decide ~을 결정하다 consider ~을 곰곰이 생각하다 else 그 밖의 다른 go on 일어나다[벌어지다] see 알아보다 learn ~을 알게 되다

첫 번째 문장에서 '~한다면'을 보고 if가 자동으로 떠올랐을 텐데요, 이 문맥에서는 when이 더 어울립니다. 생각이 드는 '때'와 생각이 드는 상황, 즉 '조건'을 동시에 나타낼 수 있기 때문이죠. 목적어인 '그 사람이 어떻게 느끼는지'는 의문사 how가 이끄는 명사절로 나타내 「의문사＋주어＋동사」 구조의 how the other person feels라고 쓰면 되겠군요.

'그 외에 다른 일이 있는 건 아닌지 곰곰이 생각해 보라'에서 목적어는 '~(인지) 아닌지'를 뜻하는 「whether＋주어＋동사」 어순의 명사절로 표현합니다. '그 외에 다른 일'은 '그것 이외의, 다른'을 뜻하는 else를 쓰는데요, 흔히 부사로 알고 있지만 이렇게 -thing으로 끝나는 대명사를 뒤에서 수식할 때는 형용사 역할을 하죠. '다른 일이 있는 건 아닌지'는 다른 일이 현재 '벌어지다', 즉 어떤 일이 일어나거나 진행되고 있는 건 아닌지 여부를 묻는 말이니 go on을 써서 whether something else is going on이라고 완성합니다.

마지막 문장은 if 명사절을 목적어로 쓰면 되겠군요. '~인지 아닌지 알아보다'는 「see if＋주어＋동사」 형태로 나타냅니다. 여기서 see는 '눈으로 보다'라는 뜻이 아니라 '알아보다'라는 뜻으로 쓰였는데요, 원어민들이 일상적으로 쓰는 구문 중 하나죠. '목적'을 뜻하는 '~하기 위해, ~하려면'은 to부정사로 나타냅니다.

Sometimes when you **think** someone dislikes you, you are actually making up how the other person feels. Before you **decide** this is true, consider whether something else is going on. Maybe your friend dislikes what you did, but she still likes you. Talk to her to see if you can **learn** more.[22]

속속들이 뜯어보는 영단어

think

의 핵심은 '의견'과 '생각'입니다. 의견이나 생각을 갖고 있다는 의미로 쓰이면 He is thinking for a moment.그는 잠시 생각에 잠겨 있다.와 같은 1형식, I don't think that my sister will pass the job interview.동생이 취업 면접에 합격할 것 같진 않아.와 같은 3형식을 만들죠.

'~라고 간주하다[여겨진다]'라는 뜻으로도 쓰여 He was thought to have left Seoul yesterday.그가 어제 서울을 떠난 줄 알았다.처럼 목적격 보어로 to부정사를 취하는 5형식을 문장을 만드는데요, 이때는 주로 수동태로 나타냅니다. 전치사 of와 함께 쓰여 People use to think of a watch as a luxury.사람들은 시계를 사치품으로 여기곤 한다.와 같은 1형식으로 나타내기도 하죠.

이외에도 계획한다는 의미로 쓰여 I am thinking about moving to a new place.새로운 곳으로 이사를 갈까 생각 중이야.처럼 나타내거나 You should think first before acting.행동하기 전에 생각을 하란 말이야.처럼 쓰여 문제를 해결하거나 상황을 이해하기 위해 머리를 쓴다는 의미를 나타내기도 하죠.

decide

의 핵심은 '결정'입니다. '결정'은 세 가지 의미로 나뉘는데요, 우선 여러 가능성 중 하나를 선택하는 결정을 의미할 때는 We have to decide by the weekend.우리는 주말까지 결정해야 해요.와 같은 1형식, I have not decided where to hang the paintings.그림들을 어디에 걸어야 할지 아직 결정하지 못했어.와 같은 3형식을 만듭니다.

증거와 정황에 따라 결론을 이끌어내는 결정을 의미할 때는 I decided that my parents were right.나는 부모님의 말씀이 옳다는 결론을 내렸다.처럼 나타내거나 어떤 상황을 결정짓는 다는 의미로 쓰이면 The weather will decide the outcome of this game.날씨가 이 경기의 결과를 결정할 것이다.처럼 나타낼 수 있죠.

learn

의 핵심은 '배움'과 '앎'입니다. 어떤 주제나 과목에 대해 배울 때, 몰랐던 사실을 알게 됐을 때, 어떤 사실을 깨달았을 때 주로 쓰이는데요, 배운다는 의미로 쓰이면 He has learned about the history of Korea.그는 한국사를 배웠다.와 같은 1형식, It is not easy to learn how to read at that early age.그렇게 어린 나이에 글 읽는 법을 배우기란 쉬운 일이 아니다.와 같은 3형식을 만들죠.

몰랐던 사실을 알게 됐다는 의미로 쓰일 때는 I was disappointed to learn of my failure. 나는 실패했다는 걸 알고 낙담했다.와 같은 1형식, She later learned that he had sent a love letter to her.그녀는 그가 자신에게 연애 편지를 보냈다는 걸 나중에 알게 됐다.과 같은 3형식을 만듭니다. '깨닫다'라는 의미로 쓰이면 You have to learn that you can't do whatever you want.원하는 게 있다고 다 할 수는 없다는 걸 깨달아야 해.와 같은 3형식을 만들죠.

어떤 사람들은 토네이도 같은 거대한 폭풍우를 추적, 다시 말해, 따라다닙니다. 이 사람들은 종종 '폭풍을 쫓는 자들'이라고 불리죠. 이들의 목표는 폭풍우를 관찰하고 기록할 수 있도록 폭풍에 가능한 한 가까이 다가가는 것입니다. 이들은 카메라와 컴퓨터를 능숙하게 사용해야 합니다. 마침내, 그들은 토네이도가 강타할지도 모르는 장소에 도착합니다. 이들은 자신들의 장비를 설치합니다. 이들은 또한 토네이도가 형성될지 알아보기 위해 하늘을 쳐다봅니다.

어떤 사람들은 토네이도 같은 거대한 폭풍우를 추적, 다시 말해, 따라다닙니다.

구문Tip 접속사 or, such as

이 사람들은 종종 '폭풍을 쫓는 자들'이라고 불리죠.

구문Tip 수동태

이들의 목표는 폭풍우를 관찰하고 기록할 수 있도록 폭풍에 최대한 가까이 다가가는 것입니다.

구문Tip to부정사의 명사적 용법, as + 원급 + as, so that

이들은 카메라와 컴퓨터를 능숙하게 사용해야 합니다.

구문Tip have to, 동명사

마침내, 이들은 토네이도가 강타할지도 모르는 장소에 도착합니다.

구문Tip 관계부사 where

이들은 자신들의 장비를 설치합니다. 그들은 또한 토네이도가 형성될지 알아보기 위해 하늘을 쳐다봅니다.

구문Tip if 명사절, 미래 시제

Expression Tip track ~을 추적하다 storm 폭풍우 tornado 토네이도, 폭풍 chaser 뒤쫓는 사람 get to ~에 도착하다 observe ~을 관찰하다 record ~을 기록하다 be good at ~에 능숙하다 strike (재난 등이 갑자기) 발생하다[덮치다] set up ~을 설치하다 equipment 장비 form 형성되다

HOW TO WRITE

첫 번째 문장의 '다시 말해'는 어떻게 옮길까요? 대부분 in other words 를 떠올렸을 텐데요, in other words는 앞 문장을 더 구체적으로 설명하기 위해 덧붙일 때 쓰는 표현입니다. 여기서는 앞 말을 구체화한다기보다 '추적'을 '따라다니다'라는 같은 의미의 다른 표현으로 나타내기 위해 덧붙인 말이므로 동격 어구를 연결해 주는 접속사 or가 더 어울리죠. '~와 같은'을 뜻하는 such as 다음에는 명사가 와야 하니 Some people track, or follow, big storms such as tornadoes.라고 쓰면 되겠네요.

두 번째 문장에서 '폭풍을 쫓는 자들'은 작은따옴표로 강조 표시가 돼 있는데요, 이처럼 특정한 명칭을 강조할 때는 우리말에서 구두점을 쓰는 것과는 달리 영어권에서는 이탤릭체기울임체를 써서 표기한다는 것도 알아 두면 유용합니다.

'폭풍을 관찰하고 기록할 수 있도록'은 '목적'을 뜻하죠? 이 경우 주로 to observe and record them처럼 to부정사를 쓰지만, 「so that+주어+can[may/could]」 형태도 '목적'의 의미를 나타낼 때 흔히 쓰입니다. 주어의 비중에 따라 둘 중 적절한 것으로 골라 쓰면 되는데요, 여기서는 주어가 어떤 일을 해낼 가능성에 중점을 두기 때문에 so that they can observe and record them으로 써서 they를 강조하는 게 좋겠군요.

마지막 문장에서는 「see if + 주어+동사」 구조의 if절이 또다시 등장합니다. '토네이도가 형성될지 알아보기 위해'는 '목적'을 나타내므로 to부정사를 써서 They also look at the sky to see if a tornado will form.라고 하면 되죠.

Some people track, or follow, big storms such as tornadoes. These people are often called *storm chasers*. Their goal is to get as close as they can to storms so that they can observe and record them. They have to be good at using cameras and computers. Finally, they get to a place where a tornado might strike. They set up their equipment. They also look at the sky to see if a tornado will form.[23]

속속들이 뜯어보는 영단어

observe
의 핵심은 '관찰'과 '준수'입니다. 무언가를 알아내기 위해 주의 깊게 바라본다는 의미의 '관찰'을 뜻할 때는 They were observing what was happening on the street. 그들은 길에서 벌어지고 있는 일을 유심히 보고 있었다.처럼 쓰이거나 '주의 깊게 바라보면서 무언가를 알아차리다'를 뜻할 때는 She observed a look of worry in Annie's face. 그녀는 애니의 얼굴에서 근심을 보았다.처럼 나타낼 수 있죠. 유심히 관찰한 결과 자신의 소견을 말한다는 의미로도 쓰여 He once observed that Jack lives in hell. 한번은 그가 잭이 지옥 같은 삶을 산다고 평했다.처럼 나타내기도 합니다.

규정을 따르거나 지킨다는 의미의 '준수'를 뜻할 때는 People in this town still observe their traditional practice. 이 마을 사람들은 여전히 전통적인 관습을 지키며 산다. 또는 Participants must observe the rules of the race. 참가자들은 반드시 이 경기의 규정을 준수해야 한다.처럼 규칙이나 법뿐만 아니라 관습, 원칙을 따른다는 의미를 나타냅니다.

strike
의 핵심은 '파업'과 '타격'입니다. 파업을 한다는 의미로 쓰이면 The workers have decided to strike because their demands were not met. 노동자들은 자신들의 요구가 수용되지 않자 파업을 하기로 결정했다.과 같은 1형식을 만들죠.

질병이나 재난 발생 등으로 부정적인 영향을 끼친다는 의미의 '타격'을 뜻하기도 하는데요, 이때는 If disaster strikes, it will help you take care of your family.재난 발생시 그게 여러분의 가족을 지키는 데 도움이 될 거예요. 또는 The disease has struck the whole country.질병이 온 나라를 덮쳤다.처럼 나타낼 수 있습니다.

폭력이나 완력으로 타격을 준다는 의미로 쓰이면 The report warned that the troops could strike again.그 보고서는 군대가 공격을 재개할 가능성이 있다고 경고했다.과 같은 1형식, My car ran out of control and struck the rear wall.차가 통제력을 잃더니 후면을 박고 말았다.과 같은 3형식을 만들죠.

부정적인 타격만 의미하는 건 아닙니다. 머리를 세게 치듯 '갑자기 떠오르다'라는 의미도 있어 Does it strike you as odd that he has not showed up all day?걔가 온종일 안 보이는 게 좀 이상하지 않니?처럼 쓰이기도 하죠.

form

의 핵심은 '형성'입니다. 없는 것을 만들어 낸다는 의미와 특정 형태로 만들어 낸다는 두 가지 의미를 나타내죠. 없는 것을 만들어 낸다는 의미로 쓰이면 An idea began to form in my head.아이디어 하나가 머릿속에 떠오르기 시작했다.처럼 나타낼 수 있고, 특정 형태를 만들어 낸다는 의미로 쓰이면 His students formed into lines against the wall. 그의 학생들은 벽을 등지고 한 줄로 섰다.과 같은 1형식, My mother has formed the dough into small pieces.어머니는 그 반죽을 작은 덩어리들로 나누셨다.와 같은 3형식을 만들 수 있습니다.

충분한 산소가 없다면 등반가의 몸은 나빠집니다. 그 정도로 높은 곳에 지나치게 오래 머문 사람은 누구든 죽게 되죠. 힐러리Hillary와 텐징Tenzing은 에베레스트 산이 얼마나 위험한지 알고 있습니다. 하지만 자신들이 정상에 오를 수 있다는 걸 둘 다 확신합니다. 지금 바로 그 순간이 왔습니다. 산꼭대기는 구름 속 어딘가에 감춰져 있습니다. 그곳에 닿기 위해 힐러리와 텐징은 곧 모든 위험을 무릅쓸 참입니다.

충분한 산소가 없다면 등반가의 몸은 나빠집니다.

구문Tip 전치사 without

그 정도로 높은 곳에 지나치게 오래 머문 사람은 누구든 죽게 되죠.

구문Tip 관계대명사 who, 부사 that, 미래 시제

힐러리와 텐징은 에베레스트 산이 얼마나 위험한지 알고 있습니다.

구문Tip how 명사절

하지만 자신들이 정상에 오를 수 있다는 걸 둘 다 확신합니다.

구문Tip 수동태, that 명사절

지금 바로 그 순간이 왔습니다.

구문Tip 현재완료 시제

산꼭대기는 구름 속 어딘가에 감춰져 있습니다.

구문Tip 전치사 in

그곳에 닿기 위해 힐러리와 텐징은 곧 모든 위험을 무릅쓸 참입니다.

구문Tip to부정사의 부사적 용법

Expression Tip oxygen 산소 break down 아주 나빠지다 convince ~에게 확신시키다 make it to ~에 도착하다 summit 정상 mountaintop 산꼭대기 hide ~을 감추다[숨기다] be about to 막 ~하려는 참이다 risk ~의 위험을 무릅쓰다

HOW TO WRITE

두 번째 문장에서는 '그 정도로 높은 곳에 지나치게 오래 머문'이 '~사람은 누구든'을 수식하죠? 그러면 주격 관계대명사를 써서 Anyone who stays that high too long will die 형태의 수식 구조로 주어를 나타내면 되겠군요. 여기서 that은 '그 정도로'라는 의미의 지시부사로 쓰여 high를 수식하고, too는 '지나치게'라는 의미의 부사로 쓰여 long을 수식하죠. high와 long은 형용사가 아니라 동사 stay를 수식하는 부사로 쓰였고요.

'하지만 자신들이 정상에 오를 수 있다는 걸 둘 다 확신한다'에서는 목적어인 '자신들이 정상에 오를 수 있다는 것'을 that 명사절로 표현합니다. 주어인 '둘 다'는 간단히 대명사 both로 나타내고, 동사는 '~에 (어렵게) 도착하다'를 뜻하는 「make it to+장소/모임」 구문으로 나타내면 되겠군요. 동사로는 convince가 어떨까요? 본래 「convince+목적어+of」 구조로 '(목적어)에게 ~를 확신시키다'를 뜻하는 타동사로 쓰이지만 of 없이 that절을 쓰기도 합니다. 여기서는 목적어를 주어 자리로 옮긴 수동태로 나타내고 that을 생략해 Both are convinced (that) they can make it to the summit.으로 완성합니다.

마지막 문장을 보니 '모든 위험을 무릅쓸 참이다'가 만만치 않아 보이네요. 하지만 의외로 간단히 해결할 수 있습니다. 바로 동사 risk가 이 의미에 딱 들어맞기 때문이죠. risk는 '~을 걸다, ~의 위험을 무릅쓰다'라는 의미를 나타내니 목적어는 everything을 쓰면 되겠군요. '곧 ~할 참이다'도 코앞에 닥칠 미래의 일을 나타내는 「be about+to부정사」로 쉽게 해결할 수 있습니다.

Task 03

Without enough oxygen, a climber's body breaks down. Anyone who stays that high too long will die. Hillary and Tenzing know how dangerous Everest is. But both are convinced they can make it to the summit. Now the moment has come. The mountaintop hides somewhere in the clouds. To reach it, Hillary and Tenzing are about to risk everything.[24]

속속들이 뜯어보는 영단어

know 의 핵심은 '앎'입니다. 주로 '정보, 확신, 경험'과 관련된 앎을 의미하죠. 정보를 통해 알고 있다는 의미로 쓰이면 What is her name? — I don't know.그녀의 이름이 뭐예요?—잘 모르겠네요.와 같은 1형식, He doesn't know the name of every member in the council.그 위원회에 속한 회원 하나하나의 이름을 알지 못한다.와 같은 3형식을 만들 수 있습니다.

확신을 갖고 안다는 의미로 쓰이며 Do you think this drawer fits in here?—I don't know. Let's measure its length.이 서랍이 여기에 들어갈까요?—글쎄요. 길이를 측정해 봅시다.처럼 나타낼 수 있고, 경험으로 알고 있다는 의미로 쓰이면 They do not know about computers at all.그들은 컴퓨터에 대해 전혀 몰라요.와 같은 1형식, I've know her since she was five.나는 그녀를 5살 때부터 알고 지냈다.와 같은 3형식을 만들 수 있습니다.

convince 의 핵심은 '확신'과 '설득'입니다. convince A of B 형태로 쓰여 'A에게 B를 납득시키다'라는 의미로 쓰이면 He had to convince me of his innocence.그는 자신의 결백을 내게 납득시켜야 했다.처럼 나타낼 수 있죠. '~가 확신하다'를 뜻할 때는 A is convinced of B 형태의 수동태로 나타내 I am convinced of his innocence.나는 그의 결백을 확신한다.처럼 쓰이기도 합니다. 이때 B에 해당하는 사실이 절이면 전치사 of 없이 He tried to convince international organizations that he need help.그는 원조가 필요함을 국제기구들에 납득시키려 했다.처럼 나타내죠.

'설득'의 의미를 나타낼 때는 목적격 보어로 to부정사를 취해 My mother convinced me to change my major.어머니는 나를 설득해 전공을 바꾸게 했다.와 같은 5형식 문장을 만들 수 있습니다.

risk

의 핵심은 '위험'입니다. danger가 신체적인 위해를 가하는 위험을 뜻한다면, risk는 나쁜 일 등이 발생할 위험을 말하는데요, 명사로 쓰이면 The risk that we might lose the game helped us work harder.경기에서 패할지도 모른다는 위험 부담 때문에 우리는 더 열심히 했다.처럼 나타낼 수 있습니다.

동사로 쓰이면 '~할 위험을 무릅쓰다'와 '~을 위태롭게 하다'라는 두 가지 의미를 나타냅니다. '~할 위험을 무릅쓰다'라는 뜻으로 쓰이면 목적어 자리에 주로 동명사를 넣어 He had a good enough reason to risk losing his house.그는 자신의 집을 잃을 위험을 무릅쓸 만한 충분한 이유가 있었다.처럼 나타낼 수 있고, '~을 위태롭게 하다'라는 뜻으로 쓰이면 목적어 자리에 주로 명사를 넣어 People are willing to risk their own lives to keep the independence of their country.국민들은 조국의 독립을 지키려 기꺼이 자신들의 목숨을 걸 의향이 있다.처럼 나타낼 수 있죠.

의문사로절 만드는 명사

의문사 what, which, who, when, where, why, how는 모두 명사절을 만들 수 있습니다. 이렇게 의문사가 명사절을 이끄는 경우 '의문사절'이라고 부르는데, 다른 말로 '간접의문문'이라고도 하죠. 의문문을 만들 때는 보통 주어와 동사가 바뀌어 「동사+주어~?」의 어순으로 도치되지만 의문사절에서는 도치가 일어나지 않습니다.

가령 의문문 What is your name?네 이름은 뭐니?은 평서문 Your name is what너의 이름은 (무엇)이다이 도치된 문장이죠. 의문사 what을 문장 앞으로 보내면서 주어와 동사의 자리도 바뀐 건데요, be동사가 아닌 일반동사가 쓰였다면 조동사 do[does/did]가 첨가되고 What do you like?너는 무엇을 좋아하니?처럼 어순이 바뀝니다. 하지만 의문사가 명사절을 이끄는 접속사로 쓰이면 도치가 일어나지 않아 I don't know what your name is.나는 네 이름이 뭔지 몰라처럼 평서문 어순대로 나타내죠.

하지만 what is going on무슨 일이 벌어지고 있다처럼 의문사가 원래 주어로 쓰여 문두에 놓일 경우 의문문이나 의문사절로 바뀌더라도 도치가 일어나지 않아 What is going on?무슨 일이야?이나 I don't know what is going on.무슨 일이 일어나고 있는지 모른다처럼 어순을 유지합니다.

이외에도 주의해야 할 점이 하나 더 있습니다. 바로 의문사는 여러 품사로 쓰인다는 점인데요, what/which는 대명사와 한정사 명사 앞에 쓰여 뜻을 한정[수식]하는 품사, who는 대명사, when/where/why/how는 부사로도 쓰이기 때문에 만들어 내는 문형도 달라집니다. 가령 what이 명사를 수식하는 한정사로 쓰이면 What story do you like?어떤 이야기를 좋아하니? 처럼 바로 뒤의 명사를 수식하는 형태가 되죠.

부사로 쓰이는 when/where/why/how는 어떨까요? 가령 you put it where 너는 그것을 (어디)에 두었다에서 where는 put을 수식하는 부사입니다. 이 문장을 의문문으로 바꾸면 도치가 일어나 Where did you put it?으로 어순이 바뀌고, 명사절로 나타내면 I know where you put it.처럼 주어와 동사의 어순이 변하지 않죠.

how는 형용사를 수식할 때 반드시 형용사와 함께 움직입니다. 가령 의문문 How old is he?와 명사절 I know how old he is.처럼 의문사 how는 형용사와 함께 문장 앞으로 이동하죠. 또는 How many books do you read a month?책은 한 달에 몇 권이나 읽어요?처럼 형용사many의 수식을 받는 명사books와 함께 자리를 옮기기도 합니다.

의문사 활용 한눈에 보기

what

대명사

보어
Your name is what

의문문 What is your name?

명사절 I know what your name is.

목적어
He likes what

의문문 What does he like?

명사절 I know what he likes.

주어
What is going on

의문문 What is going on?

명사절 I know what is going on.

한정사

수식어
You like what story

의문문 What story do you like?

명사절 I know what story you like.

where

부사

수식어 (명사 외 수식)
You put it where

의문문 Where did you put it?

명사절 I know where you put it.

who

보어
He is who

의문문 Who is he?

명사절 I know who he is.

목적어
She loves whom

의문문 Who(m) does she love?

명사절 I know who(m) she loves.

주어
Who is running

의문문 Who is running?

명사절 I know who is running.

how

수식어(형용사 수식)
He is how old

의문문 How old is he?

명사절 I know how old he is.

수식어(명사 외 수식)
He got here how

의문문 How did he get here?

명사절 I know how he got here.

수백 개의 인공위성이 우주에서 지구 주위를 돕니다. 이들은 로켓으로 우주에 쏘아 올려져 그곳에서 10년 혹은 그 이상 머무를지도 모릅니다. 기상위성은 기상예보관이 날씨가 어떤지를 우리에게 알려주는 데 도움을 주죠. 이 위성들은 어디에서 구름이 형성되고 있으며 어느 방향으로 가는지를 볼 수 있습니다. 이들은 바람과 비를 살펴보고 대기와 땅이 얼마나 더운지를 측정합니다.

수백 개의 인공위성이 우주에서 지구 주위를 돕니다.

구문Tip 수량/단위 + of

이들은 로켓으로 우주에 쏘아올려져 그곳에서 10년 혹은 그 이상 머무를지도 모릅니다.

구문Tip 수동태, 전치사 for/into, 조동사 may

기상위성은 기상예보관이 날씨가 어떤지를 우리에게 알려주는 데 도움을 주죠.

구문Tip 5형식 동사 help, what 명사절, 미래 시제

이 위성들은 어디에서 구름이 형성되고 있으며 어느 방향으로 가는지를 볼 수 있습니다.

구문Tip where 명사절, 의문형용사 which, 현재진행형

이들은 바람과 비를 살펴보고 대기와 땅이 얼마나 더운지를 측정합니다.

구문Tip 대등접속사 and, 의문부사 how + 형용사

Expression Tip satellite 인공위성 circle ~의 둘레를 돌다 launch ~을 쏘아 올리다 forecaster 기상예보관 tell ~을 알려 주다 measure ~을 측정하다

'~을 돌다'라고 하면 turn, spin 등 다양한 단어가 떠오를 텐데요, 이 문맥에서처럼 '~ 주변을 반복적으로 돌다'라고 할 때는 circle을 씁니다. spin은 어떤 대상이 빠르게 회전한다는 뜻으로, turn은 방향을 전환한다는 뜻으로 주로 쓰이죠. 여기서는 인공위성이 지구 표면을 관찰하기 위해 지속적으로 궤도를 돈다는 의미이므로 Hundreds of satellites circle the Earth in space.라는 3형식 문장으로 나타냅니다.

'A에게 B를 알려주다'라고 하면 inform A of[about] B 등이 떠오르 겠지만 원어민은 간단하게 「tell+A간접목적어+B직접목적어」 구조의 4형식 문형을 씁니다. inform은 정보를 공식적으로 통지한다는 어감이 있지만 tell은 '누군가에게 정보를 주다'라는 일반적인 의미가 있어 더 다양한 맥락에서 쓰이죠. 여기서는 5형식 동사 help를 써서 help the forecasters tell us ~라고 나타내면 되겠군요. 직접목적어인 '날씨가 어떨지를'은 의문사 what을 써서 what the weather will be like 형태로 쓰면 되고요.

이어지는 문장들에서도 목적어 자리에 의문사가 이끄는 명사절이 등장합니다. '어디에서 구름이 형성되고 있는지를'은 「의문사+주어+동사」 형태의 where the clouds are forming 어순으로 나타내고, '(구름이) 어떤 방향으로 가는지를'은 「의문형용사+명사+주어+동사」 형태의 which way they are going으로, '대기와 지표면이 얼마나 더운지를'도 「의문형용사+명사+주어+동사」 형태의 how hot the air and the ground are로 어순을 바꾼 명사절로 나타내면 되죠.

Hundreds of satellites circle the Earth in space. They are launched into space by rockets and may stay there for ten years or more. Weather satellites help the forecasters tell us what the weather will be like. These satellites can see where the clouds are forming and which way they are going. They watch the winds and rain and measure how hot the air and the ground are.[25]

속속들이 뜯어보는 영단어

launch

의 핵심은 '대대적인 시작'입니다. 새로 만든 배를 띄운다는 의미로 쓰이면 The ships are to be launched next month.배가 다음 달에 진수될 것이다.처럼 나타내고 미사일이나 로켓을 발사한다는 의미로 쓰이면 The instruction explains how to launch a rocket.안내서에는 로켓을 발사하는 방법에 대한 설명이 나와 있다.처럼 나타낼 수 있습니다.

프로젝트나 캠페인 등을 시작한다는 의미도 있어 This company is going to launch a new advertising campaign for new products.이 회사는 새로운 제품의 광고 캠페인을 시작할 예정이다.처럼 쓰이거나 새로운 상품이 시장에 출시된다는 의미로 쓰여 The new clothing line will be launched soon.새로운 의류 제품을 곧 선보일 예정이다.처럼 나타낼 수도 있죠.

watch

의 핵심은 '유심히 지켜봄'입니다. 의도적으로 바라본다는 의미의 look이나 시각을 통해 대상을 인식한다는 의미의 see와는 뉘앙스가 조금 다른데요, watch는 어떤 대상을 무슨 목적으로 지켜보느냐에 따라 세 가지 의미를 나타냅니다.

첫 번째로 움직이는 동작을 유심히 지켜본다는 의미로 쓰이면 Jack watched helplessly as I was leaving him behind.잭은 자신을 두고 떠나는 나를 힘없이 바라만 보았다.와 같은 1형식,

He has been watching TV all day. 그는 온종일 TV만 보고 있다.와 같은 3형식, He watched her walking along the road. 그는 길을 따라 걷는 그녀를 지켜봤다.와 같은 5형식을 만들죠. 두 번째로 특정 대상이 안전한지 지켜본다는 의미로 쓰이면 He watched my kids while I went to the toilet. 내가 화장실에 간 사이에 그가 내 아이들을 봐 주었다.처럼 나타낼 수 있습니다. 마지막으로 어떤 행동에 주의를 기울인다는 의미로 쓰이면 Please watch your words. 말을 좀 가려서 해.와 같은 3형식을 만들 수 있죠.

measure

measure 의 핵심은 '측정'입니다. 물리적인 높이, 깊이, 너비 등을 측정한다는 의미로 쓰이면 This machine measures the height of this room. 이 기계는 이 방의 높이를 측정합니다.처럼 나타낼 수 있습니다. 가치, 효과, 중요성 등을 측정한다는 의미도 있어 It is impossible to measure the damage done to our company. 우리 회사가 입은 손해를 측정하는 건 불가능해요.처럼 쓰이기도 하죠.

목적어가 있는 위 예문과는 달리 목적어 없이 '치수/길이/양 등이 ~이다'라는 뜻을 나타내기도 합니다. 이때는 The screen of this TV measures 55 inches diagonally. 이 TV 화면은 55인치입니다.와 같이 diagonally대각선으로 등의 부사를 쓰면 치수 등을 재는 방식을 나타낼 수 있죠.

몇 시 인지는 당신이 어디에 있는지에 달려있어요! 정확히 같은 때인데 전 세계 시계들은 완전히 다른 시간을 알려줍니다. 각국은 태양이 하늘 가장 높은 곳에 있을 때 정오가 되도록 자국의 시간을 맞춰 뒀어요. 이런 식으로 날이 점점 밝아지면 모두 일어나고, 어두워지면 모두 잠을 자러 가죠. 당신이 우주에 있다면 분명 시간을 구분하기가 어려울 겁니다. 시계가 작동하지 않고, 달, 지구, 태양을 활용할 수가 없거든요.

몇 시 인지는 당신이 어디에 있는지에 달려있어요!

구문Tip 의문사로 만드는 명사절

정확히 같은 때인데 전 세계 시계들은 완전히 다른 시간을 알려줍니다.

구문Tip 전치사구 at the same moment, 조동사 will

각국은 태양이 하늘 가장 높은 곳에 있을 때 정오가 되도록 자국의 시간을 맞춰 뒀어요.

구문Tip ~되도록 so that 구문, 종속접속사 when

이런 식으로 날이 점점 밝아지면 모두 일어나고, 어두워지면 모두 잠을 자러 가죠.

구문Tip 부사 that way, 종속접속사 when, 2형식 동사 grow

당신이 우주에 있다면 분명 시간을 구분하기가 어려울 겁니다. 시계가 작동하지 않고, 달, 지구, 태양을 활용할 수가 없거든요.

구문Tip 가주어 it, 조동사 must, 종속접속사 when

Expression Tip depend on 달려 있다 set 맞추다 midday 정오 tell 알려주다/구분하다 space 우주

HOW TO WRITE 첫 번째 문장의 주어와 목적어는 모두 의문사가 만드는 명사절이 필요합니다. '몇 시 인지'는 'what time it is'로 '어디에 있는지'는 'where you are'로 처리되죠. What time it is depends on where you are.로 완성이 되네요.

두 번째 문장에서 '정확히 같은 때'를 구로 만들어 at exactly the same moment라고 할 수 있습니다. '때'를 보면 한국인들은 when에 의지하려는 경향이 강합니다. 이에 반해 원어민들은 at이나 in과 같은 시간을 나타내는 전치사를 선호하죠. '전 세계 시계들은 완전히 다른 시간을 알려주다'고 할 때 조동사 will을 사용할 것을 제안합니다. Will은 미래의 의미만이 아니라 원칙적인 일반적 사실도 나타낼 수 있죠.

네 번째 문장에서 '날이 점점 밝아진다'는 정도, 수준, 양의 점진적 증가를 나타내므로, 당연히 2형식 동사 grow를 가져와 'it is growing light'으로 간단히 해결할 수 있습니다. '잠을 자다'고 하면 fall asleep,' 'get to sleep,' 'go to sleep'와 같은 다양한 표현들이 있습니다. Fall asleep는 나도 모르게 잠에 빠져드는 것이고, get to sleep는 잠에 들려고 노력하는 경우이죠. Go to sleep는 잠을 잔다는 객관적인 표현으로 위 문맥에 맞습니다.

마지막 문장의 '분명 시간을 구분하기가 어려울 겁니다'를 가주어를 활용해 It must be hard to tell the time라고 하면 되겠네요. 여기서 tell은 '말하다'가 아니라 '구분하다'는 뜻으로 쓰입니다. '당신이 우주에 있다면'도 조건과 시간을 나타내는 종속접속사 when을 사용해 when you are in space로 나타낼 수 있겠네요.

What time it is depends on where you are! At exactly the same moment, clocks around the world will tell completely different times. Every country sets its own time so that it is midday when the Sun is highest in the sky. That way everyone gets up when it is growing light, and goes to sleep when it is dark. It must be hard to tell the time when you are in space—a clock won't work, and you can't use the Moon, Earth or Sun![26]

속속들이 뜯어보는 영단어

depend

의 핵심은 의존입니다. 어떤 대상의 지원이나 도움에 의지한다는 의미로, Newborn babies have to depend on their parents.갓난아기는 자신들의 부모를 의지해야만 한다.라고 하거나, 믿고 의지할 수 있다는 의미로, Are you sure that we can depend on his word?그의 말을 믿어도 된다고 확신하십니까?라고 할 수도 있죠.

의존의 뉘앙스가 확장되어 '~에 달려 있다'는 결정 조건을 제시할 때도 등장합니다. Whether you get promoted or not depends on your performance.당신이 승진하느냐 못하느냐는 당신의 성과에 달려있다.라고 하죠. 또한 결정과 관련하여 미결이나 논의 중인 상황에 대해서도 He may join us or he may not—it depends.그가 우리와 함께할 수도 아닐 수도 있다. 정해진 것은 없다.라고 합니다.

물리적으로 어떤 장소에 매달려 있다는 의미도 있어, The chandelier depending from the ceiling was made in the early 1900s.천정에 매달려 있는 샹들리에는 1900년대 초에 만들어졌다.라고 할 수도 있습니다.

tell

의 핵심은 '말하기, 구분하기, 나타내기'입니다. 말하기는 1,3,4,5 형식을 모두 만들 수 있죠. Tell은 보통 새로운 사실을 알려주거나 지시하는 뉘앙스가 강합니다. Can you tell about your experience of working abroad?해외에서 일한 경험에 대해 알려주실 수 있나요?라고 하거나, He told me about his long journey.그는 나에게 그의 오랜 여행에 대해 말해주었다.와 같이 사람, I don't think he stops telling lies.나는 그가 거짓말을 멈출 것이라고 생각하지 않는다.와 같은 사물을 목적어 자리에 취할 수 있죠. They told me how to get to the station.그들은 나에게 역에 가는 법을 알려주었다.와 같이 4형식, She told me to move on.그녀는 나에게 계속 진행하라고 했다.와 같이 5형식도 가능하죠.

구분하기는 I found it difficult to tell the difference between the two.나는 이 두 개의 차이를 구분하는 것이 어렵다는 것을 알게 되었다.와 같이 3형식, 나타나기는 My mother has been under a lot of stress—I think it will soon tell.엄마가 엄청난 스트레스를 받고 있어 곧 그 증상이 나타날 거야.와 같이 1형식을 만듭니다.

work

의 핵심은 '일하기'입니다. 주로 사람이나 기계, 생각이나 방법을 주어로 취하는데요. 가령 돈을 벌기 위해 사람이 하는 일을 의미할 때는 He has worked as a nurse in this hospital.그는 이 병원에서 간호사로 근무한다.와 같은 1형식과 My boss is working me too hard.상사가 일을 너무 많이 시킨다.와 같은 3형식을 만들죠.

특정 목적을 달성하기 위해 노력한다는 의미로 쓰이면 We have been working on a design for this building.우리는 이 건물의 설계 작업을 도맡고 있다.와 같은 1형식, I don't know how he worked it, but he made it.그가 어떻게 해낸 건지는 도통 모르겠지만, 아무튼 해냈다.와 같은 3형식 문장을 만들 수 있습니다.

기계가 일하는 것을 '작동하다'라고 하죠? 이 의미로 쓰이면 My phone is not working now.제 전화기는 지금 먹통입니다.와 같은 1형식, He told me how to work a machine this size.그는 그만한 크기의 기계를 작동시키는 방법을 말해 주었다.와 같은 3형식을 만듭니다. 또 계획이나 방법이 제대로 진행된다는 의미도 있어 His idea for a new system never works in practice.새 시스템에 대한 그의 아이디어는 실무에서는 결코 통하지 않는다.처럼 쓰이기도 합니다.

그녀는 여자가 왜 단지 결혼 반지 때문에 일을 포기해야 하는지 이해할 수 없었습니다. 어밀리아Amelia는 직업을 원했지만, 그저 어떤 진로를 원하는지 결정할 수 없었을 뿐이었죠. 콜롬비아Columbia에서 얼마간의 시간을 보낸 후 어밀리아는 학교를 또 그만뒀습니다. 그녀는 로스엔젤레스Los Angeles로 갔죠. 어밀리아의 가족들은 어밀리아가 어서 정착하기를 바라고 있었습니다.

그녀는 여자가 왜 단지 결혼 반지 때문에 일을 포기해야 하는지 이해할 수 없었습니다.

구문Tip why 명사절

어밀리아는 직업을 원했지만, 그저 어떤 진로를 원하는지 결정할 수 없었을 뿐이었죠.

구문Tip 일방향 대시(—), 의문형용사 what

콜롬비아에서 얼마간의 시간을 보낸 후 어밀리아는 학교를 또 그만뒀습니다.

구문Tip 형용사 some

그녀는 로스엔젤레스로 갔죠. 어밀리아의 가족들은 어밀리아가 어서 정착하기를 바라고 있었습니다.

구문Tip 3형식 동사 hope, that 명사절, 과거진행형, 조동사 would

Expression Tip give up ~을 포기하다　career (평생의) 직업, 진로　settle down 정착하다　soon 곧, 이내

HOW TO WRITE

첫 문장의 목적어인 '여자가 왜 ~ 일을 포기해야 하는지'는 「의문부사 why+주어+동사」 어순의 명사절로 나타내 why a woman had to give up work으로 해결하면 되겠군요. '단지 결혼 반지 때문에'는 '단지, 그저, ~ 뿐인, 다만'이라는 의미의 부사 just를 써서 just because of a wedding ring이라고 옮기면 되고요.

두 번째 문장에서는 '그저 ~뿐인'의 어감을 살려 독자의 주의를 집중 시킬 수 있도록 일방향 대시를 쓰는 게 좋겠군요. 생계를 위한 직업이라 기보다 평생의 경력으로 삼을 수 있는 직업이라는 의미이므로 Amelia wanted a career라고 쓴 다음 바로 일방향 대시로 연결해 이어질 내용을 부각시킵니다. 목적어인 '어떤 진로를 원하는지'는 what career가 이끄는 명사절로 나타내 Amelia wanted a career—she just couldn't decide what career she wanted.라고 완성하면 되겠군요.

마지막 문장에서는 '바라고 있었다'를 어떻게 나타내면 좋을지 고민 스러울 텐데요, 보통은 물리적인 동작만 현재진행형으로 나타낼 수 있다 고 생각하지만, 꼭 그런 건 아닙니다. 어떤 상태가 일정 기간 동안 지속될 때도 쓸 수 있죠. 여기서도 가족들이 무언가를 바라는 상태를 나타내므로 Amelia's family was hoping으로 표현하면 됩니다. 주절은 과거의 일을 나타내고 목적어인 종속절에서는 아직 일어나지 않은 미래의 일을 나타내 니 조동사 will의 과거형인 would를 써서 과거 시점에서 미래의 일을 의 미하는 Amelia would settle down soon이라고 하면 되겠네요.

She could not **understand** why a woman had to give up work just because of a wedding ring. Amelia wanted a career—she just couldn't decide what career she wanted. After some time at Columbia, Amelia **quit** school again. She went to Los Angeles. Amelia's family was hoping that Amelia would **settle** down soon.[27]

속속들이 뜯어보는 영단어

understand
의 핵심은 '깊이 있게 앎', 즉 '이해'입니다. 이해의 대상은 의미, 상황, 사람 등 다양할 수 있죠.

'의미를 이해하다'를 뜻할 때는 My teacher tried to explain the main idea, but I still don't understand. 선생님이 주제를 설명하려고 하셨지만 난 아직 이해가 안 돼.와 같은 1형식, Can you understand the words he is saying? 넌 걔가 하는 말이 이해가 되니?과 같은 3형식을 만들 수 있습니다.

'상황을 이해하다'를 의미할 때는 He still doesn't fully understand what is going on around him. 그는 자기 주변에서 벌어지는 일을 제대로 알지 못한다.처럼 쓰이거나 '사람의 감정이나 행동을 이해하다'를 뜻할 때는 My mother couldn't understand me. 우리 엄마는 날 이해하지 못했어요.와 같이 목적어 자리에 사람을 넣어 3형식을 만들죠.

quit
의 핵심은 '그만둠'입니다. 하던 행위를 하지 않거나 일자리를 그만두거나 장소를 영구적으로 떠난다는 의미를 나타낼 때 주로 쓰이죠. 행위를 그치고 안 한다는 의미로 쓰일 때는 You had better quit teasing your friends. 친구들을 놀리는 짓은 그만두는 게 좋을 거야.처럼 나타냅니다. 이때 목적어 자리에는 동명사가 와야 하죠.

직장을 그만둔다는 의미로 쓰이면 I am certain that he will quit if he doesn't get a promotion.그는 승진하지 못하면 분명 그만둘 거야.과 같은 1형식, They are wondering why she has quit her job.그들은 그녀가 왜 직장을 그만뒀는지 궁금해한다.과 같은 3형식을 만들 수 있습니다. 또한 He quit school and started his own business.그는 학교를 그만두고 자기 사업을 시작했다.와 같이 어떤 장소를 영원히 떠난다는 의미로 쓰이기도 하죠.

settle

의 핵심은 '가라앉음'입니다. 논쟁이나 이견을 가라앉힌다는 의미의 '합의[결정]하다'라는 뜻으로 쓰이면 They haven't yet settled how to start their new project.그들은 새 기획을 어떻게 시작할지 아직 합의를 보지 못했다.와 같은 3형식, We have decided to settle out of court.우리는 법정까지 가지 않고 합의하기로 결정했다.와 같은 1형식을 만들 수 있습니다.

어떤 장소나 공간에 사람이나 사물이 가라앉는다는 의미로도 쓰입니다. 이때는 Dust has settled on all the surfaces of this empty room.이 빈 방의 바닥에는 온통 먼지가 쌓여 있다.처럼 위에 있던 것들이 아래로 내려앉는다는 뜻을 나타내거나 He has settled in New York to continue his studies.그는 공부를 계속하려고 뉴욕에 정착했다.처럼 사람이 떠돌다 한곳에 머무른다는 의미의 '정착하다'를 뜻하기도 하죠.

거친 기세 등이 가라앉아 안정되거나 진정된다는 의미로 쓰이면 He always settles in front of the TV after dinner.그는 저녁 식사가 끝나면 항상 TV 앞에서 편히 쉰다.처럼 나타내거나 He settled himself down with a glass of wine and fell asleep.그는 편하게 와인 한 잔을 즐기다가 잠이 들었다.과 같이 부사 down을 함께 써서 의미를 보다 강조할 수 있습니다.

빚을 청산하거나 청구서 등의 셈을 치러 거래 관계를 안정시킨다는 의미에서 '지불하다'라는 뜻으로도 쓰이는데요, 이때는 Your payment is overdue. Make sure to settle immediately.대금이 연체되었습니다. 즉시 결제 바랍니다.와 같은 1형식, Please settle your bill right now.지금 바로 계산해 주시기 바랍니다.와 같은 3형식을 만듭니다.

Writing Session 03
형용사 만들기

형용사는 명사를 수식하는 말입니다. 수식받는 명사의 형태가 다양하듯 명사를 수식하는 형용사도 다양한 형태를 띠죠. 명사처럼 형용사도 문장 속에서 구와 절 형태로 모양을 달리하며 등장합니다. 형용사구는 부정사구, 전치사구, 분사구로, 형용사절은 관계대명사절과 관계부사절로 형태를 바꾸는데요, 형용사의 형태가 다양한 만큼 문장 구조도 더 복잡해지고 의미상 미묘한 차이도 생기게 마련이죠. 형용사는 수식어에 속하지만 문장의 의미를 보다 구체화한다는 점에서 명사나 동사 못지않게 중요한 역할을 담당합니다. 명사를 더욱 빛나게 해 주는 형용사의 여러 형태들을 지금부터 하나씩 살펴볼까요.

형용사(명사 수식)

구

to부정사구

The next plane **to arrive at gate 5** is Flight 476 from Tokyo.
5번 게이트에 도착하는 다음 비행편은 도쿄발 476편입니다.

전치사구

한정
Look at the stars **in the sky**.
하늘에 뜬 별들을 봐.

서술
Air is **on the move** all the time.
공기는 항상 움직인다.

분사구

현재분사
The guy **sitting on the bench** is my uncle.
벤치에 앉아 있는 남자는 우리 삼촌이다.

과거분사
The books **presented in newspapers** are popular with teens.
신문에 소개된 책들은 청소년들 사이에서 인기가 있다.

절

관계대명사절

who
(사람)

주격
The man who paid the bill is a millionaire.

요금을 낸 남자는 백만장자다.

목적격
Mike who(m) we met at a conference has won the prize.

우리가 컨퍼런스에서 만난 마이크가 상을 탔다.

which
(사물)

주격
This is the article which covers the accident.

이것이 그 사고를 다룬 기사입니다.

목적격
She likes the doll which you made her.

그녀는 네가 만들어 준 인형을 좋아해.

whose

소유
We must protect animals whose homes have been destroyed.

우리는 보금자리가 파괴된 동물을 보호해야 한다.

관계부사절

when

시간
I remember the day when he was born.

나는 그가 태어난 날을 기억한다.

why

이유
He did not tell me (the reason) why he was late.

그는 늦은 이유를 말해 주지 않았다.

where

장소
That is the store where I bought this jacket.

저곳이 내가 이 재킷을 산 상점이다.

관계사절로 만드는 형용사

'관계사'는 절을 형용사로 만들어 주는 장치라 할 수 있습니다. 관계사로는 which, who, whom, whose, when, why, where이 있고, 기능상 관계대명사와 관계부사로 나뉘죠.whom/whose 제외하고 that으로 대체 가능 그런데 분명 '형용사'를 만드는 장치라고 했는데, 관계'대명사'와 관계'부사'라니, 뭔가 이상하지 않나요? 사실 이 두 이름은 관계사의 역할에서 따온 말이 아닙니다. 각 예문을 보면서 좀 더 자세히 살펴볼까요?

주격 관계대명사

The man is a millionaire. + He paid the bill.
→ The man who paid the bill is a millionaire.

그는 백만장자다 +
그는 요금을 냈다

요금을 낸 그 남자는
백만장자다.

관계사가 쓰인 문장은 원래 두 개의 문장으로 이루어졌다고 생각하면 됩니다. 위 예문에서는 앞 문장에 쓰인 The man이 뒤 문장에서 대명사 He로 바뀌었는데요, 이 두 단어가 결국 하나의 대상을 공통으로 지칭하는 말이니 He와 생략된 접속사+로 표시를 합쳐 관계사 who로 대신할 수 있습니다. He가 원래 뒷문장의 주어 자리에 있었던 말이라고 해서 who를 '주격' 관계대명사라고 부르죠. 주어가 사람이 아닌 사물이라면 This is the article which covers the accident. 이것이 그 사고를 다룬 기사입니다처럼 which를 씁니다.

이것은 요소다 +
과학자들은 그것이 자연
환경에 결정적이라고
생각한다
이것은 과학자들이
생각하기에 자연 환경에
결정적인 요소다.

This is a factor. + Scientists think that it is critical to the natural environment.

→ This is a factor which scientists think is critical to the natural environment.

위 예문처럼 수식받는 대상a factor을 가리키는 대명사가 뒤 문장에서 that절의 주어it일 때는 주격 관계대명사 뒤에 뒤 문장의 주절에 해당하는 문구scientists think를 삽입할 수 있습니다. 이 경우 예외적으로 주격 관계대명사를 생략할 수 있기 때문에 This is a factor scientists think is critical to the natural environment.라고 쓰기도 하죠.

그는 아팠다 + 그것은 일을
계속하는 것을 어렵게 했다
그는 아팠는데, 그 때문에
일을 계속하기가 어려웠다.

He was sick. + It made it difficult for him to continue his work.

→ He was sick, which made it difficult for him to continue his work.

위 경우처럼 주격 관계대명사가 앞 문장 전체를 대신할 때도 있습니다. 여기서 뒤 문장의 It은 앞 문장 전체He was sick.를 가리키는데요, 이렇게 앞 문장 전체를 수식하고 싶다면 주격 관계대명사 which를 씁니다. 단, 이때는 반드시 which 앞에 쉼표를 쓰죠.

관계사가 특정 대상을 앞뒤에서 바로 수식하는 것을 한정적 용법He has lost the hat which he likes the most.그는 자신이 가장 좋아하는 모자를 잃어버렸다이라고 하고, 특정 대상을 보충 설명해 주는 보어처럼 쓰이는 것을 서술적 용법He has lost the hat, which he likes the most.그는 모자를 잃어버렸는데, 그 모자는 그가 가장 좋아하는 것이다이라고 하는데, 위처럼 문장 전체를 수식하는 경우는 서술적 용법에 해당합니다.

목적격 관계대명사

Mike has won the prize. + We met him at a conference.

→Mike, who(m) we met at a conference, has won the prize.

마이크는 상을 탔다 + 우리 컨퍼런스에서 그를 만났다

우리가 컨퍼런스 때 만난 마이크가 상을 탔다.

위 경우처럼 사람Mike을 가리키는 대명사him가 동사meet의 목적어 자리에 나올 때는 목적격 관계대명사 who(m)을 씁니다. who로 대체 가능 사물이면 She likes the doll which you made her. 그녀는 네가 만들어 준 인형을 좋아해처럼 which를 쓰죠. 목적격 관계대명사는 주격과 달리 생략할 수 있습니다. 그런데 문장에 목적어 자리가 필요 없는 1형식 동사가 쓰였다면 어떻게 해야 할까요?

John caught a cold. + I talked to him yesterday.

→John, to whom I talked yesterday, caught a cold.

존은 감기에 걸렸다 + 나는 어제 그와 얘기했다

나와 어제 얘기한 존은 감기에 걸렸다.

talk처럼 목적어 자리가 없는 1형식 동사라면 전치사가 필요합니다. 위의 경우처럼 전치사to가 관계대명사 앞에 올 때는 반드시 who가 아닌 whom을 써야 하죠. 전치사를 제자리에 두는 것John, whom I talked to yesterday, caught a cold.도 가능하지만 일반적이진 않습니다.

관계부사

That is the store. + I bought this jacket in it.

→That is the store in which(=where) I bought this jacket.

그곳은 상점이다 + 나는 거기서 이 재킷을 샀다

내가 이 재킷을 산 곳은 그 상점이다.

뒤 문장에서 the store를 가리키는 말은 대명사 it이죠? 이때는 사물을 가리키는 관계사 which로 연결하고 장소를 나타낼 때 쓰는 전치사 in과 함께 도치시켜 절을 이끄는 구조로 바꿀 수 있습니다. in which는

다시 전치사 in의 의미가 포함된 where로 바꿀 수 있죠. 뒷문장의 in it
은 동사 bought을 수식하는 부사구이기 때문에 where을 '관계부사'라
고 부릅니다. 이와 유사하게 on which, at which, during which 등은
관계부사 when으로, for which 등은 관계부사 why로 나타내죠.

소유격 관계대명사

우리는 동물을 보호해야
한다 + 그들의
보금자리는 파괴됐다
우리는 보금자리가 파괴된
동물을 보호해야 한다.

We must protect animals. + Their homes have been destroyed.
→ We must protect animals whose homes have been destroyed.

위 예문의 앞 문장에 쓰인 명사 animals의 의미가 뒤 문장의 소유대
명사인 their에 일부 포함돼 있군요. 즉, 여기서 their는 animals'를 가
리키죠. 이때는 생략된 접속사와 소유대명사를 합쳐 whose로 나타낼
수 있습니다. whose가 homes를 수식하는 형용사 역할을 하지만 관계
형용사라 하지 않고 관계대명사라고 부르는데요, 소유격 관계대명사
는 사람과 사물을 가리지 않고 whose를 씁니다.

관계대명사 what

너는 그것을 건넬 수 있다 +
너는 그것을 갖고 있다
네가 갖고 있는 걸 나한테
건네줘도 돼.

You can pass the thing. + You have it(=the thing).
→ You can pass what(=the thing which) you have.

선행사가 포함된 특이한 관계사도 있습니다. 바로 '~하는[한] 것'이
라는 의미의 what인데요, 선행사가 일반적인 사물 명사임을 나타내는
the thing과 which[that]가 합쳐진 말로 명사절을 만들 수 있죠. 따라
서 what이 쓰인 절도 주어/목적어/보어 자리에 들어갈 수 있습니다.

약 200년 전까지도, 거대한 화석들을 발견한 사람들은 그것들이 무엇인지 몰랐습니다. 왜냐면 그들은 공룡이 일찍이 존재했다는 것을 몰랐기 때문이죠. 몇몇은 이 큰 뼈가 하마나 코끼리처럼 자신들이 보거나 읽은 적이 있는 거대한 동물들에서 나왔다고 생각했습니다. 하지만 그들은 자신들이 알고 있던 동물과는 매우 다른 생명체들이 한때 지구상에 살았다는 것을 결코 알지 못했습니다.

약 200년 전까지도, 거대한 화석들을 발견한 사람들은 그것들이 무엇인지 몰랐습니다.

구문Tip 전치사 until, 관계대명사 who, what 명사절

왜냐면 그들은 공룡이 일찍이 존재했다는 것을 몰랐기 때문이죠.

구문Tip because절(보어), 과거완료 시제

몇몇은 이 큰 뼈가 하마나 코끼리처럼 자신들이 보거나 읽은 적이 있는 거대한 동물들에서 나왔다고 생각했습니다.

구문Tip 접속사 that 생략, 목적격 관계대명사 that, 과거완료 시제, such as

하지만 그들은 자신들이 알고 있던 동물과는 매우 다른 생명체들이 한때 지구상에 살았다는 것을 결코 알지 못했습니다.

구문Tip 접속사 that, 목적격 관계대명사 that 생략, 과거완료 시제

Expression Tip huge 거대한　ever 일찍이　exist 존재하다　bone 뼈　read about ~에 대해 읽다　hippo 하마　creature 생물　different from ~와 다른　be aware of ~을 알다　once 한때

HOW TO WRITE

'거대한 화석들을 발견한'이 '사람들'을 수식하니까 주격 관계대명사 who가 이끄는 형용사절을 써서 people who found huge fossils라고 하면 되겠네요. 목적어인 '이것들이 무엇인지를'은 의문사 what이 이끄는 명사절을 만들어 did not know what they were라고 나타냅니다.

'왜냐면'으로 시작하는 문장은 어떨까요? 대다수가 because를 떠올릴 테지만 because는 원래 부사절을 이끄는 종속접속사이기 때문에 독립된 문장을 만들진 못하죠. 이럴 땐 앞에 「주어+동사」 형태의 절을 써서 That is because ~ 등의 부사절보어로 만들어 줍니다. '존재하다'가 '알다'보다 앞선 시점이니 과거완료를 쓰면 되고요. 목적어인 명사절 that dinosaurs had ever existed의 접속사 that은 생략 가능합니다.

'몇몇'은 대명사 some을 쓰면 됩니다. 보통 some/any/each/every/many 등을 형용사로만 알고 있지만 실제로는 대명사로도 자주 쓰입니다. '그들이 보거나 읽은 적이 있는 거대한 동물들'은 목적격 관계대명사를 써서 선행사를 수식하는 large animals that they had seen or read about 구조가 적절하겠군요. 그들이 보거나 읽은 시점이 '나왔다고 생각한' 시점 이전이니 이번에도 과거완료 시제가 어울립니다.

'자신들이 알고 있던 동물들'도 목적격 관계대명사를 써서 the animals (that) they were aware of로 표현하면 되겠네요. 목적격이니까 관계대명사는 생략 가능하겠죠? '알고 있는' 상태를 나타낼 때는 동사 know보다 형용사 aware가 어울립니다. '완전히 다른 생명체'에서는 '완전히'가 '다른'을 강조하는 말로 쓰였으므로 수식 구조인 very different creatures로 나타냅니다.

Until about two hundred years ago, people who **found** huge fossils did not know what they were. That's because they didn't know dinosaurs had ever existed. Some thought the big bones came from large animals that they had seen or **read** about, such as hippos or elephants. But they never knew that very different creatures from the animals they were aware of had once **lived** on earth.[28]

속속들이 뜯어보는 영단어

find 의 핵심은 '발견'입니다. 무언가를 우연히 발견하거나 발굴한다는 의미로 쓰이면 I found my lost book in the closet. 나는 벽장에서 잃어버린 책을 발견했다. 과 같은 3형식, They are having difficulty finding themselves a place to live. 그들은 살 집을 찾는 데 어려움을 겪고 있다. 와 같은 4형식, His dog was found alive under the collapsed house. 그의 강아지는 무너진 집 아래에서 산 채로 발견되었다. 와 같은 5형식을 만들죠.

'~을 알게 되다'라는 의미로도 쓰여 We came home to find that someone had broken into the house. 우리는 집에 도착해서야 누군가 침입했다는 사실을 알게 되었다. 또는 I found myself with no friends. 내겐 친구가 한 명도 없다는 걸 깨달았다. 처럼 나타낼 수도 있습니다.

'~이 …한 사실을 알게 되다'라는 의미로 쓰이면 We found this tribe displaying a unique food culture. 우리는 이 부족이 독특한 음식 문화를 보여 준다는 점을 알게 되었다. 와 같은 5형식을 만들 수 있죠. 이때 목적격 보어 자리에는 to부정사가 올 수 있는데요, 목적격 보어가 목적어를 수식하는 경우 목적어 자리에는 구가 올 수 없으므로 We found it easy to solve this problem. 처럼 가목적어 it을 쓰고, 진목적어 to부정사구는 문장 뒤로 보내야 합니다.

read 의 핵심은 '읽기'입니다. '읽기'는 글의 의미나 활자 등의 상징을 파악하는 행위와 소리 내어 읽는 행위로 나뉘죠. 글의 의미를 파악하는 행위,

즉 문해력을 의미할 때는 I read about his turbulent life in this article.나는 이 기사에 나온 그의 파란만장한 삶에 대해 읽었다. 또는 It was so dark that we couldn't read the map.너무 어두워서 우리는 지도를 읽을 수 없었다.처럼 쓰이거나 수동형'읽히다'으로 나타내 This book reads well.이 책은 잘 읽힌다.처럼 나타낼 수 있죠.

소리 내어 읽는 행위를 의미할 때는 He read quickly and loudly.그는 시끄러운 소리로 빠르게 읽었다.와 같은 1형식, She stood by the table and read the letter aloud.그녀는 탁자 옆에 서서 큰소리로 편지를 읽었다.와 같은 3형식, My mom used to read me a book until I fell asleep.엄마는 내가 잠이 들 때까지 책을 읽어 주시곤 했다.과 같은 4형식을 만듭니다.

'상황을 읽다[파악하다]'라는 의미로도 쓰여 You should read the situation correctly, or you will get in trouble.상황을 제대로 판단해야 합니다. 안 그러면 곤란해질 거예요.처럼 나타낼 수 있죠.

live

의 핵심은 '살기'입니다. 특정 장소에서 살고 있다는 의미로 He used to live in a shared house with five other men.그는 다섯 명의 다른 남자들과 공영 주택에서 살았었다.라고 할 수 있죠. 특정한 방식으로 산다는 의미로 Soon I got used to living alone and enjoyed my independent life.나는 혼자 사는데 곧 익숙해졌고 나의 독립적인 삶을 즐겼다.와 같은 1형식, She always wanted to live her life to the full.그녀는 항상 그녀의 인생을 만끽하며 살고 싶어 했다.와 같은 3형식을 만들죠.

생계유지의 의미도 있어 He lived off a fortune that his parents had inherited, so he did not need to work.그는 부모가 남겨준 재산으로 먹고살았기 때문에 일할 필요가 없었다.라고 하죠. 목숨을 유지하고 살아있다는 의미도 있어, She told me that she only had a few months to live.그녀는 앞으로 몇 달 밖에 살지 못한다고 나에게 말했다.라고 할 수 있죠. 행복하고 즐거운 삶을 산다는 의미도 있어 No one would want to be stuck in an office all the life—We have to live!평생을 사무실에 박혀 있기를 원하는 사람은 없을 거야. 신나는 삶을 살아야 한다고!라고 합니다.

사람만 아니라 어떤 기억이나 사실이 계속 존재한다는 뜻도 있어, The memory of that moment has lived with me all my life.그 순간의 기억을 내 인생에서 한 번도 잊은 적이 없다.라고 할 수도 있습니다.

부정적인 생각으로 인해 이따금 하늘이 캄캄해지는 사람은 당신이 유일한 건 아닙니다. 그런 생각들에 의문을 던지고 일들을 해결해 나가는 법을 배움으로써 먹구름을 걷어낼 수 있죠. 여러분의 외모에 대해 걱정하는 것은 아무런 도움이 되지 않습니다. 우리 모두는 우리가 우리보다 더 아름답다고 생각하는 누군가를 발견할 수 있습니다. 하지만 신체적인 아름다움이 전부는 아니죠.

부정적인 생각으로 인해 이따금 하늘이 캄캄해지는 사람은 당신이 유일한 건 아닙니다.

구문Tip 형용사 only, 소유격 관계대명사 whose, 수동태

그런 생각들에 의문을 던지고 일들을 해결해 나가는 법을 배움으로써 먹구름을 걷어낼 수 있죠.

구문Tip 전치사 by, to부정사의 명사적 용법, 대등접속사 and

여러분의 외모에 대해 걱정하는 것은 아무런 도움이 되지 않습니다.

구문Tip 동명사 주어

우리 모두는 우리가 우리보다 더 아름답다고 생각하는 누군가를 발견할 수 있습니다.

구문Tip everyone, 주격 관계대명사절 문구 삽입

하지만 신체적인 아름다움이 전부는 아니죠.

구문Tip 부정부사 not

Expression Tip darken ~을 우울하게 만들다 negative 부정적인 clear away ~을 걷어 치우다 question ~에 이의를 제기하다 work things 잘 해내다 through 무난히, 별 탈 없이 look 외관 get nowhere 아무 성과[진전]을 못 보게 하다 physical 신체적

HOW TO WRITE

첫 번째 문장의 '당신이 유일한 건 아닙니다'는 어떻게 표현할까요? 네, You are not the only person인데요, the only person을 관계사절로 수식하면 '어떤 사람'인지를 더 구체화할 수 있겠죠? 관계사절의 주어는 skies고, 그 사람에게 '속한' 하늘이니까 소유격 관계대명사를 써서 the only person whose skies are sometimes darkened by negative thinking이라고 하면 되겠군요.

두 번째 문장에서 '~하는 방법을 배움으로써'는 수단을 나타내는 전치사 by와 명사적 용법의 to부정사를 써서 by learning to question으로 나타냅니다. 이어서 접속사 and로 to question과 대등한 to부정사 형태인 to work things through를 연결하는데요, 이때 중복되는 to는 생략할 수 있습니다. '아무런 도움이 되지 않는다'는 「get+목적어+nowhere」 형태로 표현하는데요, '목적어'가 더 나은 상태를 지향하며 나아가는 데는 도움이 되지 않는다는 의미를 나타내죠.

마지막 문장은 '우리 모두는 ~ 누군가를 발견할 수 있다'와 '누군가'를 수식하는 '우리가 우리보다 더 아름답다고 생각하는'으로 나눈 뒤 주격 관계대명사 뒤로 절에 해당하는 문구'우리가 ~라고 생각하는'를 삽입해 나타내면 되는데요, Everyone of us can find someone. + we think+ that he/she is more beautiful than we are로 각 문장을 만든 후 이를 다시 주격 관계대명사로 연결하면 Everyone of us can find someone (who) we think is more beautiful than we are가 완성되죠. 이 경우 who는 주격 관계대명사이지만 생략 가능합니다.

You are not the only person whose skies are sometimes darkened by negative thinking. You can clear away the black clouds by learning to question those thoughts and work things through. Worrying about your looks gets you nowhere. Everyone of us can find someone we think is more beautiful than we are. But physical beauty isn't everything.[29]

속속들이 뜯어보는 영단어

darken

의 핵심은 '어둡게 만듦'입니다. 형용사 dark에 -en을 붙여 만든 파생형 동사죠. 캄캄하게 만든다는 의미로 쓰이면 The sky began to darken as black clouds approached.먹구름이 다가오더니 하늘이 어두워지기 시작했다.와 같은 1형식, He is pulling down the blinds to darken the room.그는 방을 어둡게 하려고 블라인드를 내리고 있다.과 같은 3형식을 만듭니다.

기분이나 마음을 어둡게 만든다, 즉 '음울하게 하다'라는 의미도 나타냅니다. 이처럼 심리적인 어둠을 나타낼 때도 Her mood has darkened.그녀는 기분이 우울해졌다.와 같은 1형식, The misery has darkened the rest of my life.이 고난이 내 여생을 불행하게 만들었다.와 같은 3형식을 만들 수 있죠.

clear

의 핵심은 '치워 버림'입니다. 주로 진로를 방해하거나 진행을 가로막는 장애물을 치워 깨끗이 제거하는 것을 말하죠. 물리적인 대상을 깨끗하게 만든다는 의미로 쓰이면 His nose cleared after he used this nasal spray.그는 이 비염 스프레이를 쓰고 나서 코가 뻥 뚫렸다.와 같은 1형식, It seems to take several days to clear all the snow.이 눈을 다 치우려면 몇 날 며칠이 걸릴 거야.와 같은 3형식을 만듭니다.

말끔히 없앤다는 의미로 쓰이면 He was cleared of all charges.그는 모든 혐의를 벗었다.처럼 나타내거나 잘 통과한다[지나치다]라는 의미로 쓰이면 Could you tell me how to clear customs?세관을 어떻게 통과하는지 알려 주시겠어요?처럼 나타낼 수 있습니다.

깨끗이 치우면 맑아지거나 또렷해진다는 의미에서 My skin has cleared after having a healthier diet.건강한 식생활을 시작한 뒤부터 피부가 깨끗해졌어.처럼 밝고 환하다는 의미를 나타내거나 Fresh air helps you clear your head.신선한 공기는 당신의 머리를 맑게 해 줍니다.처럼 의식이 또렷하다는 의미를 나타내기도 합니다.

worry

의 핵심은 '걱정'입니다. '걱정하다'라는 의미의 자동사로 쓰이면 Don't worry. Everything will be all right.걱정 마세요. 다 잘될 거예요.과 같은 1형식, They worry that they might lose their opportunity.그들은 혹여 기회를 놓칠까 봐 염려한다.와 같은 3형식을 만들 수 있죠.

'~을 걱정시키다'라는 뜻의 타동사로 쓰이면 He worried his parents by not responding to their call.그는 전화를 받지 않아 부모님을 걱정시켰다.처럼 목적어 자리에 사람을 넣어 3형식 문장을 만들 수 있습니다.

거의 모든 해안에는 조수의 간만이 있는데, 이는 육지가 침식되는 방식에 영향을 미칩니다. 조수는 해안의 특정 구역이 수면 아래에 있거나 공기에 노출되는 시간의 양을 변화시키며, 따라서 이는 해변 서식지와 야생 생물에도 영향을 미칩니다. 조수는 인력, 즉 달과 해의 중력과 매일 일어나는 지구의 회전에 의해 발생합니다.

거의 모든 해안에는 조수의 간만이 있는데, 이는 육지가 침식되는 방식에 영향을 미칩니다.

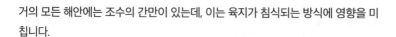

구문Tip 서술적 용법의 관계대명사 which, 관계부사 how 생략, 수동태

조수는 해안의 특정 구역이 수면 아래에 있거나 공기에 노출되는 시간의 양을 변화시키며, 따라서 이는 해변 서식지와 야생 생물에도 영향을 미칩니다.

구문Tip 관계부사 that, 접속사 so

조수는 인력, 즉 달과 해의 중력과 매일 일어나는 지구의 회전에 의해 발생합니다.

구문Tip 수동태, 동사 pull(현재분사형 형용사), 동격의 or, 대등접속사 and, 동명사

Expression Tip tide 조수 affect ~에 영향을 미치다 wear away ~을 차츰 닳게 만들다 alter ~을 바꾸다 amount 양 patch 작게 구획된 땅 underwater 수면 아래에서 expose to ~에 노출시키다 coastal 해안의 habitat 서식지 cause ~을 야기하다 pull ~을 끌어당기다 gravity 중력 daily 매일 일어나는 spin 빠르게 회전하다

'거의 모든 해안에는 조수의 간만이 있다'를 영어로 옮기는 건 생각보다 만만치 않습니다. 영어식으로는 '해안이 조수의 간만을 가진다'는 '소유'의 의미로 나타내 Almost all seashores have tides.라고 표현하기 때문이죠. '이는 육지가 침식되는 방식에 영향을 미칩니다'는 tides를 보충 설명하는 문장이므로 앞에 쉼표를 붙인 계속적 용법의 주격 관계대명사를 써서 , which affect the way the land is worn away로 나타냅니다. '~하는 방법[방식]'이라는 의미의 수식 구조를 만드는 how는 the way와 함께 쓸 수 없고 보통 the way를 단독으로 쓰죠.

'시간의 양'을 수식하는 '해안의 특정구역이 수면 아래에 있거나 공기에 노출되는'과 '조수는 ~ 시간의 양을 변화시킨다'는 관계사절로 결합해 한 문장으로 나타냅니다. 두 문장을 각각 영어로 옮기면 Tides alter the amount of time + a particular patch of the shore is underwater or exposed to the air during the time으로 나타낼 수 있는데요, 여기서 반복되는 time을 관계사로 바꿔 두 문장을 연결합니다. Tides alter the amount of time during which a particular patch of the shore is underwater or exposed to the air에서 시간을 나타내는 during which 는 that으로 대신할 수 있습니다.

'인력, 즉 달과 해의 중력'에서 '즉'을 어떻게 옮기는지는 앞에서 살펴봤죠? '인력'을 달리 표현하면 '달과 해의 중력'이라는 말이니까 동격을 나타내는 or을 써서 the pulling power or gravity of the Moon and Sun으로 완성합니다. '(외부 요인)에 의해 발생하다'는 be caused by 형태의 수동태로 표현하면 되는데요, 여기서 be 앞에는 결과가, by 뒤에는 원인이 나와야겠죠?

Almost all seashores have tides, which affect the way the land is worn away. Tides alter the amount of time that a particular patch of the shore is underwater or exposed to the air, so they also affect coastal habitats and wildlife. Tides are caused by the pulling power or gravity of the Moon and Sun, and the daily spinning of the Earth.[30]

속속들이 뜯어보는 영단어

affect 의 핵심은 '영향을 미침'입니다. 유의어인 influence가 People's habits are influenced by cultural, social, and economic factors. 사람들의 습관은 문화적, 사회적, 경제적 요인에 영향을 받는다.처럼 행동이나 생각 등에 점진적으로 미치는 영향을 나타낸다면, affect는 A mother's health is believed to affect the baby in the womb.엄마의 건강이 자궁 속 아이에게 영향을 준다고 한다.처럼 결과에 영향을 미쳐 변화를 가져온다는 의미를 나타내죠.

wear 의 핵심은 '입기'와 '닳음'입니다. '입기'를 의미할 때는 He is wearing a nice black suit.그는 근사한 검은색 정장을 입고 있다. 또는 She doesn't wear a ring when she is playing the guitar.그녀는 기타를 연주할 때는 반지를 빼.처럼 옷이나 몸에 걸칠 수 있는 장신구가 대상이 될 뿐만 아니라 Mike always wears a lovely smile on his face.마이크는 얼굴에 늘 사랑스러운 미소를 띠고 있다. 또는 She is wearing her hair in a ponytail.그녀는 말총머리를 했어.처럼 얼굴 표정이나 화장, 머리스타일까지 목적어로 취할 수 있습니다.

장기간 사용이나 마찰로 인해 낡거나 마모된다는 의미의 '닳음'를 뜻할 때는 The carpet I bought last year is starting to wear.작년에 산 카펫이 헤지고 있어. 또는 The strong wind in this area has been wearing down the mountain's edges.이 구역의 강풍으로 산봉우리가 풍

화되고 있다.와 같은 맥락에서 쓰일 수 있죠.

expose

의 핵심은 '노출'입니다. 주로 감싸여 있는 것을 외부에 드러낸다는 의미를 나타내죠. 가령 The area is exposed to air during low tide.이 구역은 간조 때 공기 중에 노출된다.처럼 단순히 가려져 있던 것이 표면에 드러난다는 의미로 쓰이거나 Have you ever been exposed to an English-speaking environment?영어를 쓰는 환경에 노출된 적이 있나요?처럼 어떤 상황이나 환경에 노출된다는 의미로 쓰이기도 합니다.

이 의미가 확대돼 부끄러운 사실을 폭로한다는 뜻으로도 쓰여 His embarrassing private life was exposed to the public.그의 민망한 사생활이 대중에 노출됐다. 또는 He struggled to expose corruption in the company.그는 회사에서 부정부패를 폭로하기 위해 고군분투했다.처럼 나타내기도 하죠.

분사구로 만드는 형용사

분사구는 말 그대로 분사로 이루어진 구 형태를 말합니다. '분사'가 뭐냐고요? 분사는 동사가 형용사 역할을 할 수 있도록 바뀐 형태를 말하는데요, ~ing를 붙인 형태는 능동A boring story puts me to sleep.따분한 이야기는 나를 졸리게 한다 또는 진행Rinse the vegetables under running water.채소를 흐르는 물에 씻으세요의 의미를 나타내고, 동사의 과거분사 형태는 수동The broken car was left at the park.망가진 차가 공원에 있다 또는 완료They are collecting fallen leaves.그들은 낙엽을 모으고 있다의 의미를 나타내며 둘 다 명사를 수식합니다.

분사는 동사에 뿌리를 둔다는 특징 때문에 행위나 동작을 수식하는 부사나 행위의 주체를 나타내는 주어를 함께 써서 명사를 보다 구체적으로 수식하기도 합니다. 가령 steam-powered trains증기로 가동되는 열차, life-sustaining treatment생명을 연장시키는 치료처럼 동작의 주체와 동사의 관계능동/수동를 이용해 명사를 수식하기도 하고, newly-found ability새롭게 발견된 능력, fast-growing plants빠르게 자라는 식물처럼 부사newly/fast와 결합해 명사를 수식하기도 하죠.

사실 분사구는 관계대명사와 관련이 있습니다. 가령 '벤치에 앉아 있는 남자는 우리 삼촌이다'를 영어로 옮기면 The guy who is sitting on the bench is my uncle.이고, 여기서 주격 관계대명사절 who is sitting on the bench는 the guy를 수식하죠. 관계사절에서는 「주격 관계대명사「who+be동사 is」를 일종의 군더더기로 보기 때문에 생략할 수 있다는 원칙이 있습니다. 이 둘을 생략하면 The guy sitting on the beach is my uncle.이라는 더 간결한 문장으로 바뀌는데, 이렇게 남은 형태를 '분사구'라고 부르죠. 물론 The books (that are) presented in newspapers are popular with teens.신문에 소개된 책들은 청소년들 사이에서 인기가 많다와 같은 과거분사구에서도 생략 가능합니다.

그는 서서 귀기울였습니다. 그 소리가 그의 주변을 둘러싼 공기를 가득 채웠죠. 그러고 나서 정적. 제이Jay는 머리를 들어 그 소리를 다시 들었습니다. 그 음악은 그를 안으로 끌어당기는 자석 같았습니다. 이것은 그를 낡은 울타리, 낡은 대문, 그리고 덩굴과 잡초로 뒤덮인 길로 이끌었죠. 제이는 대문을 열었습니다. 그는 겁이 났지만, 그 소리는 그를 점점 더 가까이 끌어당겼습니다.

그는 서서 귀기울였습니다. 그 소리가 그의 사방을 둘러싼 공기를 가득 채웠죠.

구문Tip 대등접속사 and, 부사 all

그러고 나서 정적. 제이는 머리를 들어 그 소리를 다시 들었습니다.

구문Tip 접속부사 then, 대등접속사 and

그 음악은 그를 안으로 끌어당기는 자석 같았습니다.

구문Tip 전치사 like, 동사 draw(현재분사), 부사 in

이것은 그를 낡은 울타리, 낡은 대문, 그리고 덩굴과 잡초로 뒤덮인 길로 이끌었죠.

구문Tip 전치사 toward, 동사 cover(과거분사)

제이는 대문을 열었습니다. 그는 겁이 났지만, 그 소리는 그를 점점 더 가까이 끌어당겼습니다.

구문Tip 5형식 동사 draw, 비교급 + and + 비교급

Expression Tip fill ~을 가득 채우다 around 사방에서 lift ~을 쳐들다 magnet 자석 draw ~을 끌어당기다 pull ~을 (잡아) 끌(어당기)다 fence 울타리 path 길 cover with ~로 덮다 scared 겁먹은 close 가까이

첫 번째 문장이 의외로 고민스럽다고요? 간단히 and로 연결해 He stood and listened.라고 하면 됩니다. '채우다'는 어떨까요? 네, fill을 쓰면 되겠군요. 주어 sound가 목적어인 the air를 채운다는 말이니까 The sound filled the air 구조의 3형식 문장을 만들면 되는데요, 수식어인 '그의 주변을 둘러싼'은 전치사구 all around him으로 나타냅니다. 여기서 all은 '모조리, 완전히'라는 뜻으로 강조를 나타내는 부사로 쓰였죠.

앞에서는 '듣다'를 listen이라고 했는데, '다시 들었다'에서 또 등장한 '듣다'는 어떨까요? the sound는 이미 언급된 명사니까 대명사 it으로 받아 heard it again이라고 하면 되는데요, 왜 hear을 쓸까요? listen은 집중해서 들을 때, hear은 무의식 중에 귀에 소리가 들어올 때 쓰기 때문이죠. 막상 귀를 기울여 소리에 집중하니 아무 소리도 들리지 않았고 그렇게 잠깐 방심한 사이 소리가 다시 들렸다는 말이니까 hear가 더 어울립니다.

'마치 ~와 같았다'에서는 전치사 like를 쓰면 되겠군요. '당기다'라고 하면 주로 pull과 draw를 떠올리기 쉽지만, pull은 강하게 잡아당길 때, draw는 특정한 방향으로 이끌 때 쓴다는 차이가 있습니다. '그를 안으로 끌어당기는'이 '자석'을 수식하니까 현재분사 구문으로 나타낸 a magnet drawing him in이 적절하겠네요. magnet이 끌어당기는 주체이므로 능동 관계를 나타내는 현재분사 drawing을 쓴 거죠. 이때 in은 '안쪽으로'라는 뜻의 부사로 쓰였습니다.

'덩굴과 잡초로 뒤덮인 길'에서는 '덩굴과 잡초로 뒤덮인'이 '길'을 수식하고 '길'이 뒤덮이는 대상이니까 수동 관계를 나타내는 과거분사를 써서 the path covered with vines and weeds 구조로 나타냅니다. 산책하거나 걸어다니는 '길'은 path, 방법을 찾아가는 '길'은 way라고 하죠.

He stood and listened. The sound filled the air all around him. Then silence. Jay lifted his head and heard it again. The music was like a magnet drawing him in. It pulled him toward the old fence, the old gate and the path covered with vines and weeds. Jay opened the gate. He was scared, but the sound drew him closer and closer.[31]

속속들이 뜯어보는 영단어

fill 의 핵심은 '채움'입니다. 주로 공간을 채운다는 의미로 쓰여 It looked like her eyes filled with tears.그녀의 두 눈에 눈물이 그렁그렁 맺힌 듯했다.와 같은 1형식, Please fill the bottle with fresh water.그 병은 신선한 물로 채워 주세요.와 같은 3형식을 만들죠.

뚫려 있는 공간을 채운다는 의미로 쓰이면 The hole will be filled with concrete.그 구멍은 콘크리트로 막을 거예요.처럼 나타내거나 공간에 가득 채워져 있다는 의미로 쓰이면 The smell of fresh baked bread filled the room.막 구워 낸 빵 냄새가 방을 가득 채웠다.처럼 나타낼 수 있습니다.

이외에도 He fills most of his time reading books.그는 독서에 대부분의 시간을 보낸다.처럼 시간을 채울 때, The company plans to fill the position with skilled workers.회사에서는 그 자리에 숙련공을 앉힐 계획이다.처럼 자리를 채울 때, Speaking in front of many people still fills me with horror.많은 사람을 상대로 연설하는 건 겁나는 일이다.처럼 어떤 감정이나 느낌으로 충만할 때, It is something to fill a need in the market.이거라면 시장의 수요에 부합할 겁니다.처럼 필요나 욕구를 채울 때 등 다양한 맥락에서 쓰일 수 있죠.

lift

의 핵심은 '들어올림'입니다. 위로 올라가거나 들어올린다는 의미로 쓰이면 The balloons have lifted high above the sky.풍선들이 하늘 위로 높이 떠올랐다.와 같은 1형식과 She lifted her glass over her head.그녀는 술잔을 머리 위로 들어올렸다.와 같은 3형식을 만들죠.

이외에도 The bank has lifted its interest rates.은행이 금리를 올렸다.처럼 수준이나 가격 등을 올릴 때, This victory lifted our team into fourth place.이번 승리로 우리 팀이 4위로 올랐다.처럼 지위가 올라갈 때, What is the best way to lift my spirit?기운이 솟게 하려면 어떤 방법이 가장 좋을까요?처럼 자신감이나 정신력이 상승할 때, The ban on mini-skirts was lifted at last.미니스커트 금지령이 마침내 해제되었다.처럼 규제나 법 등 부담을 지우는 것들을 걷어올릴 때 등 다양한 맥락에서 쓰입니다.

draw

의 핵심은 '그리기'와 '당기기'입니다. 연필로 그린다는 의미로 쓰이면 My son draws very well.내 아들은 그림을 정말 잘 그려.와 같은 1형식, I have drawn several pictures of my friends.내 친구들을 모델로 그림을 몇 점 그리고 있어.와 같은 3형식, Let me draw you a quick map.제가 약도를 그려드리죠.과 같은 4형식을 만들죠.

특정 방향으로 잡아끈다는 의미로 쓰이면 Could you please draw the curtains?커튼 좀 쳐 주시겠어요?처럼 나타내거나 갇힌 상태에서 꺼낸다는 의미로 쓰여 I drew a letter from my pocket and gave it to her.나는 주머니에서 편지를 꺼내 그녀에게 건넸다.처럼 나타내기도 합니다.

이외에도 This site draws thousands of tourists every year.이곳은 매년 수천 명의 관광객을 끌어모은다.처럼 사람을 끌어당긴다는 의미로 쓰이거나 Have you drawn any conclusion at the meeting yesterday?어제 있었던 회의에서 결론이 났나요?처럼 결론이나 합의를 끌어낸 다는 의미를 나타내기도 하죠.

많은 식물들은 곤충과 다른 동물을 유인하는 알록달록하고 향긋한 꽃을 갖고 있습니다. 이 방문자들은 꽃 안에 있는 달콤한 꿀 방울들을 먹고살죠. 그들은 꿀을 먹으면서 꽃가루라 불리는 미세한 노란색 가루를 묻히는데, 이들이 이것을 다른 꽃에 옮깁니다. 많은 나무들과 풀은 자신들의 꽃가루를 바람에 실어 퍼뜨립니다. 그들은 동물 방문자가 필요 없으므로 화려한 색깔의 꽃을 만들지 않죠.

많은 식물들은 곤충과 다른 동물을 유인하는 알록달록하고 향긋한 꽃을 갖고 있습니다.

구문Tip 동사 perfume(과거분사형 형용사), 주격 관계대명사 that

이 방문자들은 꽃 안에 있는 달콤한 꿀 방울들을 먹고살죠.

구문Tip 분량/수량/단위를 나타내는 전치사 of, 전치사 inside

그들은 꿀을 먹으면서 꽃가루라 불리는 미세한 노란색 가루를 묻히는데, 이들이 이것을 다른 꽃에 옮깁니다.

구문Tip 접속사 as, 과거분사 구문, 서술적 용법의 목적격 관계대명사 which

많은 나무들과 풀은 자신들의 꽃가루를 바람에 실어 퍼뜨립니다.

구문Tip 전치사구 on the wind

그들은 동물 방문자가 필요 없으므로 화려한 색깔의 꽃을 만들지 않죠.

구문Tip 접속사 so, 3형식 동사 grow

Expression Tip colorful (색이) 다채로운 perfume ~를 향기로 채우다 attract ~을 끌어당기다 insect 곤충 feed on ~을 먹고살다 nectar (꽃의) 꿀 pick ~을 채집하다 fine 미세한 dust (미세한) 가루 carry ~을 실어나르다 spread ~을 퍼뜨리다 pollen 꽃가루

HOW TO WRITE

첫 번째 문장에서 '곤충과 다른 동물을 유인하는'은 '알록달록하고 향긋한 꽃'을 수식하고 있으니 주격 관계대명사 that을 쓴 관계절 that attract insects and other animals로 나타내면 되겠군요. '꽃'을 수식하는 형용사 '향긋한'은 동사 perfume의 분사형으로 나타냅니다. perfume은 '~를 향기로 채우다'라는 뜻의 타동사로만 쓰이기 때문에 과거분사형 형용사 perfumed로 형태를 바꾸면 수식하는 명사가 동작의 대상임을 나타낼 수 있죠. '먹고살다'를 뜻하는 feed는 1형식 동사라 목적어를 취하려면 뒤에 전치사 on이 필요합니다. '이들은 꿀을 먹으면서'는 진행 중인 동작이니까 접속사 as로 연결하고요. 참고로 eat은 입을 벌려 음식물을 취한다는 의미를, feed는 살기 위해 영양분을 섭취한다는 의미를 나타내죠.

세 번째 문장에서 '미세한 노란 가루'는 a fine yellow dust로, 이를 수식하는 '꽃가루라 불리는'은 which is called pollen 형태의 관계사절로 나타내는데, 주격 관계대명사와 be동사를 생략한 분사구문으로 바꾸면 문장을 간결하게 줄일 수 있습니다. '묻히다'를 뜻하는 pick up의 pick은 손발을 이용해 어떤 것을 들어올려 이동시킨다는 의미가 있는데요, 같은 뜻을 영한사전에서 찾으면 stain, smear 정도가 제시되지만 둘 다 묻혀서 더럽힌다는 어감이 있어 이 문맥과는 어울리지 않죠. 여기서는 '노란 가루'를 뜻하는 목적격 관계대명사로 두 절을 연결하면 되는데, 앞에 쉼표를 붙여 앞선 내용을 보충 설명하는 구문임을 나타냅니다.

마지막 문장은 접속사 so로 연결해 원인과 결과를 나타냅니다. 그런데 '꽃을 만들지 않습니다'에 설마 make를 쓰진 않았겠죠? 꽃을 자라나게 한다는 의미이므로 3형식 동사 grow가 어울립니다.

Many plants have colorful perfumed flowers that attract insects and other animals. The visitors feed on drops of sweet nectar inside the flower. As they feed, they pick up a fine yellow dust called pollen, which they carry to another flower. Many trees and grasses spread their pollen on the wind. They don't need animal visitors, so they don't grow bright flowers.[32]

속속들이 뜯어보는 영단어

attract 의 핵심은 '매력'입니다. 주로 The event can attract not only huge crowds but also local investments.그 행사는 수많은 관람객 뿐 아니라 지역 투자를 유치할 수 있다.처럼 어떤 대상을 이끈다는 의미로 쓰이거나 His criticism of the committee has attracted widespread support.위원회에 대한 그의 비판은 폭넓은 지지를 받았다.처럼 특정한 반응을 이끌어낸다는 의미로 쓰이죠.

매력을 이용해 관심을 끌어내거나 마음을 끌어당긴다는 의미로도 쓰여 Many people have been attracted to the idea of working from home.많은 이들이 재택근무에 호감을 갖게 되었다.처럼 나타내거나 I am not attracted to a strong man like him.난 그 남자처럼 건장한 사람은 별로 안 끌려.처럼 표현하기도 합니다.

pick 의 핵심은 '손가락'입니다. 손가락으로 들어 무언가를 이동시킨다는 의미로 쓰여 She picked a card out of the box.그녀는 상자에서 카드를 꺼냈다.처럼 나타내거나 불필요한 것을 손가락으로 제거한다는 의미로 쓰여 Could you please pick that piece of fluff off her black dress?그녀의 검은 드레스에 붙은 보풀을 좀 떼어내 주실래요?처럼 나타내거나 꽃, 과일 등을 따거나 꺾는다는 의미로 쓰여 They are picking some roses for Julia's house.그들은 줄리아의 집을 꾸미려고 장미꽃을 조금 꺾고 있다.처럼 나타낼 수 있죠.

손가락을 써서 어떤 동작을 취하는 모습을 묘사할 때도 흔히 쓰이는데요, 가령 I don't know how to stop him picking his nose. 애가 코를 못 파게 하려면 어떻게 해야 좋을지 모르겠네요. 또는 You are singing and I am picking my guitar. 당신은 노래하고, 나는 기타를 연주하죠. 처럼 특정한 손동작을 나타내기도 합니다.

손가락으로 꼭 집어내듯 여러 개 중 특정한 것을 골라 선택한다는 의미로도 쓰입니다. 이 때는 He was asked to pick a criminal from a series of photos. 그는 여러 사진 중에서 범죄자를 골라내라는 요청을 받았다. 와 같은 3형식, One of my friends has been picked to play for the national team. 내 친구 중 한 명이 국가대표팀 선수로 발탁되었다. 과 같은 5형식을 만들죠.

carry

carry 의 핵심은 '옮기다'입니다. 손이나 팔 등 신체 부위를 써서 옮긴다는 의미로 쓰이면 They told me to carry the bag upstairs. 그들은 내게 가방을 위층으로 옮기라고 말했다. 처럼 나타내거나 운송수단이 사람을 옮긴다는 의미로 쓰이면 The subway service carries tens of thousands of passengers every day. 지하철 운행 서비스는 매일 수만 명의 승객을 실어나른다. 처럼 나타낼 수 있죠.

또한 무언가를 휴대한다는 의미로 쓰여 Police officers in this region always carry guns. 이 지역 경찰들은 항상 총을 소지하고 다닌다. 처럼 나타내거나 메시지 등을 (인쇄물에) 옮긴다는 의미의 '싣다'라는 뜻으로 쓰여 The law forces all cigarette packets to carry a health warning. 그 법은 모든 담뱃갑에 경고 안내문 부착을 강제한다. 과 같이 나타내기도 하죠.

이 의미가 확대돼 사람 또는 행위를 '이끌고 계속 나아가다'라는 뜻으로도 쓰여 Should we carry people who don't work as hard as they are supposed to? 마땅히 해야 할 일을 열심히 하지 않는 사람들을 우리가 꼭 끌고 가야 할까요? 또는 Why don't we carry today's discussion forward tomorrow? 오늘 논의는 내일 이어서 하는 건 어때요? 처럼 나타낼 수 있습니다.

이외에 특정 장소에 도달한다는 의미도 있어 My shoe carried high into the air and landed the inside of Anny's house. 신발 한 짝이 높이 날아 애니네 집안으로 떨어졌다. 처럼 쓰이기도 하죠.

당신의 심장은 혈액이 당신 몸을 계속 돌아다니게 하는 매우 특별한 근육입니다. 당신의 혈액은 당신 몸을 여기저기 흐르는 빨리 움직이는 강과 같죠. 이것은 당신이 마시는 공기에서 얻는 산소와 당신이 먹은 음식에서 얻은 유익 물과 같은 유용한 것들을 여러분의 몸 모든 부위로 운반하죠. 혈액 덕분에 여러분의 몸이 세균과 싸울 수도 있습니다. 혈액은 혈관이라고 불리는 얇은 관들을 통해 여러분 몸을 돌아다닙니다.

당신의 심장은 혈액이 당신 몸을 계속 돌아다니게 하는 매우 특별한 근육입니다.

구문Tip 관계대명사 주격, 5형식 keep

당신의 혈액은 당신 몸을 여기 저기 흐르는 빨리 움직이는 강과 같죠.

구문Tip 부사+분사 수식, 현재분사 수식

이것은 당신이 마시는 공기에서 얻는 산소와 당신이 먹은 음식에서 얻은 유익물과 같은 유용한 것들을 여러분의 몸 모든 부위로 운반하죠.

구문Tip 전치사 like, 관계대명사 목적격

혈액 덕분에 여러분의 몸이 세균과 싸울 수도 있습니다.

구문Tip 5형식 동사 help

혈액은 혈관이라고 불리는 얇은 관들을 통해 여러분 몸을 돌아다닙니다.

구문Tip 과거분사 수식, 전치사 in

Expression Tip fast-moving 빨리 움직이는 flow 흐르다 carry 운반하다 goodness 유익물 germ 세균 blood vessel 혈관 tube 관

'혈액이 당신 몸을 계속 돌아다니게 하는'에서 make가 아닌 keep을 쓴다는 점을 강조하고 싶네요. '~을 ~하게 한다'면 한국인들은 make에 의존하는 경향이 있습니다. 무엇을 어떻게 하게 하는가에 따라 다른 단어를 선택해야 합니다. 이때는 '계속' 하게 만드는 것이니, keeps blood moving으로 하는 것이 정확하죠.

두 번째 문장은 현재 분사 수식의 다양한 형태가 등장합니다. '빨리 움직이는'을 fast-moving, '몸을 여기저기 흐르는'을 flowing around your body라고 하면 됩니다. 세 번째 문장은 '~와 같은' 즉, like로 시작하는 매우 긴 수식어구가 있네요. 수식 내용을 강조하고 싶으면 쉼표 대신 구두점 대시를 사용할 수도 있습니다. 내용상으로도 '당신이 마시는 공기에서 얻은 산소'를 oxygen from the air you breathe로, '당신이 먹은 음식에서 얻은 유익물'을 the goodness from the food you eat'와 같이 동일한 수준의 개념을 동일한 구조로 나타낸다는 점도 눈여겨볼 만합니다.

네 번째 문장은 '혈액 덕분에'를 사물 주어로 바꿔 5형식 help를 활용하면 좋겠네요. 마지막 문장에서도 '혈관이라고 불리는'은 과거 분사 called가 필요합니다. '얇은 관들을 통해'는 by가 아닌 in이 쓰인다는 점을 기억하세요. by는 주체적인 뉘앙스 in은 수단적인 뉘앙스가 강합니다.

Your heart is a very special muscle which keeps blood moving around your body. Your blood is like a fast-moving river flowing around your body. It carries useful things—like oxygen from the air you breathe, and the goodness from the food you eat—to every part of you. It also helps your body to fight germs. Blood travels round your body in thin tubes called blood vessels.[33]

속속들이 뜯어보는 영단어

flow 의 핵심은 '흐름'과 '넘쳐남'입니다. 흐른다고 할 때 액체나 기체를 대상으로 하여, Where does this river flow down into the sea?이 강은 어디서 바다로 흘러 들어가나요?와 같은 1형식을 만들죠. 사람과 물건이 물 흐르듯 움직일 때도 Did you see a lot of traffic flowing into the stadium?스타디움으로 많은 차량이 들어가는 것 보셨어요?라고 하거나, 진행이 매끄럽다는 의미로도 쓰여, It seems that conversation between the two flowed freely.두 명의 대화가 잘 진행된 건 같습니다.라고 할 수 있습니다. 더불어 움직임이 자연스럽게 흐른다는 의미로, Her brown hair was flowing in the wind.그녀의 갈색 머리가 바람에 흩날리고 있었다.라고 할 수 있죠.

'넘쳐남'은 보통 물질과 재물이 풍족하여 넘쳐난다는 의미로, Money has never flowed freely in my family.우리 집은 돈이 풍족했던 적이 한 번도 없다.라고 하거나, 감정이 주체할 수 없을 정도로 북받칠 때도 Excitement suddenly flowed over my son, so I was not able to stop him.내 아들이 갑자기 흥분을 해서 나는 그를 멈출 수가 없었다.라고 할 수 있습니다.

eat 의 핵심은 '먹기'와 '(먹어서) 훼손[파괴]하기'입니다. '먹기'를 뜻할 때는 I don't feel like eating. Could you give me a glass of warm water?입맛이 별로 없네요. 따뜻한 물 한 잔만 주시겠어요?와 같은 1형식, I don't eat meat. Do you have other menu items for vegetarians?저는 고기를 먹지 않아요. 채식주의자 메뉴는 따로 없나요?와 같은 3

형식을 만들 수 있죠.

'(먹어서) 훼손 [파괴]하기'라는 의미로 쓰이면 Running water has gradually eaten into the rock.흐르는 물이 바위를 조금씩 깎아냈다.처럼 나타낼 수 있습니다. 또한 부사 up 등과 함께 쓰이면 The expenses for caring for his tens of dogs have eaten up most of his savings.그는 수십 마리의 개를 돌보느라 예금이 거의 바닥났다.처럼 '다 잡아먹다 [써 버리다]'라는 의미를 나타낼 수 있죠.

fight

의 핵심은 '싸움'입니다. 몸으로 하는 싸움을 의미하여, I saw some boys fighting outside the building.나는 건물 밖에서 남자아이들이 싸우는 것을 봤어요.라고 하죠. 이외에도 말로 하는 싸움도 They should stop fighting in front of their children.그들은 자식들 앞에서 싸우는 것을 멈춰야 합니다.라고 할 수 있습니다.

Fight는 싸우는 것과 같이 노력하여 쟁취해 낸다는 의미도 가집니다. The organization has fought for improvement of gender equality.이 단체는 성 평등 개선을 위해 노력해 왔다.와 같이 1형식, It is important to start fighting your cold as soon as possible.가능한 한 빨리 감기를 잡기 시작하는 것이 중요합니다.와 같이 3형식을 만들 수 있습니다.

전치사구로 만드는 형용사

전치사구도 형용사처럼 명사를 수식하는 역할을 합니다. 가령 the house on the hill언덕 위에 있는 집에서는 on the hill이 house를 수식하고, the man in the car차 안에 있는 남자에서는 in the car가 man을 뒤에서 수식하죠. 그런데 전치사구의 형용사적 용법을 살펴보려면 형용사의 두 가지 용법을 먼저 이해해야 합니다.

앞서 살펴봤듯 형용사는 '한정적' 용법과 '서술적' 용법으로 나뉩니다. 한정적 용법은 a pretty woman예쁜 여성처럼 앞또는 뒤에서 명사를 직접 수식하는 것을, 서술적 용법은 She is pretty.그녀는 예쁘다처럼 주격 보어 자리에서 주어 자리의 명사/대명사를 수식하는 것을 말하죠. 마찬가지로 전치사구도 a man in trouble어려움에 처한 남자과 같은 한정적 용법과 He is in trouble.그는 어려움에 처해 있다과 같은 서술적 용법으로 쓰입니다.

그런데 우리는 '그는 어려움에 처해 있다'를 He is in trouble.이라고 옮기는 경우가 거의 없죠. 우리말이 동작, 상황, 상태 등을 주로 동사로 표현하는 동사 중심 언어다 보니 나타나는 습관 때문인데요, 그럼 원어민은 상태나 상황을 나타낼 때 어떤 방법을 쓸까요? 이럴 때 바로 전치사구가 활약합니다. 특히 다음과 같은 대표 전치사들은 전치사구 형태로 서술적 의미를 나타낼 때 자주 쓰이죠.

under	~를 받고[~하에] 있는
	Employees are **under** increasing **pressure** to work late.
	직원들은 야근을 하라는 압박을 점점 더 많이 받고 있다.
	His work has been **under attack** for its obscene content.
	그의 작품은 외설적인 내용 때문에 비난받고 있다.

in	~한 상태에 있는
	We have stayed **in contact** since last summer.
	지난 여름 이후로 우리는 연락을 주고받고 있다.
	The other part is **in shadow**.
	다른 부분에는 그늘이 드리워져 있다.
	This item has been **in circulation** since the middle ages.
	이 물품은 중세부터 유통돼 왔다.

on	~한 상태에 있는
	Air is **on the move** all the time.
	공기는 항상 움직인다.

off	~에서 떨어져[벗어나]
	I have been **off alcohol** for years.
	나는 술을 끊은 지 수년째다.
	He has been **off his food** since he gained a lot of weight.
	그는 살이 많이 찐 후로 음식을 멀리하고 있다.

among	~ 중에 하나
	He is **among the most famous medical physicists** in the country. 그는 이 나라에서 가장 유명한 의학물리학자 중 한 명이다.

out of	~ 바깥에[벗어나]
	I will be **out of office** from today and will be back next week.
	전 오늘부터 사무실을 비워요. 다음주에 돌아올 예정이고요.
	He was **out of his mind** for fear of losing her.
	그는 그녀를 잃게 된다는 두려움에 제정신이 아니었다.

나무는 겨울철 휴식을 위한 준비를 시작합니다. 이제 나무는 영양분이 거의 필요하지 않으며, 나뭇잎은 자신들의 일을 멈춥니다. 나뭇잎의 생은 거의 끝나갑니다. 나무는 나뭇잎이 더 이상 필요하지 않죠. 나뭇잎은 죽으면 나무에서 떨어집니다. 이는 수주에 걸쳐 천천히 일어납니다. 나뭇잎은 나무에서 분리되기 시작하면서 수분을 덜 섭취합니다.

나무는 겨울철 휴식을 위한 준비를 시작합니다.

구문Tip 3형식 동사 begin, to부정사의 명사적 용법

이제 나무는 영양분이 거의 필요하지 않으며, 나뭇잎은 자신들의 일을 멈춥니다.

구문Tip 수량형용사 little

나뭇잎의 생은 거의 끝나갑니다. 나무는 나뭇잎이 더 이상 필요하지 않죠.

구문Tip 전치사구 at an end

나뭇잎은 죽으면 나무에서 떨어집니다.

구문Tip 접속사 when, 1형식 동사 fall

이는 수주에 걸쳐 천천히 일어납니다.

구문Tip 전치사 over

나뭇잎은 나무에서 분리되기 시작하면서 수분도 덜 섭취합니다.

구문Tip 부사절 as, 3형식 동사 begin/get, to부정사의 명사적 용법, 형용사 less

Expression Tip get ready for ~에 대한 준비를 하다 at an end 끝나서, 다하여 no longer 더 이상 ~하지 않는 a number of 얼마간의, 다수의 separate from ~에서 분리하다

HOW TO WRITE

'준비를 시작합니다'를 보고 대부분 prepare가 떠올랐을 텐데요, prepare는 He is preparing lunch.그는 점심을 준비하고 있다처럼 준비하는 행위나 동작 등을 나타낼 때 주로 쓰이죠. 이 문맥에서는 본격적인 준비를 위해 만전을 기한 상태라는 의미이므로 get ready가 더 어울립니다.

'나뭇잎의 생은 거의 끝나간다'에서는 주격 보어 자리에 전치사구 at an end를 씁니다. The life ~ ended 등의 동사를 쓰면 '생이 끝났다'는 완료의 느낌을 전달하지만 이렇게 전치사구를 쓰면 그러한 상태에 놓여 있음을 더 강조할 수 있죠.

'나뭇잎은 죽으면'에서는 when 부사절을 씁니다. 죽는 시점과 죽는 상황을 동시에 가정하는 문맥이니 if보다는 when이 더 어울리죠. '수주에 걸쳐'라는 수식어는 전치사구 over a number of weeks로 나타냅니다. 참고로 시간을 나타내는 전치사로는 for, during 이외에 over, throughout가 있는데요, over는 일정 기간에 '걸쳐', 즉 처음부터 끝까지 아우른다는 의미라면, throughout은 해당 기간을 통과하면서 끊어지지 않고 '쭉' 이어진다는 의미를 나타내죠.

'나뭇잎이 나무에서 분리되기 시작하는 것'과 '수분을 덜 섭취하는 것'은 진행 중인 상황이므로 접속사 as를 써서 두 절을 연결합니다. 나뭇잎의 수분 섭취가 줄어드는 건 자발적인 현상이 아니라 자연이라는 외부의 영향 탓이니 자동사 reduce, decrease는 이 문맥에 어울리지 않죠. 그렇다고 수동태를 써도 안됩니다. 의도를 갖고 일부러 그런 영향을 끼친다는 의미는 아니니까요. 이럴 때는 형용사 less를 써서 they get less water의 3형식 구조로 간단히 나타낼 수 있습니다.

The tree **begins** to get ready for its winter rest. It needs very little food now, and the leaves stop their work. The life of the leaves is almost at an end. The tree no longer needs them. When the leaves die, they will fall from the tree. This will **happen** slowly over a number of weeks. As the leaves begin to **separate** from the tree, they get less water.[34]

속속들이 뜯어보는 영단어

begin 의 핵심은 '시작'입니다. start에 비하면 다소 격식을 갖춘 표현이라 할 수 있죠. 주로 어떤 상황이 이제 발생한다는 의미로 쓰여 The movie will begin soon, so let's hurry.영화가 곧 시작할 테니 서두르죠.와 같은 1형식, The soup is beginning to boil.스프가 이제 끓어요.과 같은 3형식을 만듭니다.

무언가를 하기 시작한다는 의미로 쓰이면 He always begins with something simple when he teaches his sons.그는 아들들을 가르칠 땐 늘 간단한 것부터 시작한다.와 같은 1형식, Have you begun the book you borrowed from the library?도서관에서 빌린 책은 읽고 있어요?와 같은 3형식을 만들 수 있죠.

이외에도 직접 인용문에서 '운을 떼다'라는 뜻으로 쓰여 '"Well," she began, "I have something to tell you."'"글쎄" 하고 운을 뗀 그녀가 말했다. "너한테 할 말 있어."처럼 나타내기도 합니다.

happen 의 핵심은 '발생'입니다. 단순히 발생했다는 의미로 쓰이면 Nothing happened and no one was hurt.아무 일도 일어나지 않았고 아무도 다치지 않았다.처럼 나타내거나 우연히 발생했다는 의미로 쓰이면 I happened to be the best student in the class.어쩌다 보니 내가 우리 반의 최우수 학생이 됐다.처럼 '어쩌다 보니 그렇게 됐다'는 뉘앙스를 전달할 수 있죠.

우연히 발견했다는 의미를 나타낼 때는 전치사 on과 함께 쓰여 I happened on a street with a line of old buildings.어쩌다 보니 오래된 건축물들이 있는 골목에 들어섰다. 등으로 표현할 수 있습니다.

separate 의 핵심은 '분리'입니다. 서로 나뉘어 떨어진다는 의미로 쓰이면 The east and west of this village are separated by a stream.이 마을은 하천을 기준으로 동쪽과 서쪽으로 나뉜다.과 같은 물체의 분리나 It is sometimes hard to separate our thinking from our activity.때때로 생각과 행동을 분리하기가 힘들다.와 같은 개념의 분리를 나타낼 수 있죠.

사람이 서로 다른 장소로 이동해 헤어진다는 의미로 쓰이면 Why don't we separate now and meet up later?일단 각자 일보다가 나중에 만나는 건 어때?와 같은 1형식과 I got separated from my wife in the rush to get out of the store that caught fire.불이 난 상점에서 뛰쳐나오다가 아내와 떨어졌다.와 같은 3형식을 만들 수 있습니다.

관계가 분리된다는 의미의 '별거'라는 뜻으로도 쓰여 His parents separated and ended up with a divorce last year.그의 부모님은 별거했다가 작년에 결국 이혼했다.처럼 나타내기도 하죠.

그녀는 승마를 하고 자신의 개들과 놀았습니다. 헬렌Helen은 정원에서 일하는 것도 좋아했죠. 그녀는 자신이 키운 꽃들을 결코 보지 못했어도 그 향기는 즐겼답니다. 헬렌 켈러Hellen Keller는 인간이 거의 모든 일을 해낼 수 있다는 증거였죠. 신체적인 문제나 장애가 있는 사람이라도 자신들의 목표를 달성할 수 있습니다. 헬렌 켈러는 1968년 6월 1일에 사망했습니다. 그녀의 88번째 생일을 불과 몇 주 앞둔 때였죠.

그녀는 승마를 하고 자신의 개들과 놀았습니다. 헬렌은 정원에서 일하는 것도 좋아했죠.

구문Tip 3형식 동사 go, 동명사 목적어, 3형식 동사 love, to부정사의 명사적 용법

그녀는 자신이 키운 꽃들을 결코 보지 못했어도 그 향기는 즐겼답니다.

구문Tip 양보의 접속사 though, 목적격 관계대명사 생략, 3형식 동사 grow

헬렌 켈러는 인간이 거의 모든 일을 해낼 수 있다는 증거였죠.

구문Tip 동격의 접속사 that

신체적인 문제나 장애가 있는 사람이라도 자신들의 목표를 달성할 수 있습니다.

구문Tip 전치사 with

헬렌 켈러는 1968년 6월 1일에 사망했습니다. 그녀의 88번째 생일을 불과 몇 주 앞둔 때였죠.

구문Tip 전치사 on, 부사 just, 전치사 before

Expression Tip horseback riding 승마 play 놀다 scent 향기 proof 증거 even ~까지도[조차도] physical 신체의 handcap (신체적·정신적) 장애 reach ~에 도달하다

세 번째 문장의 '키운 꽃들을 결코 보지 못했어도'는 정반대를 나타내는 역접의 의미가 아니라 앞 절의 내용을 인정한다는 양보의 의미이므로 '비록 ~할지라도'를 뜻하는 접속사 though를 써서 Though she never saw the flowers she grew라고 나타냅니다. she grew 앞에는 원래 목적격 관계대명사가 들어가지만 여기에서처럼 생략할 수도 있죠.

'헬렌 켈러는 인간이 거의 모든 일을 해낼 수 있다는 증거였다'에서 핵심은 동격을 나타내는 접속사 that입니다. '증거'와 '인간이 거의 모든 일을 해낼 수 있다'는 결국 같은 말이니 Helen Keller was proof that people can do almost anything.으로 나타낼 수 있죠. that절 대신 전치사 of를 써서 동격을 나타낼 수도 있습니다.

'신체적인 문제나 장애가 있는 사람이라도'는 어떻게 나타낼까요? 한국인들은 People who have a physical problem or handicap이라고 관계사를 쓰겠지만, 원어민들은 '~을 지닌'이라는 의미의 '소유'를 나타내는 with를 써서 People with a physical problem or handicap처럼 people을 수식하는 전치사구 구조로 표현합니다.

마지막 문장에서는 '불과 몇 주 앞둔'을 어떻게 옮기면 좋을지 고민이될 텐데요, 이 경우 시간을 나타내는 전치사나 접속사 앞에 구체적인 기간을 명시하면 됩니다. 가령 특정 시간대를 나타낼 때는 비인칭주어 it을 써서 It was just a few weeks before her eighty-eighth birthday.처럼 나타낼 수 있죠.

Task 02

She went horseback riding and played with her dogs. Helen also loved to work in her garden. Though she never saw the flowers she grew, she enjoyed their scent. Helen Keller was proof that people can do almost anything. Even people with a physical problem or handicap can reach their goals. Helen Keller died on June 1, 1968. It was just a few weeks before her eighty-eighth birthday.[35]

속속들이 뜯어보는 영단어

ride 의 핵심은 '올라탐'입니다. 말, 소, 낙타 등 동물에 올라타 조종한다는 의미로 쓰이면 I had never ridden again after the accident. 나는 사고 이후로 다시는 말을 타지 않았다. 와 같은 1형식, Mike is riding his pony in the garden. 마이크는 정원에서 자기 조랑말을 타고 있어. 와 같은 3형식을 만들죠.

움직이는 이동 수단을 탄다는 의미로 쓰이면 I don't have a car so I ride to work on the train. 저는 차가 없어서 출근할 때 열차를 탑니다. 과 같은 1형식과 There was no available public transportaion, so she had to ride a bike. 이용 가능한 대중 교통이 없어 그녀는 자전거를 타야 했다. 와 같은 3형식을 만듭니다.

이외에 몸을 지탱하면서 움직이는 대상을 타고 간다는 의미도 있어 Young surfers are flocking to the beach to learn how to ride on storm wave. 젊은 서퍼들이 폭풍 파도를 타는 법을 배우기 위해 해변으로 몰려들고 있다. 처럼 나타내기도 하죠.

play 의 핵심은 '재미있게 하기'입니다. 아이들이 밖에서 재미있게 노는 모습을 묘사할 때 Leave your children playing with the other kids. 다른 아이들과 놀게 애들을 그냥 놔두세요. 처럼 쓰이거나 게임이나 경기를 즐긴다는 의미를 나타내 She is going to play in the tennis match on Sunday. 그녀는 일요일에 테니스 경기에 나갈 예정이다. 와 같은 1형식과 He won't be able to play cards with us.그는 우리랑 카드 게임을 못할 거야.와 같은 3형식을 만들 수도 있죠.

'재미'라는 요소와 관련해 '공연을 하다'라는 뜻으로도 쓰이는데요, 이때는 Have you heard that _Hamlet_ is going to play at the festival?축제 때 「햄릿」이 상연된다는 소식 들었어? 과 같은 1형식, She is playing a satanic serial killer in a new movie.그녀는 새 영화에서 극악무도한 연쇄 살인범을 연기한다.와 같은 3형식을 만들 수 있죠.

'공연'의 연장선에서 '연주하다'라는 의미로도 쓰여 The band played at the park and I watched from a distance.그 밴드가 공원에서 공연을 했고 나는 멀리서 지켜봤다.와 같은 1형식, She learned how to play the guitar at the age of eleven.그녀는 11살 때 기타를 연주하는 법을 배웠다.과 같은 3형식, You should play us the song right now! 당장 그 곡을 들려줘!와 같은 4형식을 만들 수 있습니다.

광선이나 분수의 물길이 빠르고 즐겁게 움직이는 모습을 묘사할 때도 Many colorful beams of light were playing above us.형형색색의 수많은 광선들이 머리 위에서 신나게 움직이고 있었다.처럼 표현할 수 있죠.

die

의 핵심은 '활동 중단' 입니다. 가령 Many people died of hunger during the war.많은 사람들이 전쟁 동안 굶어 죽었다.처럼 사람의 죽음을 나타내거나 An increasing number of species will die out within ten years.점점 더 많은 종들이 10년 내로 멸종할 것이다.처럼 생물의 멸종을 나타내거나 His phone died, so he was not able to reply to your text.그는 전화 배터리가 다 돼서 네 문자에 답하지 못했어.처럼 기계의 작동 중단을 나타낼 수 있죠.

또는 어떤 것이 희미해지거나 사라진다는 의미로 쓰여 His achievement was so great that his name will never die.그는 업적이 너무 위대해서 이름이 길이길이 남을 거야. 또는 The room turned cold as the fire was dying.난롯불이 꺼지면서 방이 싸늘해졌다.처럼 나타내거나 The storm that hit the east coast died away this morning.동해안에 상륙한 태풍이 오늘 아침 약화돼 소멸했다.처럼 부사 away, down 등과 함께 쓰여 '소멸'을 뜻하기도 합니다.

이외에도 무언가를 간절히 열망한다는 의미로 '죽도록 ~하고 싶다'는 뜻으로 쓰여 We are dying to see you again.우린 당신이 보고 싶어 죽겠어요.처럼 나타내기도 하죠.

극지방 근처 얼음에 덮여 있는 해안선부터 더운 열대 지역의 모래 사장까지, 해안은 전세계 어디에서나 찾아볼 수 있습니다. 해안은 많은 식물과 동물을 위한 고유한 서식지를 만들어 낼 뿐만 아니라 사람들에게도 매우 중요합니다. 오늘날에는 지구 해안의 7십만 킬로미터 이상의 넓은 지역에 걸친 해안이 위험에 처해 있으며 우리의 보호를 필요로 합니다.

극지방 근처 얼음에 덮여 있는 해안선부터 더운 열대 지역의 모래 사장까지, 해안은 전세계 어디에서나 찾아볼 수 있습니다.

구문Tip 수동태, 부사구 all over the world, from A to B

해안은 많은 식물과 동물을 위한 고유한 서식지를 만들어 낼 뿐만 아니라 사람들에게도 매우 중요합니다.

구문Tip 접속사 as well as, 동사 make(현재분사)

오늘날에는 지구 해안의 7십만 킬로미터 이상의 넓은 지역에 걸친 해안이 위험에 처해 있으며 우리의 보호를 필요로 합니다.

구문Tip 단위/범위를 나타내는 전치사 of, 전치사구 in danger/in need of

Expression Tip seashore 해안 icy 얼음으로 뒤덮인 coastline 해안선 (지역) near 가까운 the Poles 북극과 남극 sandy 모래로 된 tropical 열대의 unique 유일무이한 habitat 서식지 -plus ~이상의

HOW TO WRITE

'해안은 어디에서나 발견될 수 있다'에서 '어디에서나'는 '전 세계에 걸쳐'라는 의미나 마찬가지이므로 all over the world라고 나타내면 됩니다. 수식어인 '극지방 근처 얼음에 덮인 해안선에서부터 더운 열대 지역의 모래 사장까지'는 핵심어 뒤로 보내면 되고요. 참고로 수식어를 강조할 때만 앞뒤를 쉼표로 묶어 문장 중간에 삽입할 수 있습니다.

'독특한 서식지를 만들어 낼 뿐 아니라 ~도 매우 중요하다'를 보자마자 not only A but also B 구문을 떠올렸을지도 모르겠군요. 하지만 이 구문은 주로 강조할 때 쓰이기 때문에 이 문맥에는 그다지 어울리지 않죠. 그럼 대안은 뭘까요? 바로 '~뿐만 아니라'를 뜻하는 as well as입니다. As well as seashores make unique habitats for ~라고 써도 되지만 뒤의 절과 주어가 동일하므로 능동을 나타내는 분사구문으로 바꿔 As well as making ~이라고 하면 문장을 간결하게 줄일 수 있습니다.

'위험에 처해 있고 우리의 보호를 필요로 한다'는 특정한 상태에 놓여 있음을 의미하므로 동사로 나타내기보다 are in danger and (are) in need of our protection처럼 전치사구로 나타냅니다. 주어인 '지구 해안의 7십만 킬로미터 이상의 넓은 지역'에서는 단위를 나타내는 전치사 of를 써서 large areas of Earth's 700,000-plus kilometers of seashores로 표현하면 되겠군요.

Seashores can be found all over the world, from icy coastlines near the Poles to sandy beaches in hot, tropical areas. As well as making unique habitats for many plants and animals, seashores are also very important to people. Today, large areas of Earth's 700,000-plus kilometers of seashores are in danger and in need of our protection.[36]

속속들이 뜯어보는 영단어

seashore 는 '해안'입니다. coast, coastline, beach 등도 '해안'을 뜻하지만, 의미상 차이가 있죠. seashore는 바다와 육지의 접점을 따라 이어지는 땅을 일컫는 말로, We saw a spectacular sunset as we walked along the seashore.우리는 해안을 따라 걸으며, 환상적인 일몰을 봤다.처럼 쓰인다면, coast는 해안과 인접해 있는 특정 지역을 가리키는 말로 We plan to stay in a resort on the east coast.우리는 동해안에 있는 리조트에서 머무를 계획이다.와 같은 문맥에서 쓰입니다. 반면, coastline은 주로 위에서 바라볼 때 펼쳐지는 해안선의 특정한 모양을 나타내므로 This hotel attracts many tourists because of its wonderful views of the coastline.이 호텔은 아름다운 해안 전망 덕분에 많은 관광객들이 찾고 있다.처럼 쓰이죠. 끝으로 beach는 주로 모래나 작은 돌이 있는 강가나 바닷가를 가리키므로 I still remember having a barbecue party on the beach last summer.지난 여름 바닷가에서 바비큐 파티를 열었던 기억이 생생해.처럼 쓰입니다.

near 의 핵심은 '가까움'입니다. 전치사로 쓰이면 Let's sit near a window—it has a great view.창 가까이에 앉죠. 거기선 풍경이 잘 보이거든요.처럼 가까운 거리를 나타내거나 He has worked tirelessly, so he looks near exhaustion.그는 쉬지 않고 일해서 탈진할 것처럼 보인다.처럼 어떤 상태에 가깝다는 의미를 나타내죠.

부사로 쓰이면 He was standing so near that I could feel his breath.그는 숨소리를 느낄 수 있을 정도로 가까이 서 있었다.처럼 거리가 가깝다는 의미를 나타내거나 As the wedding date drew near, I became more nervous.결혼식 날이 다가오자 나도 더 긴장됐다.처럼 시간적으로 가깝다는 의미를 나타냅니다.

형용사로 쓰일 때는 Where is the nearest bus stop?가장 가까운 버스 정류장은 어디 있나요?처럼 거리가 가까운 정도를 나타내거나 We don't have any butter—what is the nearest thing we could find?남은 버터가 없는데, 버터를 대체하기에 가장 좋은 게 뭐지?처럼 어떤 것에 가까운 정도를 나타내죠.

동사로 쓰일 때도 I have heard that their project is nearing completion.그들의 프로젝트가 거의 마무리 단계라고 들었어요.처럼 어떤 상태에 가까운 정도나 As the date of his operation neared, he couldn't concentrate on his work.수술 날짜가 다가오자 그는 일에 집중할 수 없었다.처럼 어떤 시간에 가까운 정도, 또는 Don't near me—I have caught a cold.가까이 오지 마세요. 저 감기 걸렸어요.처럼 거리상 가까운 정도를 나타냅니다.

plus 는 전치사, 접속사, 명사, 형용사로 쓰입니다. 전치사로 쓰일 때는 '더하다'라는 의미를 나타내 Three plus four is seven.3 더하기 4는 7입니다.처럼 쓰이고, 접속사로 쓰일 때는 '그리고 또한'이라는 의미를 나타내 Horseback riding would be too expensive, plus John does not like animals.승마는 너무 비싼 데다 존은 동물을 좋아하지도 않아요.처럼 쓰입니다.

명사로는 '이점'이라는 의미로 쓰여 Your experience in the overseas market will be a plus in your future career.해외 시장에서 쌓은 네 경험이 앞으로 경력에 이점이 될 거야.처럼 나타내기도 하죠.

형용사로 쓰일 경우 수식하는 말 앞에 오면 The temperature is expected to fall to plus three degrees.온도가 영상 3도로 떨어질 것으로 예상된다.처럼 '영상의, 좋은'을 의미하거나 The house faces south, which is a plus factor.이 집은 남향이라는 게 이점이지.처럼 '이점이 되는'을 의미합니다. 반대로 수식하는 말 뒤에 오면 '이상의'라는 의미를 나타내 The new device will cost $500 plus.그 새 장비는 5백 달러 이상일 것이다.처럼 쓰일 수 있죠.

to부정사구로 만드는 형용사

아래 ⓒ에서 볼 수 있는 것처럼 to부정사구는 명사를 수식하는 형용사 역할도 할 수 있습니다. 그럼 ⓐ처럼 관계절로 수식하거나 ⓑ처럼 분사구로 수식할 때와는 어떤 점이 다를까요?

ⓐ Trees have flowers that attract insects   곤충을 유인하는 꽃

ⓑ Trees have flowers attracting insects   곤충을 유인하고 있는 꽃

ⓒ Trees have flowers to attract insects   곤충을 유인할 꽃

위 예문들에는 형용사절 또는 형용사구가 포함돼 있습니다. 하지만 의미는 미묘하게 다르죠. 우선 ⓐ처럼 관계사절이 명사를 수식할 때는 설명적 어조를 띱니다. 굳이 해석하자면 '곤충을 유인하는 꽃' 정도가 되겠네요. 반면 ⓑ처럼 현재분사를 쓰면 능동/진행의 의미가 강조되고, ⓒ처럼 to부정사를 쓰면 명사적 용법과 마찬가지로 미래/일시/행위성이 강조됩니다. 우리말로는 '곤충을 유인할 꽃' 정도로 옮길 수 있겠군요. 이처럼 의미가 묘하게 달라진다는 점과 더불어 to부정사가 다른 말과 결합해 다양한 형태로 바뀐다는 점에도 주의해야 합니다.

ⓐ I have no time to waste.   시간을 허비할 때가 아냐.

ⓑ I need a friend to talk with.   의논할 친구가 필요해.

ⓒ He doesn't have a pen to write it with.   그는 그것을 쓸 때 쓰는 펜이 없다.

ⓐ의 to waste는 no time을, ⓑ의 to talk with는 a friend를, ⓒ의 to write it with는 a pen을 각각 수식하는데요, ⓑ와 ⓒ처럼 전치사나 목적어가 첨가되면 to부정사의 형태도 달라집니다. 왜 이런 차이가 나타나는 걸까요? 네, 바로 동사의 종류가 다르기 때문이죠. 가령 ⓐ의 waste는 목적어를 취하는 3형식 동사인 반면, ⓑ의 talk는 1형식 동사이기 때문에 목적어를 취하려면 talk with a friend처럼 전치사를 써야 하죠. to부정사 형태로 바뀌었다 하더라도 동사의 성격은 그대로 유지되기 때문입니다. ⓒ의 to write it with는 조금 복잡한데요, 이 구조를 이해하려면 문맥이 필요합니다.

글은 다 썼어?

아니, 글 쓸 때 쓰는 펜이 없어

A Have you finished writing the essay?

B No, I don't have a pen to write it with.

위 문맥에서 대명사 it은 the essay를 가리키고 전치사 with는 에세이를 쓰는 데 필요한 '도구'를 나타냅니다. 원래 a pen이 놓인 자리는 with 뒤, 즉 write the essay with a pen이죠. a pen이 동사 have의 목적어 자리로 옮겨 가면서 a pen을 수식하는 말인 to write it with만 남은 셈입니다. 이처럼 to부정사 형태로 나타낼 동사의 종류와 to부정사가 수식하는 대상의 자리까지 살펴야 영작을 할 때도 to부정사 형태를 자유롭게 구사할 수 있습니다.

마침내 마차는 경사면에 당도했고, 그곳에는 나무들 사이로 작은 통나무집이 서 있었습니다. 이곳은 여행객들이 안에서 잠시 기거하는 작은 집이었죠. 그날 밤 로라Laura와 메리Mary, 엄마Ma와 갓난아기 캐리Carrie는 화롯불 앞에서 잠을 청했지만, 아빠Pa는 마차와 말을 지키기 위해 바깥에서 잠에 들었습니다. 그날 이후로 이들은 매일 말이 갈 수 있는 데까지 이동했죠.

마침내 마차는 경사면에 당도했고, 그곳에는 나무들 사이로 작은 통나무집이 서 있었습니다.

구문Tip 1형식 동사 come, 대등접속사 and, 유도부사 there, 전치사 among

이곳은 여행객들이 안에서 잠시 기거하는 작은 집이었죠.

구문Tip to부정사의 형용사적 용법, 의미상 주어

그날 밤 로라와 메리, 엄마와 갓난아기 캐리는 화롯불 앞에서 잠을 청했지만, 아빠는 마차와 말을 지키기 위해 바깥에서 잠을 청했습니다.

구문Tip 종속접속사 while, to부정사의 부사적 용법, 부사 outside

그날 이후로 이들은 매일 말이 갈 수 있는 데까지 이동했죠.

구문Tip 전치사 after, as + 원급 + as + 부사절

Expression Tip at last 마침내 wagon 마차 slope 비탈 earth 땅, 지면 log house 통나무집 tiny 아주 작은 camp 임시로 기거하다 fire 화롯불 guard ~을 지키다 travel 이동하다

HOW TO WRITE

첫 문장의 '마침내'는 finally/in the end/at last 중 뭐가 어울릴까요? 이 문맥에서는 at last가 어울립니다. 이때는 앞뒤 문맥을 살피는 게 중요한데요, 문맥상 기약 없이 오랜 시간 달린 끝에 드디어 잠시 휴식을 취할 수 있는 곳을 발견했다는 의미이므로 '오랜 지체로 조바심이 나던 끝에 드디어'를 의미하는 at last가 적절합니다. finally는 실현되길 기다린 일이 드디어 일어났다는 의미로, in the end는 불확실하고 지난한 과정을 거쳐 어떤 결과에 다다랐다는 의미로 주로 쓰이죠.

동사 come 뒤에 전치사 to를 붙이면 '~에 다다르다'라는 의미의 '귀착지'를 나타낼 수 있습니다. 이어지는 절은 유도부사 there로 시작하는데요, '존재'의 유무를 나타내는 것이 아니라 서 있는 상태를 나타내므로 be동사가 아닌 동사 stand가 어울립니다. 이들이 도착한 '바로 그곳에'라는 장소성을 강조해야 하니 there을 문두로 도치하는 형태로 나타낸 거죠. 여기서 전치사 among은 be surrounded by~로 둘러싸인를 뜻합니다.

두 번째 문장에서는 a tiny house를 강조하는 강조구문으로 나타냅니다. 동사 camp의 주체는 「for+명사」 형태의 의미상 주어로 나타내고요. 그다음 문장에 필요한 말은 종속접속사 while입니다. while은 '동시 상황'이나 둘 사이의 '대조'를 나타내는데요, 여기서는 '아빠가 밖에서 잠을 청한 반면'이라는 대조의 의미로 쉼표를 붙인 서술적 용법으로 표현합니다.

마지막 문장에는 원급 비교 표현인 as far as 구문이 어울리겠네요. 앞의 as는 부사, 뒤의 as는 접속사이므로 「주어+동사」가 이어져야 하고 '가능'을 나타내므로 조동사 can을 써야 합니다. 참고로 「as ~ as+주어+can」은 「as ~ as possible」과 의미가 같죠. 직역하면 '갈 수 있는 만큼 멀리'라는 의미가 되겠군요.

At last, the wagon came to a slope of earth, and there stood a little log house among the trees. It was a tiny house for travelers to camp in. That night Laura and Mary and Ma and Baby Carrie slept in front of the fire, while Pa slept outside to guard the wagon and the horses. Every day after that they traveled as far as the horses could go.[37]

속속들이 뜯어보는 영단어

sleep 의 핵심은 '잠'입니다. 수면을 취한다는 의미로 쓰이면 We don't have an extra bed. Do you mind sleeping on the floor?여분의 침대가 없어요. 바닥에서 주무셔도 괜찮겠어요?와 같은 1형식, How many guests does this hotel sleep?이 호텔의 투숙객은 몇 명인가요?과 같이 '~을 자게 해 주다'라는 의미의 3형식을 만들죠.

중요한 결정은 하룻밤 자고 난 뒤에 하라는 말이 있죠? 영어에도 같은 표현이 있습니다. Let me sleep on it, and tell you my idea tomorrow morning.곰곰이 생각해 보고 내일 아침에 제 생각을 당신께 알려드리죠.처럼 전치사 on과 함께 쓰이면 '~에 대해 하룻밤 자면서 생각해 보다'라는 뜻을 나타냅니다. 이외에도 Did you sleep with him last night?너 어젯밤에 그 사람하고 잔 거야?과 같이 sleep with/sleep together 형태로 쓰이면 '~와 잠자리를 같이 하다'라는 의미를 나타내죠.

guard 의 핵심은 '보호, 감시, 주의'입니다. 공격을 당하지 않도록 보호한다는 의미로 쓰이면 He employed armed security officers to guard his safe.그는 자신의 금고를 지키기 위해 무장 보안 요원을 고용했다.처럼 나타내고, 정보가 공개되지 않도록 보호한다는 의미로 쓰이면 You should have guarded the sources of information.정보원을 보호했어야죠.처럼 나타낼 수 있죠.

감금된 사람이 도망가지 못하도록 감시한다는 뜻도 있어 Twenty prisoners are guarded by one prison officer.교도관 1명이 20명의 죄수들을 감시한다.처럼 쓰이기도 합니다.

이외에 전치사 against와 함께 쓰이면 In order to guard against accidents, you must follow the instructions.사고가 나지 않게 조심하려면 지침을 반드시 따라야 해요.처럼 '~이 생기지 않도록 조심하다'라는 뜻을 나타내죠.

travel 의 핵심은 '이동'입니다. 한 지점에서 다른 지점으로 이동한다는 의미로 쓰이면 I don't like travelling by plane.나는 비행기로 이동하는 것을 좋아하지 않는다.과 같은 1형식과 Travelling long distances had exhausted most of the passengers.장거리 이동으로 대다수 승객들이 녹초가 되었다.와 같은 3형식을 만들죠.

특정 속도로 이동한다는 의미로도 쓰여 Can you measure the speed at which light travels?빛이 이동하는 속도를 측정할 수 있나요?처럼 나타내거나 특정 방향으로 이동한다는 의미로 쓰여 The soldiers are traveling north under the direction of their commander.지휘관의 지시에 따라 군인들은 북쪽으로 이동하고 있다.처럼 나타내기도 합니다.

이외에 매우 빨리 간다는 의미도 있어 This brand-new car really travels.이 신형 자동차는 정말 빠르구나.처럼 나타내기도 하죠.

오디세우스Odysseus는 바다를 내다봅니다. 물에 떠 있는 배들이 그의 눈에 들어옵니다. 누구도 그리스인만큼 배를 잘 만들지 못합니다. 그리스인은 무엇이든 만들 수 있죠! 문득 오디세우스는 트로이Troy 내부로 들어갈 방법, 즉 전쟁에서 이길 방법을 떠올립니다. 그것은 대단한 계획입니다. 그 계획은 위험합니다. 실패한다면 많은 그리스인이 죽임을 당할 것입니다. 하지만 성공한다면 트로이는 멸망할 것입니다.

오디세우스는 바다를 내다봅니다. 물에 떠 있는 배들이 그의 눈에 들어옵니다.

구문Tip 5형식 동사 notice, 동사 float(현재분사)

누구도 그리스인만큼 배를 잘 만들지 못합니다. 그리스인은 무엇이든 만들 수 있죠!

구문Tip 형용사 no(주어 부정), as well as

문득 오디세우스는 트로이 내부로 들어갈 방법, 즉 전쟁에서 이길 방법을 떠올립니다.

구문Tip to부정사의 형용사적 용법, 일방향 대시(―)

그것은 대단한 계획입니다. 그 계획은 위험합니다.

구문Tip 지시대명사 it

실패한다면 많은 그리스인이 죽임을 당할 것입니다.

구문Tip if 조건절, 수동태

하지만 성공한다면 트로이는 멸망할 것입니다.

구문Tip if 조건절, 1형식 동사 fall

Expression Tip float 떠다니다 suddenly 갑자기 think of ~을 생각해 내다 get inside ~ 안에 들어가다 extraordinary 비범한, 대단한 fall (정부 등이) 쓰러지다, 함락[몰락]되다

HOW TO WRITE

'바다를 바라봅니다'는 see/look/watch 중 어떤 동사가 어울릴까요? 정답은 look입니다. see는 자연스럽게 눈에 보인다는 의미를, look은 의도를 갖고 일부러 눈길을 향하게 한다는 의미를 나타내죠. watch는 '자세히 관찰하듯 보다'를 뜻합니다. 여기서는 일부러 '밖을 향해' 본다는 의미를 나타내니 look out to가 적절하겠군요.

'눈에 들어오다'는 일상적으로 쓰는 표현인데도 영어로 말하려니 쉽지 않네요. 이럴 때는 notice를 씁니다. 눈에 띄어 시야에 확 들어온다는 의미를 나타내죠. '물에 떠 있는'이 '배'를 수식하므로 「notice+목적어+목적격 보어」형태의 He notices the ships floating in the water.로 나타냅니다.

'누구도 ~만큼 …하지 못하다'는 최상급 표현으로 볼 수 있습니다. 최상급을 나타낼 때는 No one builds ships as well as the Greeks.처럼 형용사 no를 이용해 주어를 부정하는 방법도 있는데요, 우리는 주로 부사 not/never를 써서 부정을 나타내지만 원어민들은 이렇게 형용사 no, 대명사 none/no one 등을 써서 부정을 나타내는 경우가 많죠.

'트로이 내부로 들어갈 방법'은 형용사 역할을 하는 to부정사를 써서 a way to get inside Troy라고 하면 되는데요, '즉'이라는 동격 관계는 어떻게 나타내면 좋을까요? 바로 구두점을 쓰면 됩니다. 가령 a way to get inside Troy—a way to win the war처럼 일방향 대시를 써서 강조하는 간단한 방법도 있죠.

'죽다'는 die를 써야 할까요? 아닙니다. 여기선 '죽임을 당한다'는 의미이므로 '~을 죽이다'라는 의미의 타동사 kill을 수동태로 나타내야 합니다. 조건문이니 If it fails, many Greeks will be killed.라고 하면 되겠군요.

Odysseus looks out to sea. He notices the ships floating in the water. No one builds ships as well as the Greeks. The Greeks can build anything! Suddenly Odysseus thinks of a way to get inside Troy—a way to win the war. It is an extraordinary plan. The plan is dangerous. If it fails, many Greeks will be killed. But if it succeeds, Troy will fall.[38]

속속들이 뜯어보는 영단어

float 의 핵심은 '떠다님'입니다. 가령 In the lake, beavers were seen floating on their backs.호수에서 비버들이 배를 뒤집고 떠 있는 모습이 보였다.처럼 물 위에 떠 있거나 The sound of beautiful music was floating out of his room. 아름다운 선율이 그의 방에서 흘러나왔다.처럼 부유하듯 부드럽게 이동하거나 After dropping out of school, Jack floated around doing nothing.잭은 학교를 그만두고 나서 아무것도 하지 않고 정처 없이 떠돌았다.처럼 정한 곳 없이 돌아다닌다는 의미를 나타낼 때 주로 쓰이죠.

어떤 계획이나 생각이 떠오른다는 의미에서 '제안하다'라는 뜻으로도 쓰여 My father has floated the idea that we should move into a new place.아버지는 우리가 새로운 곳으로 이사를 가야 한다고 제안하셨다.처럼 나타내기도 합니다.

build 의 핵심은 '견고하게 만듦'입니다. 튼튼한 재료로 무언가를 만든다는 의미로 쓰이면 The birds are busy building their nest for new babies.그 새들은 갓 낳은 새끼를 위한 둥지를 짓느라 여념이 없다.처럼 나타내고, 오랜 기간 동안 어떤 상황을 만들기 위해 공을 들인다는 의미로 쓰이면 We have been working to build a better future for our children.우리는 아이들의 더 나은 미래를 만들기 위해 힘써 왔다.처럼 표현할 수 있죠.

감정, 분위기 등을 조성하거나 무언가를 증강한다는 의미로 쓰이면 The air of anticipation is building among teenage girls. 한껏 부푼 기대감이 십대 소녀들 사이에서 고조되고 있다. 와 같은 1형식과 What is the best way to build up my confidence? 제 자신감을 높여 줄 가장 좋은 방법은 뭔가요? 와 같은 3형식을 만들 수 있습니다.

win

의 핵심은 '긍정적인 결과 얻기'입니다. 전쟁에서 이긴다는 의미로 쓰이면 What is the point of winning the war?—it cost us millions of lives. 수백만 명의 목숨을 앗아간 전쟁에서 승리해 봤자 무슨 소용인가요? 처럼 나타내거나 경쟁에서 이긴다는 의미로 쓰이면 He believes the current government will win the next election. 그는 현 정부가 선거에서 승리를 거둘 것으로 믿고 있다. 처럼 나타낼 수 있죠.

경쟁의 결과로 상이나 돈과 같은 긍정적인 결과를 얻는다는 의미로도 쓰여 She wants to win the award for best teacher. 그녀는 최고의 교사상을 받고 싶어 한다. 와 같은 3형식과 His brilliant play won him a FIFA Best Player Award. 그는 뛰어난 경기력으로 FIFA 최고의 선수상을 받았다. 와 같은 4형식을 만들 수 있습니다.

지속적인 노력과 끈기로 긍정적인 결과를 얻어낸다는 뜻도 있어 He will do anything to win her love. 그는 그녀의 사랑을 얻기 위해서라면 뭐든 할 것이다. 처럼 나타내기도 하는데요, 이 때 목적어 자리에는 주로 긍정적인 의미의 명사를 넣어 win the support지지를 얻다, win the trust신뢰를 얻다, win the hearts진심을 얻다 등의 숙어로 활용할 수 있습니다.

그런 다음 그들은 모두 찰리 칙키Charlie Chicky의 침대 위에 올라 그 인형들 앞에서 공연을 했죠. 마눅Manuk은 자신의 테니스 라켓을 퉁겼습니다. 그는 라켓을 퉁길 만한 것이 아무것도 없어서 부엌에서 가져온 콘칩corn chip을 썼죠. 그리고 조지George는 그의 파티 호루라기를 삑 울렸습니다. 그가 그것을 매우 세게 불자 작게 말려들어간 것이 불쑥 튀어나왔죠. 불기를 멈추자 호루라기는 다시 돌돌 말려 들어갔습니다.

그런 다음 그들은 모두 찰리 칙키의 침대 위에 올라 인형들 앞에서 공연을 했죠.

구문Tip 접속부사 then, 대등접속사 and, 전치사구 in front of

마눅은 자신의 테니스 라켓을 퉁겼습니다.

구문Tip 3형식

그는 라켓을 퉁길 만한 것이 아무것도 없어서 부엌에서 가져온 콘칩을 썼죠.

구문Tip to부정사의 형용사적 용법, 접속사 so

그리고 조지George는 그의 파티 호루라기를 삑 울렸습니다.

구문Tip 1형식 동사 toot, 전치사 on

그가 그것을 매우 세게 불자 작게 말려들어간 것이 불쑥 튀어나왔죠.

구문Tip 부사절 접속사 when

불기를 멈추자 호루라기는 다시 돌돌 말려 들어갔습니다.

구문Tip 3형식 동사 stop, 동명사 목적어, 부사 back

Expression Tip stand up 서 있다 strum (기타 등을) 치다, 퉁기다 corn chip 콘칩(옥수수로 만든 식품) whistle 호각, 호루라기 blow ~을 불다 curly 동그랗게 말린 pop out 튀어나오다 curl up 동그랗게 말리다

첫 번째 문장의 '그들은 모두'는 They all이라고 합니다. 반면 all of them은 어떤 그룹을 특정해 '거기에 속한 모두'를 뜻하죠. 여기서는 특정하는 것이 아니라 대명사를 강조하는 뉘앙스이므로 '~은 전부, 죄다'라는 의미의 동격을 나타내는 all을 써서 They all이라고 표현합니다.

'그는 라켓을 퉁길 만한 것이 아무것도 없어서 부엌에서 가져온 콘칩을 썼다'는 어떻게 옮길까요? '퉁기다'는 '세모난 모양의 도구로 기타 등을 퉁기다'라는 의미로, 피크 등의 도구로 현을 뜨는 모습을 묘사하는 표현이죠. '라켓을 퉁길 만한 것이 아무것도 없어서'가 까다롭네요. 특정 도구를 가지고 라켓을 퉁긴다는 말이니 to부정사를 써서 to strum it(= the racket) with anything이라고 표현합니다. anything이 문장의 목적어이니까 to부정사가 뒤에서 anything을 수식하는 have anything to strum it with로 어순을 바꿔 나타내면 되죠.

'그가 그것을 매우 세게 불자'는 '때'를 나타내는 부사절 접속사 when을 써서 when he blew it really hard라고 하면 되겠군요. 이 문맥에서 '세게 불다'는 있는 힘껏 불었다는 의미이므로 strongly가 아닌 hard가 어울립니다. 주절인 '작게 말려들어간 것이 불쑥 튀어나왔다'는 1형식 문장인 a little curly thing popped out으로 나타내면 되고요.

'불기를 멈추자 호루라기는 다시 돌돌 말려 들어갔다'의 동사는 동명사를 목적어로 취하는 stop을 씁니다. stop은 '~을 멈추다'를 뜻하니 당연히 과거 시점부터 해 오던 일이 목적어가 되겠죠? 참고로 He stopped to get gas.그는 기름을 넣으려고 멈췄다에서 stop은 1형식 동사로, to get은 '목적'을 나타내는 부사적 용법으로 쓰였습니다.

Then they all stood up on Charlie Chicky's bed and **performed** in front of the dolls. Manuk strummed his tennis racket. He didn't have anything to strum it with, so he used a corn chip from the kitchen. And George tooted on his party whistle. When he **blew** it really hard, a little curly thing **popped** out. When he stopped blowing, the whistle curled back up again.[39]

속속들이 뜯어보는 영단어

perform

의 핵심은 '보여 주기'입니다. 어떤 의무나 업무를 해내는 모습을 보여 준다는 의미로 쓰이면 I had him perform several simple tasks to test his aptitude.나는 그의 적성을 시험하기 위해 몇 가지 간단한 업무를 맡겼다.처럼 나타내거나 성능을 보여 준다는 의미로 쓰이면 This car performs well on unpaved roads.이 차는 비포장도로에서 잘 달린다.처럼 표현할 수 있죠.

공연이나 연주 실력을 보여 준다는 의미로 쓰이면 The band always performs live.그 밴드는 항상 라이브 공연을 한다.와 같은 1형식과 The play has been performed hundreds of times.그 연극은 수백 회에 걸쳐 상연되었다.와 같은 3형식을 만듭니다.

blow

의 핵심은 '바람 일으키기'입니다. 가령 She blew the dust off the table.그녀는 식탁 위의 먼지를 입으로 불어 날렸다.처럼 바람을 일으켜 무언가를 이동시킨다는 의미를 나타내거나 The ten-dollar bills blew away and people ran after them.10달러짜리 지폐가 흩날리자 사람들이 돈을 주으려고 쫓아다녔다.처럼 공중에 띄워 움직이게 한다는 의미를 나타내죠.

바람을 일으켜 소리를 낸다는 의미로도 쓰여 Just before the whistle blew, she scored the goal.그녀는 휘슬이 울리기 직전에 골을 넣었다.과 같은 1형식과 The driver blew his horn, which brought her to the window. 운전자가 경적을 울리자 그녀가 창가로 갔다. 와 같은 3형식을 만들 수 있습니다.

바람이 강하게 불면 폭발력이 엄청나죠? 그런 의미에서 I don't know why my car was blown to pieces last night. 어젯밤에 내 차가 어쩌다 산산조각이 난 건지 영문을 모르겠어. 처럼 기압 등으로 무언가가 폭발한다는 의미로 쓰이기도 합니다.

이외에 Mike blew $2,000 all on a night out. 마이크는 하룻밤 외출에 2천 달러를 날렸다. 처럼 '갖고 있던 재산 등을 잃거나 없애다'라는 의미의 '날리다'를 뜻하기도 합니다.

pop 의 핵심은 '갑작스러움'입니다. 누군가 갑자기 나타나거나 무언가 갑자기 움직인다는 의미로 쓰여 When I opened the box, something popped out. 상자를 열었을 때 무언가가 튀어나왔다. 또는 She popped into my office without notice. 그녀가 연락도 없이 내 사무실에 나타났다. 와 같은 1형식과 Jack popped his head into the room and winked at me. 잭은 방 안으로 머리를 불쑥 내밀어 내게 윙크했다. 와 같은 3형식을 만들죠.

갑작스럽게 펑 하고 터진다는 의미도 있어 The overblown balloon finally popped. 너무 크게 부푼 풍선이 결국 펑 터졌다. 와 같은 1형식, I popped the cork and let the wine run. 나는 코르크를 뽑아 와인을 따랐다. 과 같은 3형식을 만들기도 합니다.

Writing Session 04
부사 만들기

부사도 형용사와 마찬가지로 다양한 구와 절 형태로 나타낼 수 있습니다. 부사구로는 부정사구와 전치사구가, 부사절로는 접속사절이 있는데요, 구와 절의 형태만 보면 다른 품사에 비해 종류가 적은 편이지만 명사 이외의 모든 품사를 수식하기도 하고 뜻도 매우 다양하기 때문에 영작은커녕 해석조차 쉽지 않은 경우가 많습니다. 그럴 땐 부사의 핵심 기능이 '수식'이라는 점을 기억하고 해당 부사가 어떤 형태를 띠는지, 문장의 어떤 요소를 수식하는지를 유심히 살펴보면 됩니다. 그럼 부사절을 만드는 접속사에는 어떤 것들이 있는지부터 함께 알아볼까요.

부사 (명사 이외 모두 수식)

구

to부정사구

목적
He knocked on the window to wake me up.
그는 나를 깨우려고 창문을 두드렸다.

근거
She must be a fool to believe their words.
그들의 말을 믿는 걸 보면 그녀는 어리석은 게 분명해.

결과
He grew up to be a great leader.
그는 자라서 훌륭한 지도자가 되었다.

이유
He was surprised to see you again.
그는 당신을 다시 봐서 놀랐어요.

전치사구

동사 수식
His cat followed him into the room.
그의 고양이가 그를 따라 방으로 들어왔다.

관용 표현
They kept walking in search of water.
그들은 물을 찾아 계속 걸었다.

동시 발생
She was in her room all day with the door closed.
그녀는 문을 닫은 채 하루 종일 방 안에 있었다.

분사구문 (접속사절의 변형)

When he arrived home, he unpacked his suitcase.
→ Arriving home, he unpacked his suitcase.
그는 집에 도착해 짐을 풀었다.

절

시간 | I was a good student when I was young.
나는 어린 시절에 모범 학생이었다.

He listened to the music as he walked up the hill.
그는 음악을 들으며 언덕을 걸어 올라갔다.

I read a book while you were having dinner.
네가 저녁 식사를 하는 동안 난 책을 읽었어.

이유 | I like this book because it is funny.
나는 이 책이 재미있어서 맘에 들어.

Since I was the youngest, I am used to being loved.
나는 막내라서 사랑받는 데 익숙하다.

His condition got worse as his temperature rose.
체온이 올라가면서 그의 상태가 악화됐다.

조건 | If you want to have this book, I will buy it for you.
이 책 갖고 싶으면 내가 사 줄게.

The dog will bite you when you touch him.
그 개를 건드리면 널 물 거야.

양보 | Although he lost the game, he deserves praise.
그는 경기에서 패했지만 찬사를 들을 만하다.

Though it was rainy, I went out to walk my dog.
비가 왔지만 나는 개를 산책시키러 나갔다.

Even though we did nothing, it was a great day.
종일 한 일은 없었어도 유쾌한 날이었다.

접속사절로 만드는 부사

　접속사의 핵심적인 기능은 '연결'입니다. 어떤 방식으로 연결하느냐에 따라 대등접속사, 종속접속사, 상관접속사로 나뉘죠. 대등접속사는 두 문장을 대등하게 연결할 때, 종속접속사는 큰 문장 안에 작은 문장을 부사나 명사로 종속시켜 연결할 때, 상관접속사는 둘의 상관관계를 분명하게 나타낼 때 주로 쓰입니다.

　여기서는 부사절을 만드는 종속접속사를 살펴보려고 합니다. 먼저 비슷한 뜻을 가진 접속사들의 차이점부터 알아야 하는데요, 가령 '시간'를 나타내는 접속사가 쓰인 다음 예문들은 어떤 차이가 있을까요?

ⓐ I was a good student when I was young.

ⓑ He listened to the music as he walked up the hill.

ⓒ I read a book while you were having dinner.

나는 어린 시절에 모범 학생이었다.

그는 음악을 들으며 언덕을 걸어 올라갔다.

네가 저녁 식사를 하는 동안 난 책을 읽었어.

　when/as/while 모두 시간을 나타내는 종속접속사라고 배우지만 의미상 차이가 있습니다. when은 ⓐ처럼 '어렸을 때'와 같은 특정 시점을 나타내죠. as는 ⓑ의 '언덕을 오르면서'에서 알 수 있듯 어떤 동작이 진행되는 상황을 나타냅니다. while은 ⓒ처럼 두 가지 일이 동시에 진행 중일 때 주로 쓰이고요. 여기서는 '네가 저녁을 먹는 것'과 '책을 읽는 것'이라는 두 가지 일이 동시에 일어나고 있으니 다양한 접속사 중에서도 while을 골라 쓴 거죠.

나는 이 책이
재미있어서 맘에 들어.

나는 막내라서 사랑받는
데 익숙하다.

체온이 올라가면서 그의
상태가 악화됐다.

ⓐ I like this book **because it is funny**.

ⓑ **Since I was the youngest**, I am used to being loved.

ⓒ His condition got worse **as temperature rose**.

위 예문 모두 이유를 나타내는 종속접속사인 because/since/as가 쓰였군요. 하지만 어감엔 다소 차이가 있습니다. because는 주로 직접적인 원인을 나타냅니다. ⓐ에서는 '책이 재미있다'는 사실이 직접적인 원인이죠. since는 주로 기정사실을 나타냅니다. ⓑ의 '나는 막내다'라는 점은 이미 아는 사실인 셈이죠. as는 진행 중인 상황이 원인으로 작용할 때 주로 쓰입니다. ⓒ에서도 '온도가 올라가는 것'은 진행 중인 상황임을 알 수 있죠. 참고로 접속사절은 문장 뒤에 오는 것이 원칙이지만 강조하고 싶을 경우 ⓑ처럼 도치되기도 합니다.

이 책 갖고 싶으면
내가 사 줄게.

그 개를 건드리면 널
물 거야.

ⓐ **If you want to have this book**, I will buy it for you.

ⓑ The dog will bite you **when you touch him**.

이번에는 조건을 나타내는 접속사 if/when을 살펴볼까요? '만일 ~ 한다면'이라는 의미의 가정을 나타내는 종속절을 만들 때 대부분 if를 떠올리지만, 실제론 when도 못지않게 자주 쓰입니다. 물론 의미상 차이는 있죠. if는 '조건'을 뜻합니다. 위의 ⓐ에서는 '네가 이 책을 원하는 경우'가 조건에 해당하죠. 반면 when은 '조건'과 '시간'을 동시에 뜻합니다. 가령 ⓑ에서는 '개를 만지는 경우'라는 '조건'과 '개를 만지는 상황'이라는 '때'를 동시에 나타내죠.

그는 경기에서 패했지만
찬사를 들을 만하다.

ⓐ **Although he lost the game**, he deserves praise.

ⓑ Though it was rainy, I went out to walk my dog.

ⓒ Even though we did nothing, it was a great day.

비가 왔지만 나는 개를
산책시키러 나갔다.

종일 한 일은 없었어도
유쾌한 날이었다.

양보의 종속접속사 although/though/even though도 어감이 조금
씩 다릅니다. 여기서 '양보'란 문자 그대로 양보하듯 종속접속사절의
내용을 인정한다는 의미를 나타내죠. '비록 ~일지라도'라는 뜻으로 쓰
여 일종의 '반전'을 예고하는 역할을 합니다. 이중 although가 가장 일
반적으로 쓰이고, even though는 종속절을 강조하고 싶을 때, though
는 구어체에서 주로 쓰입니다. though는 접속사 외에 '그래도, 그렇지
만, 하긴'이라는 뜻의 부사로도 쓰이죠.

다소 까다로운 접속사들도 있습니다. 그중 하나가 as long as~하는 한,
as soon as~하자 마자, as well as~뿐만 아니라 등을 포함한 as ~ as… 유형인
데요, 이 접속사들이 쓰이는 구조를 이해하려면 as의 쓰임새부터 제대
로 알아야 합니다.

as는 전치사, 부사, 접속사로 쓰입니다. 전치사는 '~로써', 부사는
'그만큼,' 접속사는 '~할 때,' '~라서,' '~만큼'이라는 뜻이 있죠. 앞서 살
펴본 as가 '시간'과 '이유'를 나타내는 접속사였다면, 여기서 살펴볼 품
사는 '대등함'을 나타내는 부사 as입니다. 다음 예문을 보면서 좀 더 자
세히 알아보도록 하죠.

You are as tall as he is.

너도 키가 그 사람
만해.

as가 두 개군요. 첫 번째는 부사, 두 번째는 접속사로 쓰였습니다. 부

사 as는 '~ 만큼'을 뜻하는 수식어이므로 대등한 다른 대상을 나타내는 말 없이도 단독으로 쓰일 수 있습니다. 가령 You are as tall.당신도 그만큼 키가 커요처럼 as 홀로 형용사tall를 수식할 수 있죠. 두 번째 as는 접속사로 쓰였기 때문에 「주어+동사」 구조의 절이 이어집니다. 예외적으로 목적격이 오거나You are as tall as him. 의미를 강조하기 위해 possible을 첨가하는 경우Please let me know as soon as possible.최대한 빨리 알려 주세요도 있지만, 대개 as ~ as… 구문은 이렇게 종속접속사처럼 쓸 수 있습니다.

「so+형용사+that+주어+동사」 형태의 that절도 명사절이 아닌 부사절로 쓰여 '너무 ~해서 …하다'라는 의미의 '결과'를 나타내죠. that 앞에 「형용사+명사」 형태가 오면 so 대신 such를 씁니다.

너무 피곤해서 손 하나 까딱 못하겠어.
I am so tired that I can't move at all.

이곳은 매우 근사한 곳이라 매일 수천 명의 사람들이 찾는다.
It is such a good place that thousands of people visit every day.

이 구문과 헷갈리기 쉬운 표현으로 so that이 붙은 형태와 so that 앞에 쉼표가 나오는 형태가 있는데요, 「so that+주어+동사」는 '~하기 위해서'라는 의미의 '목적'을, 「, +so that+주어+동사」는 '그 때문에, 그러므로, 그래서'라는 의미의 '결과'를 나타냅니다.

공항에 제시간에 도착하려고 일찍 일어났다.
I woke up early so that I could get to the airport on time.

나는 몸이 아파서 집에 있었다.
I was sick, so that I stayed home.

우주는 우주비행사들에게 위험한 곳입니다. 햇빛이 비칠 때는 푹푹 찌는 듯 덥거나 지구의 그늘에 가려질 때는 꽁꽁 얼어붙을 듯 추워질 수 있죠. 우주복은 비행사들이 우주에 나가 있을 때 이들을 보호해 줍니다. 튼튼하게 만들기 위해 이것들은 여러 층으로 제작되기 때문에 부피가 매우 크죠. 우주비행사들을 시원하게 유지할 수 있도록 그들이 우주선 바깥에서 작업하는 동안 우주복 아래 수관은 열을 운반합니다.

우주는 우주비행사들에게 위험한 곳입니다.

구문Tip 전치사 for

햇빛이 비칠 때는 푹푹 찌는 듯 더워지거나 지구의 그늘에 가려질 때는 꽁꽁 얼어붙을 듯 추워질 수 있죠.

구문Tip 동사 boil/freeze(현재분사형 형용사), 전치사구 in the sunshine/in the Earth's shadow

우주복은 비행사들이 우주에 나가 있을 때 이들을 보호해 줍니다.

구문Tip 접속사 when, 부사 out

튼튼하게 만들기 위해 이것들은 여러 층으로 제작되기 때문에 부피가 매우 크죠.

구문Tip 접속사 because, to부정사의 부사적 용법, 5형식 동사 make

우주비행사들을 시원하게 유지할 수 있도록 그들이 우주선 바깥에서 작업하는 동안 우주복 아래 수관은 열을 운반합니다.

구문Tip 5형식 동사 keep, to부정사의 부사적 용법, 접속사 while, 전치사 under

Expression Tip astronaut 우주 비행사 boil 끓다 freeze 얼다 spacesuit 우주복 out 출타[외출] 중인 bulky 부피가 큰 made of ~로 만든 layer 층 spacecraft 우주선 tube 관, 튜브 carry away ~을 운반해 가다

두 번째 문장에서는 알아 두면 유용한 표현들이 눈에 띄는군요. boiling 과 freezing은 각각 '푹푹 찌는 듯'과 '꽁꽁 얼어붙을 듯'을 뜻하는 현재 분사 형태의 형용사죠. '햇빛이 비칠 때는'과 '지구의 그늘에 가려질 때는' 은 접속사로 나타내기보다 전치사구 in the sunshine과 in the Earth's shadow를 써서 동사를 수식하는 부사로 나타내는 게 더 자연스럽습니다.

'비행사가 우주에 나가 있는 때'는 시간을 나타내는 접속사 when을 써 서 부사절 when they are out in space로 나타나면 되겠군요. 일반적인 사실을 나타내니 현재 시제를 써서 Spacesuits protect astronauts라고 하면 되고요.

'튼튼하게 만들기 위해 여러 층으로 제작했다'는 직접 원인을 나타내 므로 because를 쓴 부사절이 어울립니다. '튼튼하게 만들기 위해'는 to부 정사의 부사적 용법으로 해결하면 되죠. 주절의 주어는 앞에서 이미 언급 됐으니 대명사 these로 나타내 These are ~ because they are made of many layers to make them strong. 구조로 완성합니다.

'우주선 바깥에서 작업하는 동안 ~ 열을 운반한다'는 동시에 일어나 는 상황을 나타내므로 접속사 while을 써서 While they work outside the spacecraft로 종속절을 완성합니다. '우주복 아래에 있는'이 tubes of water를 수식하므로 주절의 주어는 tubes of water under the spacesuit 으로 나타내고 동사는 carry를 씁니다. 운반해서 다른 데로 가져간다는 의미이므로 부사는 away, 목적어는 heat을 쓰면 되고요. '우주비행사들 을 시원하게 유지할 수 있게'는 5형식 동사 keep을 써서 「keep+목적어the astronauts+목적격 보어cool」 형태의 to부정사구로 나타내면 됩니다.

Space is a dangerous place for astronauts. It can be **boiling** hot in the sunshine or **freezing** cold in the Earth's shadow. Spacesuits protect astronauts when they are out in space. These are very bulky because they are made of many layers to make them strong. To keep the astronauts **cool**, while they work outside the spacecraft, tubes of water under the spacesuit carry away heat.[40]

속속들이 뜯어보는 영단어

boil 의 핵심은 '끓기'입니다. 액체가 끓는다는 의미를 나타낼 때는 The water is boiling and bubbles are rising.물이 끓으면서 거품이 올라오고 있다.과 같은 1형식과 The chef told me to boil salted water first.요리사는 내게 소금을 넣은 물부터 끓이라고 말했다.와 같은 3형식을 만들죠.

'~을 끓는 물에 넣어 요리하다'라는 뜻도 있어 Boil the eggs for ten minutes so that they don't get overcooked.달걀이 너무 익지 않게 10분간 삶으세요.와 같은 3형식을 만들 수 있습니다. 또 '물을 끓이기 위해 용기에 열을 가하다'라는 의미로 쓰이면 The pot is boiling now.솥이 끓고 있어요.와 같은 1형식이나 Let me boil the kettle and make some tea for you.주전자에 물을 올려서 차 한 잔 대접할게요.와 같은 3형식을 만들 수 있죠.

화가 부글부글 끓어오른다는 의미로도 쓰여 My dad was boiling with anger when he found out that I had quit school.아버지는 내가 자퇴한 사실을 알게 되자 크게 노하셨다.과 같은 1형식을 만들 수 있습니다.

freeze 의 핵심은 '얼기' 입니다. 온도가 영하로 내려가 물체나 액체가 언다는 의미로 쓰이면 The lake has frozen to a depth of over half a meter.호수가 50센티미터 두께로 얼었다.와 같은 1형식과 The body froze solid.그 시체는 꽁꽁 언 상태였다.와 같은 2형식, The cold weather had frozen the clothes hanging on the washing lines.추운 날씨에 빨랫줄에 걸려 있던 옷이 얼어 버렸다.와 같은 3형식, 그리고 This year's cold spell has frozen the ground hard.올해 한파는 땅을 단단히 얼려 버렸다.와 같은 5형식을 만들 수 있죠.

음식을 오래 보관하려는 목적으로 냉동한다는 의미를 나타낼 때는 Some vegetables freeze faster than others.어떤 채소는 다른 채소보다 더 빨리 냉동된다.와 같은 1형식, Why don't we freeze the cake that is left over?남은 케이크는 냉동시키는 게 어떨까?와 같은 3형식을 만듭니다.

꽁꽁 얼 정도로 매우 추운 날씨를 묘사할 때도 쓰이는데요, 이때도 We are all freezing. Please close the window.우리 전부 추워 죽겠어요. 창문 좀 닫아 주세요.와 같은 1형식과 He was frozen to death on his way to the base camp.그는 베이스 캠프로 오다가 동사당했다.와 같은 3형식을 만들죠.

얼어붙는다는 의미도 있어 We froze with horror as the dead body moved.시체가 움직이자 우리는 공포로 얼어붙었다.처럼 공포나 긴장감으로 몸이 굳은 듯한 상태를 가리키거나 Wages have been frozen at the level of last year.임금이 작년과 같은 수준으로 동결되었다.처럼 가격이나 임금 등이 오르지 않고 고정된 상태를 가리키는 '동결'을 의미하기도 합니다.

cool

의 핵심은 '시원함'입니다. 온도를 낮춰 준다는 의미로 쓰이면 Leave the soup to cool for a while.스프가 식게 잠시 놔두세요.과 같은 1형식, I remember the evening breeze that cooled my face.나는 내 얼굴을 식혀 주던 그 저녁의 산들바람을 기억해.와 같은 3형식을 만들 수 있죠.

이 의미가 확대돼 열정과 감정을 식힌다는 뜻으로도 쓰여 His interest in this book seems to be cooling off.이 책에 대한 그의 관심이 식어가는 것 같아.처럼 나타낼 수 있습니다.

이외에 시장이나 사업 등이 예전만큼 빠르게 성장하지 않아 열기가 식어간다는 의미도 있어 He predicted that the housing market would cool off later this year.그는 올 후반기 주택 시장의 성장이 둔화될 것으로 전망했다.처럼 쓰이기도 하죠.

그는 불을 끄기 위해 발로 불꽃을 밟았지만 그 작은 불꽃들은 순식간에 번졌습니다. 하나를 밟으면 곧바로 다른 하나가 생겨났죠. "내가 호스를 가져올게." 스노우Snow 씨가 외쳤습니다. "이자벨Isabelle, 달려가서 물을 틀어라. 그런 다음 네 엄마한테 911에 신고하라고 말해." 이자벨과 제프Jeff는 물을 틀기 위해 달렸죠. 그들은 최대한 빨리 달렸습니다. 이자벨은 그것이 TV 뉴스에 나오는 산불처럼 커지고 사나워질 거라는 생각이 들었습니다.

그는 불을 끄기 위해 발로 불꽃을 밟았지만 그 작은 불꽃들은 순식간에 번졌습니다.

구문Tip 동사구 put out, 대등접속사 but

하나를 밟으면 곧바로 다른 하나가 생겨났죠.

구문Tip 접속사 as soon as

"내가 호스를 가져올게." 스노우 씨가 외쳤습니다. "이자벨, 달려가서 물을 틀어라. 그런 다음 네 엄마한테 911에 신고하라고 말해."

구문Tip 명령문, 5형식 동사 tell

이자벨과 제프는 물을 틀기 위해 달렸죠. 그들은 최대한 빨리 달렸습니다.

구문Tip to부정사의 부사적 용법, as + 원급 + as

이자벨은 그것이 TV 뉴스에 나오는 산불처럼 커지고 사나워질 거라는 생각이 들었습니다.

구문Tip 5형식 동사 imagine, 2형식 동사 grow, 전치사 like

Expression Tip stamp on ~을 짓밟다 flame 불길, 불꽃 quick 신속한, 잽싼 appear 나타나다 grab 재빨리 손에 넣다 yell 외치다 turn on ~을 켜다 tap 수도꼭지 fierce 사나운, 맹렬한

'밟다'는 어떻게 표현하면 될까요? 주로 step을 쓰지만 여기서는 불을 끄려고 세게 밟는 모습을 묘사하고 있으므로 stamp가 적절합니다. 자동사이기 때문에 전치사 on을 써야 하죠.

'~하면 곧바로'는 '~하자마자'라는 뜻이니 as soon as를 쓰면 됩니다. '여럿 중 불특정한 하나'는 one, '어떤 것과 같은 종류가 하나 더'는 another를 쓰는데요, 여기서는 flame을 수식하는 역할을 하니 As soon as he stamped on one flame, another flame appeared.라고 하면 되겠네요.

'가져오다'는 동사 take가 아닌 grab을 씁니다. 급박한 상황이기 때문에 손에 잡히는 대로 가져온다는 의미의 grab이 문맥에 더 어울리죠. '엄마한테 ~하라고 말하다'에서는 '지시 전달'을 뜻하는 동사 tell을 써서 5형식 구조의 Tell your mother to call 911.으로 완성합니다.

'최대한'은 '할 수 있는 만큼'과 같은 말이므로 as fast as they could 구문으로 해결하면 되겠군요. '물을 틀다'는 '수도꼭지를 틀다'를 뜻하는 turn on the tap으로 나타냅니다.

'~할 듯한 생각이 들다'는 동사 imagine이 어울립니다. 명확한 근거 없이 어떠할 것이라고 짐작한다는 의미로 주로 쓰이죠. 여기서는 5형식 구조인 Isabelle imagined it growing big and fierce ~로 나타내면 되겠네요. 불꽃이 '커지고 사나워지는' 상태를 표현하는 동사로는 '점점 늘거나 커지면서 변하다'를 뜻하는 2형식 동사 grow가 딱이군요.

He stamped on the flames to put them out, but the little flames were too quick. As soon as he stamped on one flame, another flame appeared. "I'll grab the hose," Mr. Snow yelled. "Isabelle, run and turn on the tap. Then tell your mother to call 911." Isabelle and Jeff ran to turn on the tap. They ran as fast as they could. Isabelle imagined it growing big and fierce like the forest fires on the TV news.[41]

속속들이 뜯어보는 영단어

stamp 의 핵심은 '찍기'입니다. 주로 도구를 이용해 인장이나 소인, 검인 등을 찍는다는 의미로 쓰여 Please check the sell-by date stamped on a carton of milk first.우유팩에 찍힌 유통기한을 확인하세요.처럼 나타낼 수 있죠. '눈에 띄는 자국을 남길 만큼 힘을 주어 발을 내려놓다'라는 의미도 있어 Should I stamp on that insect?저 벌레를 밟아야 할까?와 같은 1형식과 My daughter is stamping her foot and refusing to take a bath.딸이 발을 동동 구르면서 목욕을 안 하려고 한다.와 같은 3형식을 만듭니다.

보이진 않지만 영구적으로 강한 영향을 남긴다는 의미로도 쓰여 He tried to stamp his personality on the whole place.그는 사방에 자신의 개성을 남기려 했다.처럼 나타내기도 합니다. 얼굴에 감정이 확연히 드러날 때도 Hostility was stamped across his face.적대감이 그의 얼굴에 확연히 드러났다.처럼 표현할 수 있죠.

appear 의 핵심은 '나타남'입니다. 사물이나 사람이 나타난다는 의미일 때는 Have you seen new shoots appearing at its base?밑동에서 새싹 올라온 거 봤어요?처럼 나타내고, 없던 것이 나타나기 시작한다는 의미일 때는 Do you know when dinosaurs appeared on the earth?공룡이 지구에 언제부터 살았는지 아세요?처럼 나타낼 수 있죠.

영화나 연극에 등장한다는 의미도 있어 She has appeared in over 100 movies in the last three decades.그녀는 지난 30년 동안 100편 이상의 영화에 출연했다.처럼 쓰이거나 His new novel will be appearing next summer.그의 새 소설은 내년 여름에 출간될 것이다.처럼 책이 출판되거나 기사나 방송 등에 처음 등장한다는 의미를 나타내기도 합니다.

'~인 듯하다'라는 뜻의 '추측'의 의미로도 쓰입니다. 비슷한 의미의 seem과는 어감이 조금 다른데요, seem은 짐작하기에, appear은 겉으로 나타나기에 그런 듯하다는 의미상 차이가 있죠. 추측을 나타낼 때는 It appeared to us that we needed to do something.우리는 무언가를 해야 할 것만 같았다.과 같은 1형식, He may appear unfriendly to those who don't know about him.모르는 사람들한테는 그가 무뚝뚝해 보일 수 있죠.과 같은 2형식을 만듭니다. 주격 보어 자리에 to부정사가 나와 They appeared to have no idea about what was going on.무슨 일이 벌어지고 있는지 그들은 전혀 모르는 것 같았다.처럼 쓰이기도 하죠.

imagine

의 핵심은 '상상'입니다. 주로 아직 일어나지 않은 일을 머릿속에 그려 본다는 의미로 쓰여 Can you imagine walking into this haunted house alone?이 흉가에 혼자 걸어 들어가는 모습을 상상이나 할 수 있겠어?처럼 나타내죠.

이 의미가 확대돼 '근거 없이 ~라고 생각하다'라는 뜻으로도 쓰입니다. 이때는 I imagined that the contract was made under threat of violence.난 그 계약이 폭력으로 위협해서 성사된 거라고 생각했어.와 같은 3형식, I imagined him to be the smartest man in the world.나는 세상에서 그가 가장 똑똑한 남자라고 생각했다.와 같은 5형식을 만들죠.

또는 '상상에 기반하므로 사실이 아니다'를 뜻하기도 하는데요, 가령 We have never heard of that story—You must have imagined it!우린 그런 이야기를 들은 적이 없어. 분명 네가 상상한 거겠지.과 같은 맥락에서 쓰여 '터무니없는 허구'를 의미하기도 하죠.

Write Yourself Task 03

에베레스트 산에 도달하기 위해 탐험대는 190마일을 걸어야 합니다. 하나뿐인 길은 너무 좁아서 한 명씩 걸어야 하죠. 이들이 그 산까지 도달하는 데만 한 달이 넘게 걸릴 겁니다! 그 길은 정글에서 시작합니다. 날씨는 불쾌할 정도로 덥죠. 얼마 안 가 모두들 뻘뻘 땀을 흘립니다. 이들이 곧 파카와 설장화를 착용하게 되리라는 것을 믿기 어렵죠.

에베레스트 산에 도달하기 위해 탐험대는 190마일을 걸어야 합니다.

구문Tip to부정사의 부사적 용법, 조동사 must

하나뿐인 길은 너무 좁아서 한 명씩 걸어야 하죠.

구문Tip so + 형용사 + that, have to

이들이 그 산까지 도달하는 데만 한 달이 넘게 걸릴 겁니다!

구문Tip 4형식 동사 take, to부정사의 명사적 용법

그 길은 정글에서 시작합니다. 날씨는 불쾌할 정도로 덥죠.

구문Tip 1형식 동사 begin, 비인칭주어 it

얼마 안 가 모두들 뻘뻘 땀을 흘립니다.

구문Tip 현재진행형

이들이 곧 파카와 설장화를 착용하게 되리라는 것을 믿기 어렵죠.

구문Tip 명사절 접속사 that 생략, 가주어/진주어, 미래진행형

Expression Tip reach ~에 도달하다 expedition 탐험[원정](대) path 길 narrow 좁은 march 행진하다 one by one 하나씩, 차례로 more than ~이상 just 단지, 다만 get to ~에 도착하다 sweltering 무더운 soon 곧 drip 뚝뚝 떨어지다 sweat 땀 parka 파카(후드 달린 방수·방풍용 상의)

HOW TO WRITE

'에베레스트산에 도달하기 위해'는 '목적'을 뜻하는 to부정사의 부사적 용법을 쓰면 되겠군요. For reaching Everest라고 하면 안 됩니다. 동명사는 연속/상태/과거를 나타내니 미래의 일을 암시하는 이 문맥에는 어울리지 않죠. '190마일을 걸어야 한다'는 당위를 나타내려면 어떤 조동사를 써야 할까요? should는 그렇게 하는 것이 '바람직하다'를, have to는 그렇게 하는 것이 '필요하다'를, must는 그것 말고는 선택권이 없음을 뜻하므로 여기서는 The expedition must walk ~로 써야 합니다.

'너무 ~해서 …하다'는 원인과 결과를 나타내는 「so+형용사+that절」을 쓰면 되겠네요. 똑같은 자세로 한 명씩 순서대로 걸어가는 모습을 묘사하고 있으니 동사 march가 어울리고요. '시간이 걸리다'는 동사 take를 씁니다. take는 3형식It takes a hour to get to the station.역까지 가는 데 1시간이 걸린다, 4형식It takes me a hour to get to the station.내가 역까지 가는 데 1시간이 걸린다 문장을 만드는데요, 여기서는 4형식 문장 It will take them more than a month just to get to the mountain!으로 나타냅니다.

'땀을 흘리다'는 동사 sweat을 써도 되지만, 이 문맥에서처럼 땀이 떨어지는 모습을 묘사할 때는 '(물방울이) 떨어지다'를 뜻하는 동사 drip을 씁니다. 단, 어떤 물방울인지를 구체화하려면 전치사 with를 써야 하죠.

마지막 문장은 주어가 길기 때문에 가주어 it을 씁니다. 진짜 주어 to believe의 목적어는 that절로 나타내고요. '착용하게 되리라'는 미래의 한 시점에 일어나고 있을 일을 묘사하는 미래진행형 「will+be ~ing」로 나타내는데요, 행동의 진행이 아닌 상태가 얼마간 지속됨을 의미합니다.

To reach Everest, the expedition must walk one hundred and ninety miles. The only path is so narrow that they have to march one by one. It will take them more than a month just to get to the mountain! The path begins in a jungle. It is sweltering. Soon everyone is dripping with sweat. It is hard to believe they will soon be wearing parkas and snow boots.[42]

속속들이 뜯어보는 영단어

march 의 핵심은 '결의에 찬 걸음'입니다. 굳은 결심을 하고 빠르게 전진하는 모습을 묘사할 때는 He marched up to her and kissed her passionately. 그는 그녀에게 돌진해 열정적인 키스를 퍼부었다. 처럼 나타내고, 공공장소에서 시위하며 행진하는 모습을 묘사할 때는 Millions of people marched in protest against the proposed new plan. 수백만 명이 새로 제안된 계획에 반대하는 시위를 벌였다. 처럼 나타낼 수 있죠. 행군하듯 규칙적인 보폭으로 절도 있게 걷는 모습을 묘사할 때도 The soldiers marched 30 miles every day. 군인들은 매일 30마일을 행군했다. 처럼 쓰일 수 있습니다.

이외에 My mother gripped my arm and marched me off to his office. 엄마는 내 팔을 잡고 그의 사무실로 끌고 갔다. 와 같이 누군가를 붙잡고 강제로 끌고간다는 의미로도 쓰이죠.

sweltering 의 핵심은 '무더위'입니다. 의미가 유사한 hot, stifling, scorching 등과는 뉘앙스가 조금 다른데요, sweltering은 불쾌지수가 오를 정도로 덥다는 의미가 있어 He stayed in the cottage despite the sweltering heat. 그는 불쾌한 더위에도 불구하고 그 오두막에 머물렀다. 처럼 쓰이죠.

hot은 단순히 온도가 높다는 의미로 쓰여 Could you turn down the air conditioner? It is too hot. 에어컨 온도 좀 내려 주시겠습니까? 너무 덥네요. 처럼 나타내고, stifling은 No one would bear such stifling heat.이런 숨막히는 더위는 누구도 견딜 수 없을 것이다.처럼 숨이 막힐 듯 답답함이 느껴지는 더위를 나타냅니다. scorching은 Another scorching summer day is waiting for us. 올여름도 불볕더위가 기승을 부릴 거야.처럼 바짝 마를 만큼 타는 듯한 더위를 의미하죠.

drip

의 핵심은 '방울져 떨어짐'입니다. 땀, 물, 피, 기름 등의 액체가 방울져 흐르거나 뚝뚝 떨어지는 모습을 묘사할 때 주로 쓰이죠. 1형식을 만들 때는 주로 전치사 with와 함께 쓰여 He is dripping with sweat.그는 땀을 뚝뚝 흘리고 있다. 또는 Her fingers are dripping with blood.그녀의 손가락에서 피가 뚝뚝 떨어지고 있다.처럼 나타냅니다. 또는 목적어를 취해 The candle is dripping wax.초에서 촛농이 뚝뚝 떨어지고 있다.와 같은 3형식도 만들 수 있죠.

분사구문으로 만드는 부사

분사구문은 주절과 부사절의 주어가 같을 때 부사절의 접속사와 주어를 생략하고 동사를 분사구로 바꾼 형태를 말합니다.

ⓐ **When he arrived home**, he unpacked his suitcase.
ⓑ **Arriving home**, he unpacked his suitcase.

그는 집에 도착해
짐을 풀었다.

ⓐ에서는 부사절과 주절의 주어 he가 반복되고 있죠? 문맥상 전후 관계를 나타내니 '시간'을 나타내는 접속사 when을 썼고요. 이렇게 주어가 같고 문맥상 앞뒤 절의 논리적 관계를 쉽게 파악할 수 있다면 접속사와 주어를 생략하고 ⓑ처럼 동사를 분사 형태로 바꿀 수 있습니다. 분사구문은 굳이 왜 쓰냐고요? 부사절의 군더더기를 없애고 핵심만 전달하는 간결함이 매력이기 때문이죠.

분사구문은 접속사를 살린 분사구문, 수동태 분사구문, 대등접속사 and가 생략된 분사구문으로 나눕니다. 접속사를 살린 분사구문은 말 그대로 접속사를 없애지 않고 분사구문 앞에 그대로 두는 형태로, 앞뒤 절의 논리 관계가 모호하거나 반대로 강조하고 싶을 때 주로 쓰이죠.

Once you start, you won't be able to stop it.
→ **Once starting**, you won't be able to stop it.

일단 시작하면 너는
그것을 멈출 수 없을
거야.

수동태 분사구문은 부사절이 수동태일 때 쓰이는 형태를 말합니다. 쉽게 말해 수동태의 be동사를 분사형으로 바꾼 형태를 가리키죠. 이때 being은 굳이 표기하지 않고 생략하는 경우가 많습니다.

수동태

이번 플레이오프에서 졌기 때문에 그의 팀은 다음 시즌까지 기다려야 해.

Because his team was defeated in the playoffs, his team has to wait for the next season.

분사구문

→ (Being) defeated in the playoffs, his team has to wait for the next season.

대등접속사가 생략된 분사구문은 주의해야 합니다. 교과서 영어에서는 종속접속사로 연결된 문장의 분사구문을 집중적으로 가르치지만 실제론 대등접속사 and로 연결된 문장을 분사구문으로 바꾼 형태가 더 흔히 쓰이죠.

'그리고 나서'

줄리아는 문을 열어 나를 안으로 들였다.

Julia opened the door and she let me inside.

→ Julia opened the door, letting me inside.

and로 연결된 두 문장도 주어가 같으면 분사구문으로 나타낼 수 있습니다. 게다가 '그리고, 그래서, 그러고 나서' 등 워낙 뜻이 다양하기 때문에 다양한 문맥에서 종속접속사 대신 쓰일 수 있죠. 또 문장 전체를 가리키는 it이 대등접속사 and가 쓰인 문장의 주어일 때도 다음과 같이 분사구문으로 바꿀 수 있습니다.

'그래서'

날씨가 궂어서 도로 공사를 끝내는 건 불가능했다.

The weather was terrible, and it made it impossible to complete the road construction.

→ The weather was terrible, making it impossible to complete the road construction.

열대우림 나무들의 수관, 즉 정상 부분, 들은 너무나 넓고 두툼하게 자라 마치 우산 같은 역할을 해 빗물의 많은 부분이 아예 지면에 닿지 못하게 하죠. 이들은 또한 대부분의 햇빛은 차단해 숲의 지면을 어두침침하고 신비롭게 만들어 버립니다. 정글은 열대우림에서 가장 울창한 지역이에요. 식물들이 너무나 가까이 함께 뒤엉켜 자라서 당신이 이것들을 뚫고 나갈 수 있는 유일한 방법은 마구 잘라 새로운 길을 내는 것이죠.

열대우림 나무들의 수관, 즉 정상 부분, 들은 너무나 넓고 두툼하게 자라 마치 우산 같은 역할을 해 빗물의 많은 부분이 아예 지면에 닿지 못하게 하죠.

구문Tip or 동격수식, so~that 구문, 2형식 동사 grow, 현재분사 수식, stop A from ~ing

이들은 또한 대부분의 햇빛은 차단해 숲의 지면을 어두침침하고 신비롭게 만들어 버립니다.

구문Tip 대등접속사 생략 분사구문, 5형식 동사 make

정글은 열대우림에서 가장 울창한 지역이에요.

구문Tip 최상급 만들기

식물들이 너무나 가까이 함께 뒤엉켜 자라서 당신이 이것들을 뚫고 나갈 수 있는 유일한 방법은 마구 잘라 새로운 길을 내는 것이죠.

구문Tip 2형식 동사 grow, so~that 구문, 전치사 by

Expression Tip crown 수관 top 정상부분 rainforest 열대우림 thick 두툼한 ground 지면 shade out (빛을) 차단하다 floor 지면 murky 어두침침한 tangled 뒤엉킨 get through 뚫고 나가다 hack 마구 자르다 path 길

HOW TO WRITE

'정상 부분'이 '수관'을 꾸며주고 있죠. 수식어는 수식 대상에 가까이에 있는 것이 좋습니다. 그래서 첫 문장은 'The crowns, or tops, of rainforest trees'로 시작하면 좋겠네요. 술부는 '너무~해서 ~하다'의 'so~that' 구문을 활용해 grow so wide and thick that they act like umbrellas를 제안합니다.

여기서 주목할 점은 '빗물의 많은 부분이 아예 지면에 닿지 못하게 한다'가 앞 문장 전체를 주어로 받고 있기 때문에, and it stops much of the rain from reaching the ground와 같은 대등접속사로 연결되고, 이 경우 대부분 분사구문의 구조를 가지게 됩니다. 두 번째 문장도 마찬가지로 '대부분의 햇빛은 차단한다'가 뒤 문장의 주어가 되니, They also shade out most of the sunlight, making (=and it makes) the forest floor murky and mysterious.로 표현할 수 있겠네요.

마지막 문장에서도 'so~that'이 필요합니다. '너무나 가까이 함께 뒤엉켜 자라서'를 grow so closely tangled together that'로 부사인 closely와 together가 과거분사 형태의 형용사인 tangled을 꾸며주고 tangled는 2형식 동사 grow의 주격보어 자리에 들어갑니다. 첫 문장과 마찬가지로 grow의 '~(자라게) 되다'의 뜻 중 자람이 더욱 부각되는 구조입니다.

The crowns, or tops, of rainforest trees grow so wide and thick that they act like umbrellas, stopping much of the rain from reaching the ground. They also shade out most of the sunlight, making the forest floor murky and mysterious. Jungles are the thickest parts of a rainforest. The plants grow so closely tangled together that the only way you can get through them is by hacking out a new path.[43]

속속들이 뜯어보는 영단어

act

의 핵심은 '행동, 작용'입니다. 주로 like 또는 as if와 함께 쓰여 특정 행동을 나타내는데요. 가령 You should act like adults.어른답게 처신하세요. 또는 He acts as if he were a millionaire.그는 마치 백만장자나 된 것처럼 행동한다.처럼 나타낼 수 있습니다. 이 의미가 확대돼 "연기하다'라는 뜻으로도 쓰여 He has acted in play before.그는 전에 연극을 한 적이 있어요.와 같은 1형식, She acted the role of the queen.그녀는 왕비 역을 맡았다.와 같은 3형식을 만들죠.

이외에도 문제를 해결하기 위해 행동을 취한다는 의미로 쓰여 Lifeguards acted quickly to rescue drowning swimmers.안전요원들은 물에 빠진 수영객을 구하기 위해 재빠르게 움직였다.처럼 나타내기도 합니다.

또한 '작용하다', 즉 특정한 효과를 보인다는 의미로 쓰여 We are trying to figure out how this drug acts in the body.우리는 이 약이 체내에서 어떻게 작용하는지 알아내려고 노력 중이다.처럼 나타낼 수도 있습니다.

shade

의 핵심은 '그늘'과 '변화'입니다. 빛이 닿지 않도록 막아 그늘을 만든다는 의미로, Old city streets were completely shaded by newly-built skyscrapers.오래된 도시 골목이 새로 지은 고층 빌딩으로 완전히 그늘져 있었다.라고 하거나, 펜슬이나 유사 도구를 이용해 음영을 넣는다는 의미로, Why is this part of the painting shaded?왜 그림의 이 부분에 음영을 넣었을까요?라고 할 수 있죠.

Shade는 특정한 대상이 점차적으로 변화해 간다는 의미도 있죠. His dislike of woman has shaded into misogyny.그의 여성에 대한 반감은 점차 여성 혐오증으로 변했다.라고 합니다. 두 대상 간의 분명한 구분선 없이 번져 간다는 뜻도 있어, The leaf is bright red at its base, shading into dark brown at its tip.잎 아래의 밝은 붉은색은 끝으로 갈수록 암갈색으로 번져갔다.라고 할 수 있죠.

hack

의 핵심은 '마구 자르기'입니다. 물리적으로 어떤 대상을 마구 잘라낸 다는 의미로, We hacked at the bushes and ventured into the unknown.우리는 덤불을 헤쳐 나가면 미지의 세계로 들어갔다.와 같은 1형식, It bothered me a lot to see a butcher hacking off a chunk of meat.푸줏간 직원이 고깃덩어리를 마구 자르는 것을 보는 게 너무 힘들었다.와 같은 3형식을 만들죠.

자료를 마구 잘라내거나 하여 엉망으로 만들어 놓는다는 의미로 컴퓨터 해킹의 뜻도 있어, Computer hacking has become so widespread that each country is seeking cooperation with Interpol.컴퓨터 해킹이 너무나 팽배해져 각 국가들은 국제경찰과의 공조를 꾀하고 있다.와 같은 1형식, A man hacking the top-secret government data was arrested yesterday.정부의 극비 자료를 해킹한 남자가 어제 체포되었다.와 같은 3형식을 만듭니다.

축구와 같은 스포츠 경기에서 슛을 최전방에서 잘라 내듯이 걷어찬다는 의미도 있어, He managed to hack the ball away.그는 간신히 공을 걷어 차 냈다.라고 하거나, 가시덤불을 헤쳐 나가듯이 특정한 상황을 헤쳐 나간다는 의미가 있어, Innumerous people have left this job because they couldn't hack it.이 일을 감당하기 힘들어 셀 수없이 많은 사람들이 여기를 떠났죠.라고 할 수 있죠.

해안은 다양한 방식으로 우리의 보호와 보전을 필요로 합니다. 각각의 해안은 고유한 서식지이며, 한번 사라지면 다시는 회복되지 못할 수 있습니다. 육지와 바다 두 곳 모두에서 발생한 오염 등의 문제들로 인해 해변은 중간에 갇혀 필요 이상의 보살핌이 필요하죠. 간혹 고래가 해변가로 올라오는데, 이것은 어쩌면 오염으로 인해 병이 든 것인지도 모릅니다. 이들을 구하려는 노력들이 늘 성공하지는 않죠.

해안은 다양한 방식으로 우리의 보호와 보전을 필요로 합니다.

구문Tip 부사구 in many ways

각각의 해안은 고유한 서식지이며, 한번 사라지면 다시는 회복되지 못할 수 있습니다.

구문Tip 접속사(once)를 살린 분사구문, 조동사 may

육지와 바다 두 곳 모두에서 발생한 오염 등의 문제들로 인해 해변은 중간에 갇혀 필요 이상의 보살핌이 필요하죠.

구문Tip 전치사 with, 동사 come(현재분사), 전치사구 in the middle

간혹 고래가 해변가로 올라오는데, 이것은 어쩌면 오염으로 인해 병이 든 것인지도 모릅니다.

구문Tip 2형식 동사 get, 접속사 because

이들을 구하려는 노력들이 늘 성공하지는 않죠.

구문Tip to부정사의 형용사적 용법

Expression Tip seashore 해안 conservation 보호, 보존 unique 유일무이한, 고유의 habitat 서식지 gone 끝난, 사라진 return 돌아오다 such as ~와 같은(예를 들어) come from ~에서 나오다[생기다] stuck ~에 갇힌 extra 필요 이상의, 특별한 strand (육지로 밀려와) 오도 가도 못하게 하다 be ill from ~로 인해 병들다

두 번째 문장이 좀 복잡하군요. '각각의 해안은 고유한 서식지이다,' '일단 (해안이) 사라지면,' '(그 해안은) 회복될 수 없다'는 모두 주어가 같죠? 그럼 분사구문으로 간결하게 만들 수 있겠네요. 첫 번째는 Each shore is a unique habitat라는 2형식으로 간단히 해결됩니다. 두 번째는 '한번 ~ 하면'을 뜻하는 종속접속사 once를 써서 부사절로 표현하면 once it is gone이 되는데, 중복되는 주어와 be동사를 생략하고 접속사를 살리면 once gone만 남는 분사구문이 되죠.

'오염 등의 문제들로 인해'가 원인을 나타내긴 하지만 여기서 because of나 due to를 쓰면 어색합니다. 저라면 전치사 with를 쓸 텐데요, 문맥상 이 문제들이 직접적인 원인이라기보다 '문제들을 지닌 채' 중간에 끼인 처지를 나타내기 때문입니다. with 구문을 문두로 도치하면 problems를 강조하는 효과도 거둘 수 있죠. '~에서 발생한 오염'에서는 pollution이 동작의 주체를 나타내므로 능동 관계를 나타내는 현재분사 pollution coming from으로 수식 구조를 표현하면 되겠군요.

수동태에서 be동사 대신 get을 쓰면 '(좋지 않은 일을) 당하다'라는 의미를 나타낼 수 있습니다. 그러면 고래가 육지로 떠밀려와 꼼짝 없이 고립되는 상황에 처하는 안타까운 장면이 머릿속에 그려지겠죠?

'이것은 어쩌면'은 어떻게 표현할까요? 놀랍게도 쉼표 하나로 해결됩니다. 종속접속사 앞에 쉼표를 쓰면 종속접속사가 수식한정적이 아닌 보충 설명서술적하는 역할을 하죠. 가령 He won the prize because he had worked hard.는 '그는 열심히 일해서 상을 받았다'이지만, He won the prize, because he had worked hard.는 '그는 상을 받았다. 이는 그가 열심히 일했기 때문이다'로 해석할 수 있습니다.

Seashores need our protection and conservation in many ways. Each shore is a unique habitat, and once gone, it may never **return**. With problems such as pollution coming from both the land and the sea, seashores are **stuck** in the middle and need extra care. Whales sometimes get stranded on beaches, perhaps because they are ill from pollution. Efforts to **save** them do not always succeed.[44]

속속들이 뜯어보는 영단어

return 의 핵심은 '되돌아옴'입니다. 사람이 복귀하거나 귀환한다는 의미로 쓰이면 How long have you waited for your son to return? 아들이 돌아오기를 얼마나 오래 기다렸나요?처럼 나타내고 사물을 원래 있던 자리로 되돌려놓는다는 의미로 쓰이면 I returned the book that I had borrowed last month to the library.지난달에 빌린 책을 도서관에 반납했다.처럼 나타낼 수 있죠. 또한 어떤 감정이나 상태가 다시 돌아온다는 뜻으로도 쓰여 This pain can be managed but not cured, so it can return anytime.이 통증은 관리할 수는 있지만 치료가 안 돼 언제든 재발할 수 있다.처럼 나타낼 수 있습니다.

이외에도 되돌려 보낸다는 의미로 쓰여 He never returns my request.그는 나의 요청을 반려하는 법이 없다.처럼 나타내거나 유사한 행동과 방식으로 되돌려준다는 의미로 쓰여 Do you think you can return her love? 그녀의 사랑에 화답할 수 있을 거라고 생각해요?처럼 나타내기도 하죠.

stick 의 핵심은 '막대기'와 '달라붙기'입니다. 주로 막대기처럼 특정 방향으로 튀어나온 모습에 비유해 The letter was sticking out of her handbag. 편지가 그녀의 가방에서 삐죽 나와 있었다.과 같은 1형식과 Don't stick out your tongue—it is rude.혀를 내밀지 마. 무례한 행동이니까.와 같은 3형식을 만들죠.

또는 막대기처럼 길거나 뾰족한 것을 어딘가에 찔러 넣거나 찔리는 것을 나타내 A rose thorn stuck in my hand.손에 장미 가시가 박혔어요.와 같은 1형식, Could you stick the needle into my left arm?주사를 왼쪽 팔에 놔주시겠어요?과 같은 3형식을 만들기도 합니다.

'달라붙기'라는 뜻으로 쓰일 때도 The sauce stuck to the pan. You should have stirred it.소스가 펜에 들러붙었잖아. 소스를 저었어야지.과 같은 1형식, His car was stuck in the mud.걔 차가 진탕에 빠졌어.와 같은 3형식을 만듭니다. 또는 어려운 상황에서도 끝까지 들러붙는다는 의미로 쓰여 You can't stick with this job any longer.네가 이 직장에 더 이상 붙어 있을 순 없어.와 같이 '참아내다'를 뜻하기도 하죠.

이외에 아무렇게나 놓는다는 뜻도 있어 Why don't you stick your coat there and come up to the fire?외투는 거기 대충 두고 여기 난롯가로 오세요.처럼 나타내기도 합니다.

save

의 핵심은 '구함'과 '아낌'입니다. 사람을 위험에서 구조한다는 의미로 쓰이면 He saved his son from drowning.그는 물에 빠진 아들을 구조했다.처럼 나타내고 어떤 상황이나 상태에서 구제한다는 의미로 쓰이면 Despite their efforts to save the failing marriage, they ended in divorce last month.파경으로 치닫는 결혼 생활을 구제하려는 노력에도 불구하고 결국 그들은 지난달 이혼했다.처럼 나타낼 수 있죠.

훗날을 위해 함부로 쓰지 않고 보관하거나 소중히 여긴다는 의미의 '아낌'을 뜻할 때는 He is saving up for a new house.그는 새집을 사기 위해 저축을 하고 있다.와 같은 1형식, She saved all her letters so that she could remember her fun days.그녀는 즐거웠던 시절을 기억하려 모든 편지를 아껴 두었다.와 같은 3형식, Could you please save me a seat?제 자리를 좀 맡아 주시겠어요?과 같은 4형식을 만들 수 있습니다.

시간이나 돈, 노력 등을 헤프게 쓰지 않는다는 의미의 '아낌'을 뜻할 때는 I think we will save time if we take the train.기차를 타면 시간을 아낄 수 있을 거야.과 같은 3형식, Your help has saved me a lot of work.도와주셔서 제 일이 크게 줄었어요.와 같은 4형식을 만들죠.

일부 파충류 성체는 자신들의 알을, 그리고 알들이 부화하면 자신들의 새끼를 보호합니다. 하지만 대다수 파충류는 안전한 장소에 자신들의 알을 낳고 스스로 살아가도록 새끼들을 그냥 내버려 둡니다. 야간에 거북이들은 해변에서 구덩이 안에다 자신들의 알을 낳습니다. 새끼 거북이들이 부화하면 바다로 내달리죠. 그들은 잡아 먹히기 전에 바다에 닿으려 애쓰며 최대한 빨리 달려갑니다.

일부 파충류 성체는 자신들의 알을, 그리고 알들이 부화하면 자신들의 새끼를 보호합니다.

구문Tip 접속사 when

하지만 대다수 파충류는 안전한 장소에 자신들의 알을 낳고 스스로 살아가도록 새끼들을 그냥 내버려 둡니다.

구문Tip 3형식 동사 lay, 5형식 동사 leave

야간에 거북이들은 해변에서 구덩이 안에다 자신들의 알을 낳습니다.

구문Tip 전치사 at/in/on

새끼 거북이들이 부화하면 바다로 내달리죠.

구문Tip 접속사 when, 전치사 to

그들은 잡아 먹히기 전에 바다에 닿으려 애쓰며 최대한 빨리 달려갑니다.

구문Tip as + 원급 + as, 동사 try(현재분사), 2형식 동사 get

Expression Tip reptile 파충류 hatch 부화하다 lay (알을) 낳다 fend for oneself 자활하다, 홀로 꾸려나가다 burrow 굴 dash 돌진하다 reach ~에 도달하다

HOW TO WRITE

'대다수 파충류는 ~ 스스로 살아가도록 새끼들을 그냥 내버려 둔다'에 서는 '~가 …하도록 내버려 두다'라는 의미의 5형식 동사 leave를 쓰면 됩 니다. 목적어 the babies 뒤의 목적격 보어 자리에는 to부정사를 써서 to fend for themselves로 나타내면 되고요.

그다음 문장에서는 '밤에', '해변에서', '구덩이 안에다' 등의 전치사구가 줄지어 나오는데요, 각각 at night, on the beach, in burrows로 옮기고 화자가 중요하게 생각하는 순서대로 나열하면 됩니다. 시간에 초점을 둔 다면 Turtles lay their eggs at night in burrows on the beach. 정도가 적당하겠군요.

마지막 문장은 접속사를 생략한 분사구문으로 간결하게 나타낼 수 있 습니다. 원래 baby turtles를 가리키는 대명사 they를 주어로 한 두 문 장, 즉 they run as fast as they can과 they are trying to reach the sea before they get eaten로 나뉠 수 있는데요, 문맥상 동시 상황을 나타내는 접속사 while/as가 어울리겠군요. 중복되는 뒤 문장의 주어를 생략하고 두 문장의 논리적 관계도 짐작 가능하니 접속사와 be동사까지 생략해 분사구 문으로 간결하게 줄이면 trying to reach the sea before they get eaten 가 they를 수식하는 구조가 되죠. before 부사절에서는 주어가 자신의 의 지에 반해 잡아 '먹히는' 상태에 놓이는 것을 나타내므로 수동태를 써서 get eaten으로 표현합니다.

Some reptile parents protect their eggs and their babies when they hatch. But most reptiles lay their eggs in a safe place and just leave the babies to fend for themselves. Turtles lay their eggs at night in burrows on the beach. When the baby turtles hatch, they dash to the sea. They run as fast as they can, trying to reach the sea before they get eaten.[45]

속속들이 뜯어보는 영단어

hatch 의 의미는 '알'과 관련이 있습니다. 가령 We put the eggs in a warm place and the birds hatched the next morning.우리는 알을 따뜻한 장소에 뒀고 새는 이튿날 아침에 부화했다.처럼 새끼가 알을 깨고 나온다는 의미로 쓰일 때는 1형식을 만들죠. 또 Where do you think the eggs are best hatched?알을 어디에 둬야 제일 잘 클까요?처럼 알을 품어 새끼를 부화시킨다는 의미로 쓰일 때는 3형식을 만듭니다.

알을 품고 있는 모습에 빗대 비밀스럽게 어떤 일을 꾸민다는 의미로도 쓰여 Is this a little plan that you and your confederates hatched up last night?이게 너랑 네 일당이 어젯밤에 작당한 일이야?처럼 나타내기도 하죠.

lay 의 핵심은 '놓음'입니다. 조심스럽게 놓는다는 의미로 쓰이면 I tried to lay the baby on the sofa.나는 소파 위에 조심스럽게 아기를 내려놓으려 했다.처럼 나타내거나 아래에 내려놓는다는 의미로 쓰이면 Workers are digging up the road to lay cables.케이블을 깔기 위해 일꾼들이 땅을 파고 있다.처럼 나타낼 수 있죠. 또 넓게 펼쳐서 깔아 둔다는 의미로 쓰이면 Seaweeds are being laid to dry on the floor.해초를 바닥에 널어놓고 말리는 중이에요.처럼 나타낼 수 있습니다.

이외에도 내려놓듯 알을 낳는다는 의미를 나타내 What is the name of a bird that lays its eggs in other birds' nests?다른 새의 둥지에 자신의 알을 낳는 새의 이름이 뭐죠?처럼 쓰이거나 돈 등을 건다는 의미를 나타내 I think he will be fired soon, but I would not lay money on it.그 사람 곧 해고될 것 같아. 그렇다고 돈을 걸겠다는 건 아니고.처럼 쓰이기도 합니다.

또한 세부적인 내용을 준비한다는 의미로 쓰여 He began to lay his plans for attack.그는 공격 계획을 짜기 시작했다.처럼 나타내거나 비난, 책임 등을 전가한다는 의미로 쓰여 He is always trying to lay the blame on his friends.그는 늘 친구들 탓으로 돌리려 한다.처럼 나타내기도 하죠.

try

의 핵심은 '시도'입니다. 시도를 하거나 노력해 본다는 의미로 쓰이면 If I can't make it this time, I will try again.이번에 해내지 못하면 한 번 더 시도할 거야.과 같은 1형식과 He kept trying to prove his innocence but it didn't work.그는 계속 무죄를 입증하려 했지만 잘되지 않았다.와 같은 3형식을 만들 수 있습니다. 시험 삼아 한번 해본다는 의미로 쓰이면 Try using a different color.다른 색을 한번 써 보세요.와 같은 3형식을 만들죠.

이외에 법정에서 유무죄를 가리기 위해 피고나 관련 증거를 조사한다는 뜻도 있어 The case is going to be tried by the end of the week.이번주에 이 사건의 공판이 있을 예정입니다.처럼 쓰이기도 합니다.

전치사구로 만드는 부사

    부사로 쓰이는 전치사구는 수식 기능을 하는 구와 절 중에서도 쓰임새가 가장 폭넓습니다. 그럼에도 전치사구가 어떤 방식으로 부사로 쓰이는지에 대해서는 설명을 찾아보기가 어렵죠. 그런 의미에서 이번에는 부사 역할을 하는 전치사구를 집중적으로 살펴보려고 합니다. 전치사구는 먼저 문맥을 정확하게 이해하는 것이 중요한데요, 다음 우리말을 영어로 바꿔 보면서 좀 더 자세히 알아보도록 하죠.

    ⓐ 그는 조심해서 이 물건을 다루었다.
    ⓑ 그는 집을 몰래 빠져나갔다.

    ⓐ는 영어로 어떻게 바꿀까요? He handled this thing carefully. 일까요? He handled this thing with care.일까요? carefully와 with care 모두 품사는 부사이지만 carefully가 with care에 비해 주의의 강도가 더 높습니다. with great care 정도면 비슷하겠네요. 같은 부사라도 이처럼 뉘앙스가 조금씩 다르기 때문에 영작을 할 때는 신중하게 단어를 골라 써야 합니다.

    ⓑ에서는 '몰래 빠져나갔다'를 어떻게 옮길지가 관건입니다. 보통 '나갔다'를 동사로, '몰래'를 부사로 표현하는 경우가 많은데요, 실상은 정반대입니다. 결론부터 말하면 He sneaked out of the house.라고 하죠. 동사 sneak은 '몰래 이동하다'를 뜻합니다. '나가다'는 뜻밖에도 전

치사구 out of로 해결할 수 있죠. 참고로 out of의 반대 개념은 into입니다. 가령 '그의 고양이가 그를 따라 방으로 들어왔다'를 영어로 옮긴다면 His cat followed him into the room.이라고 하면 됩니다.

전치사구, 하면 빠뜨릴 수 없는 형태가 일명 '동시 상황의 with' 구문입니다. 교과서 영어로 한 번쯤은 접해 봤을 용법이기도 하지만 일상영어에서 자주 쓰이는 표현이기도 하죠. 동시 상황의 with 구문은 「with + 명사 + 수식어」 형태의 부사구를 말하는데요, 보통 '~이 …한 채로'라고 해석합니다. 가령 '그는 다리를 꼰 채 자신감 있는 미소를 지어 보였다'를 영어로 옮길 경우 장황하게 문장을 늘릴 필요 없이 동시 상황의 with 구문을 써서 He was throwing a confident smile with his legs crossed.라고 하면 간결하게 표현할 수 있죠. 이때 수식어 자리에는 주로 분사가 들어갑니다.

전치사구 관용 표현을 제대로 활용하면 자연스러운 원어민 영어를 구사할 수 있습니다. 가령 우리는 '위기가 닥쳤을 때'를 영어로 옮길 때 대개 when으로 문장을 시작하지만 원어민들은 간단하게 in times of crisis라고 하죠. 마찬가지로 '친구가 없을 때'도 when으로 시작하지 않고 in the absence of friends라고 표현합니다.

우리말의 수식 구조가 종속접속사를 쓴 부사절과 유사해서인지 한국인들은 부사절을 지나치게 많이 쓰는 경향이 있습니다. 영작문을 하고 나면 어색한 느낌이 드는 것도 그래서죠. 그런 의미에서 다음과 같은 전치사구 관용구를 알아 두면 영작문을 할 때 유용하게 활용할 수 있습니다.

in times of	~할 때
	In times of crisis, people tend to spend less money.
	사람들은 위기 상황 때 돈을 덜 쓰는 경향이 있다.

in the middle of	한창 ~할 때
	She cut her finger **in the middle of** making dinner.
	그녀는 한창 저녁 준비를 하다가 칼에 손가락을 베었다.

in the absence of	~가 없을 때
	What can we substitute **in the absence of** milk?
	우유가 없을 때는 뭘로 대체하면 될까요?

for fear of	~할까 봐 두려워
	He did not say anything **for fear of** losing his job.
	그는 직장을 잃을까 봐 두려워 아무 말도 하지 않았다.

on the occasion of	~을 맞이하여
	On the occasion of her birthday, we prepared this party.
	그녀의 생일을 맞이해서 우리는 이 파티를 준비했다.

in the face of	~ 에서도
	He moved forward with his plan **in the face of** adversity.
	그는 역경 속에서도 자신의 계획을 밀고 나갔다.

instead of	~ 대신에, ~하지 않고
	We spent most time at home **instead of** going out.
	우리는 외출하지 않고 집에서 대부분의 시간을 보냈다.

in terms of	~ 면에서는, ~라는 점에서는
	Both insects are similar **in terms of** size and shape. 두 곤충은 크기나 모양 면에서 비슷하다.
on behalf of	~를 대표[대신]하여, (누군가)를 위해
	The laywer could have taken action **on behalf of** the client. 그 변호사는 의뢰인을 대리해 조치를 취할 수도 있었다.

켈러Keller 가족에게 식사 시간은 끔찍했습니다. 헬렌Helen은 모든 사람의 음식에 손을 집어넣었죠. 그녀는 저녁상 너머로 물건들을 집어 던졌습니다. 헬렌은 자신이 원하는 거라면 무엇이든 했죠. 그녀의 부모는 그녀가 얌전히 있도록 만들지 못했습니다. 한번은 헬렌이 한밤중에 잠에서 깨어났습니다. 그녀는 눈이 보이지 않기 때문에 아침이라고 생각했죠. 켈러 여사는 자신의 딸이 다시 잠자리에 들게 하려고 애썼습니다. 하지만 헬렌은 일어나겠다고, 옷을 입겠다고 고집을 부렸습니다.

켈러 가족에게 식사시간은 끔찍했습니다. 헬렌은 모든 사람의 음식에 손을 집어넣었죠.

구문 Tip the + 성(姓), 전치사 for/into

그녀는 저녁상 너머로 물건들을 집어 던졌습니다. 헬렌은 자신이 원하는 거라면 무엇이든 했죠.

구문 Tip 관계대명사 whatever

그녀의 부모는 그녀가 얌전히 있도록 만들지 못했습니다.

구문 Tip 5형식 동사 make

한번은 헬렌이 한밤중에 잠에서 깨어났습니다. 그녀는 눈이 보이지 않기 때문에 아침이라고 생각했죠.

구문 Tip 접속사 since, 접속사 that 생략

켈러 여사는 자신의 딸이 다시 잠자리에 들게 하려고 애썼습니다. 하지만 헬렌은 일어나겠다고, 옷을 입겠다고 고집을 부렸습니다.

구문 Tip 3형식 동사 put, 부사 back, 1형식 동사 insist, 2형식 동사 get

Expression Tip mealtime 식사 시간 terrible 끔찍한 stick ~을 찔러 넣다 throw ~을 던지다 across ~을 가로질러, ~의 저편으로 behave 예절 바르게 행동하다, (아이가) 얌전히 굴다 wake 잠에서 깨다 in the middle of ~의 도중에 put to bed ~을 재우다

HOW TO WRITE

첫 번째 문장은 켈러 가족에게 식사 시간은 한마디로 고역이었다고 말하고 있군요. '불쾌한, 괴로운, 나쁜 정도가 심한'이라는 뜻의 terrible을 써서 Mealtime was terrible for the Keller family.라고 하면 되겠네요.

두 번째 문장의 '집어넣었다'는 어떤 동사를 쓰면 될까요? 이때는 stick을 씁니다. '들러[달라]붙다'라는 의미 외에도 무언가를 집어넣거나 몸의 일부를 내미는 모습을 묘사할 때 주로 쓰이는 동사죠. 목적어 뒤에는 전치사 into를 써서 집어넣는 방향을 나타내면 되겠군요.

'~하는 것은 무엇이든'은 선행사 anything과 that이 합쳐진 관계대명사 whatever로 나타냅니다. 뒤에는 주어와 동사로 이어지는 절이 나와야겠네요. '그녀의 부모는 그녀가 얌전히 있도록 만들지 못했다'는 까다로워 보이지만 「주어＋동사＋목적어＋목적격 보어」 형태의 5형식을 쓰면 의외로 간단히 해결할 수 있습니다. 문맥상 아이가 얌전히 굴도록 부모가 강제한다는 의미를 나타내니 동사는 make가 어울리죠.

'그녀는 눈이 보이지 않았기 때문에'는 이유를 나타내는 접속사가 필요하군요. because/since/as 중 뭐가 어울릴까요? 네, since죠. 눈이 보이지 않는 건 기정사실이니 Since she could not see라고 합니다.

'딸을 다시 잠자리에 들게 하려고 했다'는 put someone to bed 구문에 '본래 상태로, 되돌아가서'를 뜻하는 back을 넣어 완성합니다. back은 전치사구 to bed를 꾸며주는 부사죠. '고집을 부리다'는 insist로 나타내는데요, 1형식을 만드는 자동사이므로 목적어를 취하려면 전치사 on을 써서 insisted on getting up and getting dressed라고 해야 합니다.

Mealtime was terrible for the Keller family. Helen stuck her hands into everyone's food. She **threw** things across the dinner table. Helen did whatever she wanted. Her parents could not make her behave. Once, Helen woke in the middle of the night. Since she could not see, she thought it was morning. Mrs. Keller tried to put her daughter back to bed. But Helen insisted on getting up and getting dressed.[46]

속속들이 뜯어보는 영단어

throw 의 핵심은 '(갑자기 강하게) 던짐' 입니다. 팔이나 손으로 강하게 던진다는 의미로 쓰이면 They were arrested for throwing stones at passersby. 그들은 행인들에게 돌을 던져 체포되었다. 와 같은 3형식과 Don't throw the ducks any food. They will follow you. 오리에게 먹이를 던지지 마세요. 당신을 따라올 겁니다. 와 같은 4형식을 만들 수 있습니다.

또는 강하게 내던지듯 어떤 위치로 움직이거나 타격을 가한다는 의미로 쓰이면 He was found guilty and thrown in jail. 그는 유죄 판결을 받아 감옥에 들어갔다. 와 같은 3형식과 The door was thrown open, and armed soldiers stormed into the house. 문이 휙 열리더니 무장한 군인들이 집안에 들이닥쳤다. 와 같은 5형식을 만들 수 있죠. 내던지듯 어떤 상태에 빠뜨린다는 의미로도 쓰여 The news of his death threw many people into a state of despair. 그의 사망 소식에 많은 이들이 절망에 빠졌다. 처럼 나타낼 수도 있습니다.

특정 명사와 어울려 쓰이면 어딘가를 향해 보낸다는 뜻을 나타내는데요, 가령 The street lamps were throwing their bright light. 가로등이 밝은 빛을 비추고 있었다. 와 같이 빛을 던지거나 He threw a suspicious glance at her. 그는 그녀를 수상쩍은 눈길로 쳐다봤다. 와 같이 시선이나 미소를 던진다는 의미를 나타낼 수 있습니다.

파티와 같은 모임을 연다는 뜻도 있어 They threw a welcoming party for me. 그들은 나를 위해 환영회를 열었다. 처럼 쓰이기도 하죠.

behave

의 핵심은 '행동'입니다. 특정한 행동 방식이나 처신을 나타내 Whenever I try to discipline him, he behaves aggressively. 내가 교육시키려고 하면 걘 공격적인 행동을 해. 와 같은 1형식을 만들죠. 사람뿐 아니라 기계 등이 특정한 방식으로 작동할 때도 Each device behaves differently. 각 장치는 작동 방식이 다르다. 처럼 나타낼 수 있습니다.

'사회가 정한 규칙에 맞게 잘 행동하다, (아이가) 얌전히 굴다'라는 의미로 쓰여 1형식을 만들기도 하는데요, 이때 목적어 자리에 재귀대명사를 넣어 Does your child behave himself? 당신의 자녀는 예의가 바른가요? 와 같은 3형식으로 나타낼 수도 있습니다.

insist

의 핵심은 '끈질김'입니다. 반대와 곤경에도 불구하고 끈질기게 주장하거나 요구하거나 고집한다는 의미를 나타내죠. 주장한다는 의미로 쓰이면 My son insisted that he did nothing wrong. 내 아들은 일관되게 잘못한 게 없다고 했어요. 과 같이 that 절을 목적어로 취하는 3형식과 She insisted on her innocence. 그녀는 자신의 결백을 주장했다. 와 같이 전치사 on을 붙인 1형식을 만들 수 있습니다.

요구나 고집을 나타낼 때도 전치사 on과 함께 쓰여 He insisted on seeing his lawyer. 그는 자신의 변호사를 만나겠다고 요구했다. 또는 She insisted on wearing winter boots. 그녀는 겨울 장화를 신겠다고 고집을 부렸다. 와 같은 1형식을 만들죠.

몇 초만에 음식들이 여기저기 날아다녔다. 꾸덕한 치즈 한 덩이가 내 어깨를 가격했다. 갑자기 엄청나게 큰 비명 소리가 들렸다. 버스터Buster가 두 앞발 모두 스마일리 Smiley 교장 선생님의 드레스 위에 올려놓은 채 서 있었다. 버스터는 짖어 댔고 꼬리를 흔들었다. 그런 다음 교장 선생님한테 열정적이고 축축한 강아지 특유의 뽀뽀를 했다. 스마일리 교장 선생님은 버스터를 밀쳐냈다.

몇 초만에 음식들이 여기저기 날아다녔다.

구문Tip 전치사 within, 부사 everywhere, 과거진행형

꾸덕한 치즈 한 덩이가 내 어깨를 가격했다.

구문Tip 분량을 나타내는 전치사 of, 전치사 on

갑자기 엄청나게 큰 비명 소리가 들렸다. 버스터가 두 앞발 모두 스마일리 교장 선생님 드레스 위에 올려놓은 채 서 있었다.

구문Tip 동시 상황을 나타내는 with, 과거진행형, 형용사 up

버스터는 짖어 댔고 꼬리를 흔들었다. 그런 다음 교장 선생님한테 열정적이고 축축한 강아지 특유의 뽀뽀를 했다.

구문Tip 대등접속사 and, 접속부사 then, 4형식 동사 give

스마일리 교장 선생님은 버스터를 밀쳐냈다.

구문Tip 부사 away

Expression Tip blob 둥그스름한 작은 덩이 gooey 부드럽고 쫀깃한, 들러붙는 extra- 대단히, 특별히 scream 비명을 지르다 front paw 앞발 wag ~을 흔들다 doggy 개의, 개 같은

HOW TO WRITE

'순식간에'를 뜻하는 '몇 초만에'는 전치사구 within seconds로 옮기면 됩니다. within은 '내부[안쪽]에'라는 의미로 쓰여 공간적 범위나 제한을 나타낼 뿐만 아니라 여기에서처럼 '(시간이나 정도 등이) ~이내에'라는 뜻으로도 쓰이죠. '여기저기'는 '사방에, 구석구석, 곳곳에'라는 의미의 부사 everywhere로 간단히 해결됩니다.

두 번째 문장에서는 유용한 표현이 눈에 띄는군요. '어깨를 가격하다'처럼 특정 신체 부위를 접촉한다는 의미를 나타낼 때는 신체 부위가 아닌 사람을 목적어로 두고 구체적인 신체 부위를 전치사구로 표현합니다. 따라서 A blob of gooey cheese hit my shoulder.가 아닌 A blob of gooey cheese hit me on the shoulder.로 써야 하죠.

'~한 채'는 동시 상황의 with가 어울립니다. 개는 사족보행을 하는 동물이니 '두 앞발 모두 드레스 위에 올려놓은 채'는 앞발 두 개를 위로 올리고 뒷발로 선 상태를 나타내겠죠? 이럴 땐 up을 써서 두 발을 위로 올려 몸을 일으킨 모습을 묘사하면 됩니다. 드레스에 접촉한 상태니까 전치사 on을 써서 on Principal Smiley's dress라고 하면 되고요.

우리말로는 '교장 선생님' 등의 직위를 써서 인물을 지칭하지만 원어민들은 여기에서처럼 앞서 언급된 사람이 또 다시 등장할 때는 대명사로 표현합니다. 우리말에서는 제3자를 가리키는 인칭 대명사 그, 그녀, 그들 등을 잘 쓰지 않지만 영어에서는 사람을 지칭할 때 주로 대명사로 나타내죠.

Within seconds, food was flying everywhere. A blob of gooey cheese hit me on the shoulder. Suddenly I heard an extra-loud scream. Buster was standing with both front paws up on Principal Smiley's dress. He barked and wagged his tail. Then he gave her a big, wet, doggy kiss. Principal Smiley pushed Buster away.[47]

속속들이 뜯어보는 영단어

hit 의 핵심은 '힘껏 때림'입니다. 무언가를 물리적인 힘으로 강하게 때린다는 의미로 쓰이면 Fortunately, there was no one inside when the bus hit the house.버스가 집을 들이받았을 때 다행히 아무도 없었다.처럼 나타내거나 손이나 물체로 강하게 때린다는 의미로 쓰이면 The old man hit the floor with his cane.노인이 자신의 지팡이로 바닥을 쳤다.처럼 나타내죠. 또는 힘껏 때리듯 총이나 폭탄으로 목표물을 맞힌다는 의미로 쓰여 The building was hit by bombs again.그 건물은 또다시 폭탄 공격을 받았다.처럼 나타내거나 부정적인 영향을 준다는 의미로 쓰여 Middle-income individuals have been worst hit by tax increases.중산층은 증세로 가장 큰 타격을 입었다.처럼 나타내기도 합니다.

이외에 '어떤 수준이나 장소에 이르다'라는 의미로 쓰이면 BTS's new single hit the charts today at number 1.BTS의 새로운 싱글이 오늘자 차트에서 1위를 차지했다. 또는 Take this road, and you will hit the beach at the end.이 길로 가세요. 그러면 길 끝에 해변이 보일 거예요.처럼 나타낼 수 있죠.

hear 의 핵심은 '귀로 듣기'입니다. 단순히 소리를 듣는다는 의미로 쓰이면 The old people can't hear very well, so we should speak a little louder.어르신들은 귀가 잘 들리지 않으니 우리가 좀 더 크게 말해야 돼요.와 같은 1형식과 "Can you hear me?" he yelled from a distance."제 목소리 들리세요?"라고 그가 멀리서 외쳤다.와 같은 3

형식, I heard something crawling out of the room.나는 무언가 방을 기어나가는 소리를 들었다.과 같은 5형식을 만들 수 있죠.

들어서 정보를 얻는다는 뜻도 있는데요, 이때는 If you haven't heard by 6 p.m., assume the project will go as planned.오후 6시까지 별말 없으면 프로젝트는 계획대로 진행된다고 생각하세요와 같은 1형식, I haven't heard what happened to him.그 사람한테 무슨 일이 있었는지 들은 바가 없는데.과 같은 3형식을 만듭니다.

이외에 This case should be heard by the court.이 사건은 법원 심리가 필요합니다.처럼 법정 등 공식적인 장소에서 심혈을 기울여 경청한다는 뜻으로도 쓰입니다. 청문회를 hearing 이라고 부르는 것도 이 때문이죠.

push

의 핵심은 '힘'입니다. 물리적인 힘을 이용해 무언가를 밀어낸다는 의미로 쓰이면 The car is stuck in the mud. We have to push hard to move it.차가 진창에 빠졌어요. 차를 움직이려면 힘껏 밀어야 해요.과 같은 1형식, No matter how hard you push the gate, it won't budge.아무리 세게 대문을 밀어도 꿈쩍도 안 할 거예요.와 같은 3형식, We pushed the door open to find nothing.우리는 문을 밀어 열었지만 아무것도 발견하지 못했다.과 같은 5형식을 만들죠.

막혀 있는 공간을 힘으로 뚫고 나아간다는 의미로 쓰이면 He pushed past the waiting fans and entered the concert hall.그는 기다리고 있던 팬들을 뚫고 공연장으로 들어갔다.과 같은 1형식, She pushed her way through the crowds to get to the front.그녀는 군중을 헤치며 앞쪽으로 나아갔다.와 같은 3형식을 만들 수 있습니다.

이외에도 Population growth will push food prices up.인구 증가는 식품 가격을 상승시킬 것이다.처럼 특정 수준 또는 상태가 되게 힘을 쓴다는 의미를 나타내거나 다른 사람에게 강요하다시피 한다는 의미를 나타내 His parents pushed him into creating his own family before he reached his 30s.그의 부모는 30대가 되기 전에 가정을 꾸리라고 그를 압박했다.와 같은 3형식과 They should have pushed him to accept the offer.그들은 제안을 받아들이라고 그를 압박했어야 했다.와 같은 5형식을 만들기도 하죠.

등반가들은 서로서로 밧줄로 묶어 무리를 이뤄 이동합니다. 그래서 만약 이들 중 한 명이 떨어지면 다른 사람들이 그를 붙잡으려고 시도할 수 있습니다. 이들은 아이젠을 얼음 속에 콱콱 밟아 넣고 자신들의 도끼도 탕탕 박아 넣을 수 있습니다. 하지만 이런 방식의 등반은 때론 목숨을 살리는 대신 생명을 앗아갈 수도 있죠. 단 한 명의 등반가라도 넘어지는 일이 생기면 자신의 모든 동행을 함께 끌고 갈 수 있으니까요.

등반가들은 서로서로 밧줄로 묶어 무리를 이뤄 이동합니다.

구문Tip 동사 attach(수동태 분사구문)

그래서 만약 이들 중 한 명이 떨어지면 다른 사람들이 그를 붙잡으려고 시도할 수 있습니다.

구문Tip 접속부사 then, if 조건절, 1형식 동사 fall

이들은 아이젠을 얼음 속에 콱콱 밟아 넣고 자신들의 도끼도 탕탕 박아 넣을 수 있습니다.

구문Tip 대등접속사 and, 3형식 동사 stomp, 전치사 into/in

하지만 이런 방식의 등반은 때론 목숨을 살리는 대신 생명을 앗아갈 수도 있죠.

구문Tip 3형식 동사 cost, instead of

단 한 명의 등반가라도 넘어지는 일이 생기면 자신의 모든 동행을 함께 끌고 갈 수 있으니까요.

구문Tip 형용사 single, 가능성을 나타내는 조동사 can, 대등접속사 and

Expression Tip climber 등반가, 산악인 in groups 삼삼오오 (떼지어) attach to ~에 붙이다 hold ~을 붙잡다 stomp ~을 밟다 crampon (등산용) 아이젠 whack ~을 탁 때리다 topple over 넘어지다 drag ~을 질질 끌고 가다 companion 동행

HOW TO WRITE　　첫 번째 문장에서 핵심어는 '등반가들은 무리를 이뤄 이동한다'이고 '(등반가들이) 밧줄로 묶인 상태'가 이를 수식하므로 중복되는 주어를 생략해 The climbers move in groups, (and they are) attached to each other by rope. 형태의 수동태 분사구문으로 나타내면 됩니다.

　　'콱콱 밟아 넣고 탕탕 박아 넣다'는 영어로 옮기기가 꽤 까다로워 보이는데요, '콱콱'이라는 의성어까지 생생하게 느껴질 듯 밟는 동작을 나타내는 동사 stomp와 안으로 들어간다는 '방향'을 나타내는 전치사 into를 함께 쓰면 의외로 쉽게 해결되죠. '탕탕 박아 넣다'도 마찬가지인데요, 소리가 귓전에 울릴 정도로 무언가를 세게 때리는 동작을 묘사하는 동사 whack와 '속[안]으로'를 뜻하는 부사 in을 함께 쓰면 됩니다.

　　'대신'은 '대체하다'라는 뜻도 있지만 앞말이 나타내는 일이 일어나지 않고 그와 반대임을 뜻하기도 하죠. 이때는 전치사 관용 표현 instead of를 씁니다. '생명을 앗아가다'는 3형식 구조의 cost lives로 간단히 나타낼 수 있는데요, cost는 '비용이 들다'라는 뜻 외에 '(귀중한 것을) 희생시키다 [잃게 하다]'라는 뜻도 있어 '목숨, 생명' 등과 잘 어울려 쓰이죠.

　　마지막 문장은 어떤 상황을 가정하는 문맥이라기보다 '때론 ~하는 일이 생긴다'라는 의미로 가능성을 나타내는 문맥이니 '(때로는) ~하는 일이 [수가] 있다, ~일[할] 가능성이 있다'를 뜻하는 조동사 can을 써서 나타냅니다. 앞뒤 상황은 '그래서'라는 의미로 전후 관계를 나타내는 and로 연결하면 되고요.

The climbers move in groups, attached to each other by rope. Then if one of them falls, the others can try to hold him. They can stomp their crampons into the ice and whack their axes in, too. But this way of climbing can sometimes cost lives instead of saving them. A single climber can topple over and drag all his companions with him.[48]

속속들이 뜯어보는 영단어

climb 의 핵심은 '오르기'입니다. 단순히 높은 곳에 올라간다는 의미로 쓰이면 Can you climb to the top of this tower?이 타워 꼭대기까지 올라갈 수 있겠어요?와 같은 1형식, She looked at me as she was climbing up the stairs.그녀는 계단을 올라가면서 나를 쳐다봤다.와 같은 3형식을 만들 수 있죠.

손발 등을 써서 힘겹게 오른다는 의미로도 쓰이는데요, 이때는 Who is the guy climbing over the wall?벽을 타고 오르는 저 남자는 누구예요?과 같은 1형식, I don't think it is a good idea to climb the mountain in this weather.이 날씨에 산에 오르는 건 좋은 생각이 아닌데요.와 같은 3형식이 가능하죠.

또한 수치, 정도, 양이 증가한다는 의미를 나타내 The prices have climbed rapidly in the last few months.가격이 지난 몇 달간 급격히 올랐다.처럼 쓰이거나 사회적 지위나 직장에서의 위치가 상승한다는 의미를 나타내 Do you want to know how to climb to the top of your profession?당신의 분야에서 정상에 오르는 방법을 알고 싶나요?처럼 쓰이기도 합니다.

cost 의 핵심은 '소중한 것을 가져가기'입니다. 많은 사람들이 돈을 소중히 여기죠? 어떤 일에 돈이 필요하거나 써야 할 때 흔히 '비용이 든다'고 말하는데요, 이 의미로 쓰이면 It costs a lot to stay in this luxury hotel.이 고급 호텔은 숙박비가 많이 든다.과 같은 1형식, This laptop only costs $500.이 노트북 5백 달러밖에 안해.와 같은 3형식, Good food should cost us a lot of money.좋은 음식을 먹으려면 큰돈이 들 것이다.와 같은 5형식을 만들 수 있죠. 이 의미가 비용을 산정한다는 뜻으로 확대되면 He asked me to cost our business trip next month.그는 우리의 다음달 출장 비용을 산정해 달라고 요청했다.처럼 쓰이기도 합니다.

금전과 관련된 것뿐 아니라 사람의 목숨과 같은 중요한 것을 빼앗아간다는 의미로도 쓰이는데요, 이때는 Chain smoking can cost lives.줄담배를 피우면 목숨을 잃을 수 있어요.와 같은 3형식, Alcohol addiction cost me my job and my family.알코올 중독으로 나는 직장과 가족을 잃었다.와 같은 4형식을 만들 수 있습니다.

drag

의 핵심은 '끌기'입니다. 표면에 닿인 채 무언가를 질질 끈다는 의미로 쓰이면 Your scarf is dragging behind you.스카프가 바닥에 쓸리네요.와 같은 1형식, We managed to drag the boat down to the water.우리는 배를 간신히 물가로 끌고 갔다.와 같은 3형식을 만들죠.

어떤 사실이나 정보 등을 캐낸다는 의미로 쓰이면 We found it impossible to drag the truth out of him.우리는 그에게서 진실을 이끌어내기가 불가능하다는 것을 알게 됐다.처럼 나타내거나 가기 싫어하는 사람을 억지로 잡아끌듯 데려간다는 의미로 쓰이면 Why don't you drag your kids away from the TV?애들을 TV에서 떼어 놓는 게 어때요?처럼 나타낼 수 있습니다.

이외에 피로 등으로 인해 몸을 끌듯 힘들게 움직인다는 의미도 있어 We were all dragging after the long trip last week.우리는 지난주에 장기간 여행을 한 뒤로 녹초가 되었다.처럼 쓰이거나 절차 등이 느릿느릿 진행된다는 의미의 자동사로 쓰여 Their divorce lawsuit has dragged on for years.그들의 이혼 소송은 몇 년째 지지부진하다.와 같은 1형식을 만들기도 하죠.

to부정사구로 만드는 부사

to부정사구는 부사 역할을 하기도 합니다. 부사로 쓰일 때는 문장 전체를 수식해 '목적, 근거, 결과, 이유'를 나타내죠. 다음 예문을 보면서 각각의 의미를 살펴볼까요?

ⓐ He knocked on the window 목적 to wake me up.

그는 나를 깨우려고 창문을 두드렸다.

ⓑ She must be a fool 근거 to believe their words.

그들의 말을 믿는 걸 보면 그녀는 어리석은 게 분명해.

ⓒ He grew up 결과 to be a great leader.

그는 자라서 훌륭한 지도자가 되었다.

ⓓ He was surprised 이유 to see you again.

그는 당신을 다시 봐서 놀랐어요.

예문을 읽다 보니 한 가지 의문이 생기는군요. ⓒ의 to부정사가 의미하는 결과, 즉 '자라서 훌륭한 지도자가 되었다'는 '훌륭한 지도자가 되기 위해 자랐다'라는 의미의 '목적'과 의미상 큰 차이가 있을까요? 실제로 결과인지 목적인지는 문맥에 좌우되기 때문에 무 자르듯 구분하기 어려운 경우가 많습니다. 하지만 grow의 의미만 놓고 보면 to부정사가 '목적'을 나타낸다고 보긴 어렵습니다. 생물학적인 성장은 저절로 이루어지는 것이지 특별한 목적에 따라 인위적으로 이루어지는 것이 아니기 때문이죠.

그렇다 하더라도 동사의 의미가 명백하지 않으면 '목적'과 '결과'를 혼동하기 쉽습니다. 이 때문에 보통 to부정사 앞에 쉼표를 붙이거나 She turned around, just to find nothing. 그녀는 뒤를 돌았는데, 아무것도 발견하지 못했다처럼 부사just, only 등를 첨가해 '결과'임을 분명히 나타내기도 하죠.

이외에 대표적인 to부정사의 부사적 용법으로 '너무 ~해서 …할 수 없다'라는 의미의 too ~ to …가 있습니다. too와 to 사이에 의미상 주어를 삽입하면 to부정사의 주체도 나타낼 수 있죠.

너무 추워서 운동을
할 수 없다.

It is too cold to do exercise.

네가 운동하기엔 너무
추워.

It is too cold for you to do exercise.

'~할 만큼 (충분히) …한'이라는 의미의 enough to ~와 '~하기 위해'를 뜻하는 in order to ~도 자주 쓰이는 to부정사 구문이죠.

그는 혼자서 숙제를 할
만큼 똑똑하다.

He is smart enough to do the homework by himself.

그는 시험에 합격하기
위해 밤낮으로 공부하고
있다.

In order to pass the exam, he has studied day and night.

갯벌은 토사와 진흙을 휩쓸려 보낼 만큼 여전히 강하면서도 부드러운 바람과 파도, 해류가 필요합니다. 그 어떤 빗물도 모래 알갱이 사이로 빠르게 빠져나가기 때문에 육지 식물이 자라기에는 너무 건조하죠. 이 아래에서는 이 알갱이들이 바람과 파도, 조류와 함께 움직이므로 그곳에서 성장할 수 있는 해양 식물 또한 거의 없습니다. 대다수 갯벌 생물은 표면 아래에 있죠.

갯벌은 토사와 진흙을 휩쓸려 보낼 만큼 여전히 강하면서도 부드러운 바람과 파도, 해류가 필요합니다.

구문Tip 주격 관계대명사 that, 부사 still, enough + to부정사

그 어떤 빗물도 모래 알갱이 사이로 빠르게 빠져나가기 때문에 육지 식물이 자라기에는 너무 건조하죠.

구문Tip 형용사 any, 전치사 of/between, 접속사 so, too ~ to, 의미상 주어

이 아래에서는 이 알갱이들이 바람과 파도, 조류와 함께 움직이므로 그곳에서 성장할 수 있는 해양 식물 또한 거의 없습니다.

구문Tip 전치사 below, 접속사 so, 형용사 few, 부사 either

대다수 모래 해변 생물은 표면 아래에 있죠.

구문Tip 전치사 under

Expression Tip   sandy shore 갯벌 gentle 부드러운, 순한 current 해류 wash away ~을 유실되게 하다 silt 유사, 토사 mud 진흙 drain away (물이 ~에서) 서서히 빠지다 grain 알갱이, 입자 tide 조수 sea plant 해양 식물 surface 표면

HOW TO WRITE

첫 번째 문장은 '~은 …을 필요로 한다'라는 의미의 3형식이군요. '토사와 진흙을 휩쓸려 보낼 만큼 여전히 강한'이라는 관계사절이 '부드러운 바람, 파도, 해류'를 수식하는 구조이므로 수식어는 「enough +to부정사」를 써서 that are still strong enough to wash away silt and mud로 완성하면 되겠네요. 여기서 부사 still이 왜 들어가는지 궁금하실 텐데요, still은 '그럼에도 불구하고, 그런데도 (여전히)'라는 의미의 역접을 뜻하기도 합니다. 즉, 바람, 파도, 해류는 부드럽지만 그럼에도 토사와 진흙을 휩쓸어갈 만큼 강력하다는 의미를 나타내죠.

'어떤 빗물이라도'는 any rain으로 나타내는데요, '어떤 ~이라도'는 사실상 '모두'를 뜻합니다. 논리상 원인과 결과를 의미하니 접속사 so를 써서 연결하면 되고요. '…하기에는 너무 ~한'이라는 의미는 to부정사의 부사적 용법인 too ~ to부정사로 나타내고, to부정사의 주체를 가리키는 의미상 주어는 「for+명사」로 표현합니다.

'그 아래에서'는 beneath/under/below 중 뭐가 어울릴까요? beneath는 바로 아래와 '접촉'한다는 의미를 나타낸다면, under/below는 '공간상 아래'를 나타내는데요, 이 문맥에서는 공간상 '아래'를 나타내면서 간접 접촉을 의미하는 below가 적절합니다.

'거의 없는' 하면 형용사 few/little이 떠오르죠? few는 셀 수 있는 명사와 어울려 We have few students.우리는 학생이 거의 없어요처럼 쓰이고, little은 셀 수 없는 명사와 어울려 We have little money.우리는 돈이 거의 없어요처럼 쓰입니다. plant는 셀 수 있는 명사니 few sea plants can grow라고 쓰면 되죠. few에 부정의 의미가 포함돼 있어 부정어는 군이 쓰지 않습니다.

Sandy shores need gentle winds, waves and currents that are still strong enough to wash away silt and mud. Any rain quickly drains away between the grains of sand, so it is too dry for land plants to grow. Below this, the grains move with wind, waves and tides, so few sea plants can grow there either. Most sandy shore life is under the surface.[49]

속속들이 뜯어보는 영단어

wash 의 핵심은 '물'입니다. 신체의 일부를 물로 깨끗이 씻어 낸다는 의미로 쓰이면 It looks like you should wash before dinner.저녁 식사 전에 먼저 씻어야 할 것 같은데.와 같은 1형식, Did you wash your hair today?오늘 머리 감았어?와 같은 3형식을 만들 수 있죠.

어떤 것을 씻는다는 의미로도 쓰여 This T-shirt needs washing.이 티셔츠 빨아야겠어.과 같은 1형식, He always washes used yogurt tubs and uses them again.그는 늘 다 쓴 요거트 용기를 씻어서 재사용한다.과 같은 3형식을 만듭니다.

이외에 파도와 같은 물의 흐름으로 어떤 것을 이동시킨다는 의미를 나타내 Dead turtles have been washed ashore since the oil spill spread.기름 유출이 확산된 이후 거북이 사체가 해변에 떠밀려왔다.처럼 쓰이거나 They strolled along the beach and let the water wash over their feet.그들은 해변가를 거닐면서 파도에 발을 담갔다.처럼 물의 흐름을 묘사할 때도 쓰일 수 있죠.

drain 의 핵심은 '제거'입니다. 물기를 적극적으로 제거한다는 의미로 쓰이면 Don't drain the rice—it needs to absorb all the water.물을 다 따라 내지 마세요. 쌀이 물을 싹 흡수해야 하니까요.처럼 나타내거나 그대로 둬서 물기가 사라지게 한다는 의미로 쓰이면 Leave the plate to drain for a while.접시가 마르게 잠깐 놔두세요.처럼 나타낼 수 있죠.

사람의 기운을 제거한다는 의미로도 쓰여 He was completed drained after the long journey.그는 긴 여행 끝에 체력이 완전히 고갈됐다.처럼 나타내거나 자원이 모두 빠져나간다는 의미로 쓰여 The war drained this nation of its resources.전쟁은 이 나라의 모든 자원을 앗아 갔다.처럼 나타내기도 합니다.

move

move 의 핵심은 '이동'입니다. 움직여 위치를 바꾼다는 의미를 나타낼 때 는 He just moved to the window.그는 창가로 갔다.와 같은 1형식과 Do you mind moving your car? I can't get mine out.차 좀 빼 주시겠어요? 제 차가 못 나가서 요과 같은 3형식을 만들 수 있죠. 이사를 가거나 온다는 의미로도 쓰여 My family moved to Seoul when I was five years old.내가 다섯 살 때 우리 가족은 서울로 이사를 왔다.처럼 나타낼 수도 있습니다.

'이동'은 변화를 가져온다는 의미에서 Now that we have enough resources, we can move forward with our project.이제 충분한 자원을 확보했으니 프로젝트를 진행할 수 있어요.처럼 진전을 보인다는 뜻으로 쓰이거나 Her love of ballet moved her to take lessons at the age of 50.발레에 대한 애정은 50세의 그녀를 발레 수업으로 이끌었다.처럼 누군가를 추동해 어떤 일을 하게 한다는 뜻으로 쓰이기도 하죠.

이외에 슬픔이나 공감 등의 감정을 일으킨다는 의미로도 쓰여 He felt deeply moved by her incredible life story.그는 그녀의 놀라운 인생사에 큰 감동을 받았다.처럼 나타낼 수 있습니다.

새들은 온갖 종류의 색을 띕니다. 일부 새들은 자신을 주변 환경에 숨길 수 있게 해 주는 흐릿한 색을 띠죠. 또 다른 새들은 다른 새가 자신들을 알아볼 수 있게 해 주는 밝고 선명한 색을 띕니다. 겨울에 들꿩은 눈과 어울리는 하얀 털이 납니다. 눈이 녹으면 이 털이 갈색으로 변해 주변 환경과 어울리게 되죠. 거의 모든 새끼 새들은 사냥꾼으로부터 자신들을 계속 숨길 수 있도록 위장색을 띕니다.

새들은 온갖 종류의 색을 띕니다.

구문Tip 형용사 all, 전치사 of

일부 새들은 자신을 주변 환경에 숨길 수 있게 해 주는 흐릿한 색을 띠죠.

구문Tip 대명사 some, to부정사의 부사적 용법, 5형식 동사 help

또 다른 새들은 다른 새가 자신들을 알아볼 수 있게 해 주는 밝고 선명한 색을 띕니다.

구문Tip 대명사 others, to부정사의 부사적 용법, 5형식 동사 help

겨울에 들꿩은 눈과 어울리는 하얀 털이 납니다.

구문Tip to부정사의 형용사적 용법

눈이 녹으면 이 털이 갈색으로 변해 주변 환경과 어울리게 되죠.

구문Tip 접속사 when, 2형식 동사 turn, to부정사의 부사적 용법

거의 모든 새끼 새들은 사냥꾼으로부터 자신들을 계속 숨길 수 있도록 위장색을 띱니다.

구문Tip to부정사의 부사적 용법, 5형식 동사 keep

Expression Tip sort 부류, 유형 dull 흐릿한 hide (from) (~에게서) 몸을 숨기다 surroundings 환경 vivid 선명한, 강렬한 recognize 알아보다 ptarmigan 뇌조, 들꿩 feather 깃털 match ~와 조화하다[어울리다] melt 녹다 camouflage 위장

HOW TO WRITE

　두 번째 문장과 세 번째 문장에서 쓰면 딱 좋은 표현이 바로 대명사 짝 궁 표현인 some/others입니다. 그럼 이 대명사들을 주어로 놓고 동일한 구조로 나타내면 되겠군요. 두 문장의 동사는 help가 적절한데요, '(목적어를) 도와 ~하게 하다'라는 뜻이니 「help+목적어+목적격 보어」로 나타냅니다.

　'털이 갈색으로 변해 주변 환경과 어울리게 되다'에서는 부사 역할을 하는 to부정사구의 '결과' 용법이 어울립니다. 즉, 털이 갈색이 된 결과 주변 환경과 어우러진다는 의미를 나타내야 하므로 to match the surroundings라고 쓰고, 앞에는 결과임을 나타내기 위해 쉼표를 씁니다.

　마지막 문장에는 지속되는 상태를 나타내는 5형식 동사 keep이 필요합니다. 혹시 to hide them from hunters라고 쓰셨나요? 논리적으로 생각하면 위장색이 이들을 숨겨 줘 사냥꾼의 눈에 계속 띄지 않는 상태로 만들어 준다는 의미에 가깝기 때문에 '유지' 또는 '지속'의 의미를 나타내는 keep이 어울리죠. 따라서 목적격 보어 자리에는 them이 위장색에 의해 '숨겨진' 상태임을 나타내는 수동의 과거분사를 써서 to keep them hidden from hunters로 표현합니다.

Birds have all sorts of colors. Some have dull colors to help them hide in their surroundings. Others have bright, vivid colors to help other birds recognize them. In winter, a ptarmigan has white feathers to match the snow. When the snow melts, the feathers turn brown, to match the surroundings. Almost all baby birds have camouflage colors to keep them hidden from hunters.[50]

속속들이 뜯어보는 영단어

recognize

의 핵심은 '알아봄'입니다. 이미 보고 들은 적이 있어 분간할 수 있다는 의미로 쓰이면 You might not recognize her because she has changed a lot. 그녀가 너무 달라져서 넌 못 알아볼지도 몰라. 처럼 나타내거나 어떤 존재를 인지한다는 의미로 쓰이면 He has recognized the increasing demand of eco-friendly devices. 그는 친환경 장비의 수요 증가를 인지하고 있다. 처럼 나타낼 수 있죠.

어떤 대상을 공식적으로 승인한다는 의미로도 쓰여 The government has refused to recognize this organization as a trade union. 정부는 이 단체를 공식적인 노동조합으로 인정하려 하지 않는다. 처럼 나타내거나 일반적으로 중요하고 우수하다고 인정한다는 의미로 쓰여 This book is recognized as an excellent learning resource. 이 책은 탁월한 학습 자료로 검증받았다. 처럼 나타내기도 합니다.

공이나 업적을 인정한다는 의미도 있어 His contribution has been recognized with the Best Employee Award. 최우수직원상으로 그의 업적에 감사를 표했다. 처럼 쓰이기도 하죠.

match

의 핵심은 '대등함'과 '어울림'입니다. 동등하게 된다는 의미를 나타낼 때는 How can we match the service this shop provides to its customers?이 가게에서 제공하는 서비스를 어떻게 고객 수준에 맞출 수 있을까요?처럼 쓰일 수 있죠.

동일하다는 의미로 쓰이면 These two fingerprints don't match.이 두 지문은 일치하지 않습니다.와 같은 1형식, He seems to match the description the witness has given.그의 인상착의가 목격자의 진술과 일치하는 것 같아요.과 같은 3형식을 만듭니다.

동일하면 서로 조화롭게 어울리겠죠? 그런 의미에서 어울린다는 뜻으로 쓰여 I don't think these two colors match each other.이 두 색이 어울리지 않는 것 같아요.와 같은 1형식, Does this scarf match my blouse?이 스카프가 블라우스랑 어울리나요?와 같은 3형식을 만듭니다. 어울리는 사람이나 물건을 찾아 준다는 의미도 있어 This agency matches you with a suitable partner.이 업체는 당신에게 적합한 동반자를 찾아드립니다.처럼 쓰이기도 하죠.

melt
의 핵심은 '물러짐'입니다. 고체가 녹아서 액체가 된다는 의미로 쓰이면 The frozen river shows no sign of melting.꽁꽁 언 강은 녹을 기미가 안 보인다.과 같은 1형식, The heat has melted the chocolate.열이 초콜릿을 녹여버렸다.과 같은 3형식을 만들죠.

화 등의 감정이나 긴장된 분위기가 누그러진다는 의미로도 쓰여 The tension between the two countries has begun to melt.두 국가 간의 긴장이 완화되고 있다.와 같은 1형식, The children's beautiful faces melted his heart.어린이들의 해맑은 얼굴이 그의 마음을 누그러뜨렸다.와 같은 3형식을 만들 수 있습니다.

또한 얼음이 녹듯 무언가가 천천히 자취를 감춘다는 의미를 나타내 The crowd melted away as it started to rain.비가 내리자 군중들이 서서히 사라졌다.처럼 쓰이거나 주변과 어우러져 눈에 띄지 않는다는 의미로 쓰여 The bodyguard melted into the background until she gave him a sign.경호원은 그녀가 신호를 보낼 때까지 배경에 묻혀 있었다.처럼 나타내기도 합니다.

향신료는 식물로 만들어집니다. 매우 강한 향과 맛을 지녀 우리는 음식에 자극적인 맛을 주기 위해 요리에 이를 사용할 정도죠! 수확 후 대다수 향신료는 건조되고 여러분이 음식에 첨가할 수 있는 가루로 분쇄됩니다. 우리는 소와 다른 동물들처럼 잎을 먹지는 않습니다. 우리는 씨를 수확하죠. 그러고 나서 이를 통째로 먹거나 파스타, 빵, 그 외에 중요한 식품을 만들기 위해 가루로 만듭니다.

향신료는 식물로 만들어집니다.

구문Tip be made from

매우 강한 향과 맛을 지녀 우리는 음식에 자극적인 맛을 주기 위해 요리에 이를 사용할 정도죠!

구문Tip such + 명사 + that, to부정사의 부사적 용법

수확 후 대다수 향신료는 건조되고 여러분이 음식에 첨가할 수 있는 가루로 분쇄됩니다.

구문Tip after, 수동태 분사구문, 접속부사 then, 목적격 관계대명사 that

우리는 소와 다른 동물들처럼 잎을 먹지는 않습니다. 우리는 씨를 수확하죠.

구문Tip 접속사 like, 대동사

그러고 나서 이를 통째로 먹거나 파스타, 빵, 그 외에 중요한 식품을 만들기 위해 가루로 만듭니다.

구문Tip 접속부사 then, 상관접속사 either A or B, to부정사의 부사적 용법

Expression Tip taste 맛 kick 자극 harvest ~을 수확하다 spice 향신료 dry ~을 말리다 crush to ~로 분쇄하다 add to ~에 보태다 whole 전부, 통째로 grind into 갈아서 ~로 만들다

HOW TO WRITE

두 번째 문장은 '너무 ~해서 …할 정도다'라는 의미의 부사절을 만드는 such ~ that 구문을 쓰면 되겠군요. such와 that 사이에는「형용사+명사」 형태의 a strong smell and taste가 들어갑니다. '자극적인 맛을 주기 위해'는 '목적'을 나타내므로 to give food a kick이라고 쓰면 되고요.

종속절인 '(향신료는) 수확이 되면'은 주절과 중복되는 주어를 생략해 수동태 분사구문으로 나타내는데요, 단, after being harvested와 같이 after/before로 두 절이 연결된 경우 being은 생략하지 않습니다. 성격상 접속사라기보다 (동)명사(구)만 취할 수 있는 전치사에 더 가깝기 때문이죠. '여러분의 음식에 첨가할 수 있는'은 '가루'를 수식하므로 Most spices are dried, and then crushed to a powder와 you can add it(= a powder) to your food를 관계대명사로 연결해 a powder that you can add to your food로 나타내면 됩니다.

그다음 문장에서는 접속사 역할을 하는 like를 씁니다. 접속사니까 뒤에「주어+동사」형태의 절이 오겠죠? 그럼 like cows and other animals do라고 하면 되겠군요. 여기서 do는 앞에 나온 eat the leaves를 대신하는 대동사로 쓰였죠. like는 전치사로도 쓰이니 명사가 와도 문제가 없지만, 여기서는 먹는 행위라는 동사의 의미를 부각시켜야 하므로 접속사로 쓰였습니다.

마지막 문장에서는 '통째로 먹거나 가루로 빻는다'는 두 가지 선택 사항을 제시하는 문맥이므로 either A or B가 적절합니다. whole은 다양한 품사로 쓰이는데요, 명사로는 '전체, 전부'를, 형용사로는 '완전한, 꼬박, 전체의'를 뜻하며, 부사로 쓰이면 '통째로'를 의미합니다.

Spices are made from plants. They have such a strong smell and taste that we use them in cooking to give food a kick! After being harvested, most spices are dried, and then crushed to a powder that you can add to your food. We don't eat the leaves like cows and other animals do. We harvest the seeds. Then we either eat them whole, or grind them into flour to make pasta, bread and other important foods.[51]

속속들이 뜯어보는 영단어

crush 의 핵심은 '눌러 부수기' 입니다. 으스러뜨려 형체를 잃게 하거나 그에 상당하는 피해를 입힌다는 의미로 쓰이면 His bike was completely crushed under the bus.그의 자전거는 버스에 깔려 완전히 찌그러졌다.처럼 나타낼 수 있죠. 으깨서 작은 조각이나 가루로 만든다는 뜻으로도 쓰여 Crush the garlic first using the back of a spoon.숟가락의 뒷부분을 이용해서 마늘을 짓이기세요.처럼 나타내기도 합니다.

이외에도 눌러 부수듯 무언가를 궤멸시킨다는 의미를 나타내 It was reported that the rebellion was crushed by the government.정부가 폭동을 진압했다고 보도되었다.처럼 쓰이기도 하죠. 또는 누군가의 자존심이나 행복을 짓밟는다는 뜻으로 쓰여 My friends were completely crushed by his brutal criticism.그의 혹독한 비판에 내 친구들은 자괴감에 빠졌다.처럼 나타내거나 좁은 공간에 사람이나 물건을 짜부라뜨리듯 욱여넣는다는 의미를 나타내 Over fifty students were crushed into a small messy classroom.50명 이상의 학생들이 작고 지저분한 교실에 욱여넣어졌다.처럼 쓰이기도 합니다.

add 의 핵심은 '더하기'입니다. 조금씩 보태 크기나 수치, 양 등을 늘린다는 의미로 쓰이면 His criticism only added to my despair.그의 비판은 좌절감만 더할 뿐이었다.와 같은 1형식, Is there anyone who wants to add a comment to the discussion?이 논의에 의견을 보태고 싶으신 분 있나요?과 같은 3형식을 만들죠.

다 더해서 합계를 도출한다는 의미로도 쓰여 Do you know how to add and subtract? 덧셈 뺄셈하는 법은 알아요?와 같은 1형식, If you add three and five you get eight. 3에 5를 더하면 8이 됩니다.과 같은 3형식을 만들 수 있습니다.

말을 덧붙인다는 뜻도 있어 "Thank you for welcoming me!" he added as he was shaking hands. "반겨줘서 고마워요!" 그가 악수하며 덧붙였다.처럼 쓰이거나 특정한 성질을 더한다는 의미를 나타내 This pillow will add a touch of antique to your bedroom. 이 베개가 당신의 침실에 고풍스러운 느낌을 더해 줄 것입니다.처럼 쓰이기도 하죠.

grind 의 핵심은 '짓찧어 갈아냄'입니다. 주로 갈아서 가루나 작은 조각으로 만든다는 의미로 쓰여 Do you know how to grind coffee beans without a grinder? 분쇄기 없이 커피콩을 어떻게 가는지 알아?처럼 나타내죠. 갈아서 광을 내거나 날카롭게 만든다는 의미도 있어 Tom has a special sharpening stone for grinding knives. 톰은 칼을 가는 데 쓰는 특수 연마석을 갖고 있다.처럼 쓰이기도 합니다.

반복적으로 가는 행위를 통해 소음을 만들어 내는 상황을 나타낼 때도 쓰이는데요, 이때는 Some parts of the device are grinding noisily. 이 장치의 일부 부품에서 소음이 난다.와 같은 1형식, He grinds his teeth and snores loudly. 그는 이를 갈고 크게 코를 곤다.와 같은 3형식을 만들죠.

표면에 압력을 가해 갈아내듯 눌러 문지른다는 의미도 있어 As soon as I looked at him, he ground his cigarette into the ashtray. 내가 그를 본 순간 그는 담배를 재떨이에 문질러 껐다.처럼 쓰이기도 합니다.

찾아보기:
주요 동사로 만드는
기본 문형

act
p.242

행동	행위	1형식	You should **act** like adults. 어른답게 처신하세요.
	연기	1형식	He has **acted** in play before. 그는 전에 연극을 한 적이 있어요.
		3형식	She **acted** the role of the queen. 그녀는 왕비 역을 맡았다.
	조치	1형식	Lifeguards **acted** quickly to rescue drowning swimmers. 안전요원들은 물에 빠진 수영객을 구하기 위해 재빠르게 움직였다.
작용		1형식	We are trying to figure out how this drug **acts** in the body. 우리는 이 약이 체내에서 어떻게 작용하는지 알아내려고 노력 중이다.

add
p.280

더하기	증가	1형식	His criticism only **added** to my despair. 그의 비판은 좌절감만 더할 뿐이었다.
		3형식	Is there anyone who want to **add** a comment to the discussion? 이 논의에 의견을 보태고 싶으신 분 있나요?
	합계	1형식	Do you know how to **add** and subtract? 덧셈 뺄셈하는 법은 알아요?
		3형식	If you **add** three and five, you get eight. 3에 5를 더하면 8이 됩니다.
	언급	3형식	"Thank you for welcoming me!" he **added** as he was shaking hands. "반겨줘서 고마워요!" 그가 악수하며 덧붙였다.
	성질	3형식	This pillow will **add** a touch of antique to your bedroom. 이 베개가 당신의 침실에 고풍스러운 느낌을 더해 줄 것입니다.

affect
p.174

| 결과에
대한 영향 | 3형식 | A mother's health is believed to **affect** the baby in the womb.
엄마의 건강이 자궁 속 아이에게 영향을 준다고 한다. |

answer
p.232

| 응답 | 질문
편지 | 1형식 | He politely asked an interview result but they didn't **answer**. 그는 공손히 인터뷰 결과를 물어봤지만 답이 없었다. |
| | | 3형식 | You haven't **answered** my question yet—where were you last night?
당신은 아직 내 질문에 답하지 않았어요. 어제 어디 있었죠? |

전화 방문	1형식	I phoned this morning and your son **answered**. 나는 오늘 아침에 전화했고, 당신 아들이 전화를 받았다.
	3형식	Someone knocked on the door and I went downstair to **answer** it. 누군가가 문을 두드렸고, 나는 문을 열러 아래층으로 내려갔다.
필요 요구	형식	We are looking for tools that could **answer** our needs. 우리의 필요를 충족해 줄 수 있는 도구를 찾고 있다.
묘사	1형식	Haven't you met a woman who **answers** to the police's description? 경찰이 말한 인상착의의 여성을 만난적이 없나요?
	3형식	A man **answering** his description was seen at a store downtown. 그의 설명과 일치하는 인상착의의 남자가 시내 가게에서 목격되었다.

appear

p.232

나타남	보이기	1형식	Have you seen new shoots **appearing** at its base? 밑동에서 새싹 올라온 거 봤어요?
	존재	1형식	Do you know when dinosaurs **appeared** on the earth? 공룡이 지구에 언제부터 살았는지 아세요?
	출연	1형식	She has **appeared** in over 100 movies in the last three decades. 그녀는 지난 30년 동안 100편 이상의 영화에 출연했다.
	등장	1형식	His new novel will be **appearing** next summer. 그의 새 소설은 내년 여름에 출간될 것이다.
(보기에) ~인 것 같다		1형식	It **appeared** to us that we needed to do something. 우리는 무언가를 해야 할 것만 같았다.
		2형식	He may **appear** unfriendly to those who don't know about him. 모르는 사람들한테는 그가 무뚝뚝해 보일 수 있죠.

attack

p.104

물리적 공격	1형식	The dog won't **attack** unless you provoke him. 당신이 개를 건드리지만 않으면 공격하지 않을 거예요.
	3형식	Air forces **attacked** the town last night. 어젯밤에 공군이 도시를 공격했다.
질병의 공격	3형식	The bacteria **attack** the immune system. 그 박테리아는 면역 체계를 공격한다.
공격적 언어	3형식	The newspaper **attacked** the government's policy on health care. 그 신문은 정부의 보건 정책을 비판했다.

| 적극적 대처 | 3형식 | It is time to **attack** the problem and find a solution.
그 문제에 적극적으로 대처해서 해결 방안을 찾아야 할 때다. |

attract

p.184

매력	이동	3형식	The event can **attract** not only huge crowds but also local investments. 그 행사는 수많은 관람객뿐 아니라 지역 투자를 유치할 수 있다.
	반응	3형식	His criticism of the committee has **attracted** widespread support. 위원회에 대한 그의 비판은 폭넓은 지지를 받았다.
	관심	3형식	Many people have been **attracted** to the idea of working from home. 많은 이들이 재택근무에 호감을 갖게 되었다.
	성적 호감	3형식	I am not **attracted** to a strong man like him. 난 그 남자처럼 건장한 사람은 별로 안 끌려.

begin
p.194

시작	상황	1형식	The movie will **begin** soon, so let's hurry. 영화가 곧 시작할 테니 서두르죠.
		3형식	The soup is **beginning** to boil. 스프가 이제 끓어요.
	행동	1형식	He always **begins** with something simple when he teaches his sons. 그는 아들들을 가르칠 땐 늘 간단한 것부터 시작한다.
		3형식	Have you **begun** the book you borrowed from the library? 도서관에서 빌린 책은 읽고 있어요?.
	말	3형식	"Well," she **began**, "I have something to tell you." "글쎄" 하고 운을 뗀 그녀가 말했다. "너한테 할 말 있어."

behave
p.259

행동	사람	특정 방식	1형식	Whenever I try to discipline him, he **behaves** aggressively. 내가 교육시키려고 하면 걘 공격적인 행동을 해.
		바른 행동	3형식	Does your child **behave** himself? 당신의 자녀는 예의가 바른가요?
	기계	작동/ 가동	1형식	Each device **behaves** differently. 각 장치는 작동 방식이 다르다.

believe

p.114

수용	(증거 없는) 사실	3형식	I **believed** his story for a while. 난 한동안 그 사람 얘기를 믿었어.
		5형식	They **believe** him dead. 그들은 그가 사망한 걸로 알고 있다.
	타인의 주장	3형식	She claims to have seen a tornado, but I don't **believe** her. 걔는 토네이도를 봤다고 주장하지만 믿음이 안 가..
	특정 입장	3형식	He still **believes** that a ghost is a mythical creature. 그는 아직도 유령이 신화 속 존재라고 생각해.
		5형식	I **believe** him to be the greatest leader in this country. 나는 그가 이 나라의 위대한 지도자가 될 것이라고 생각해.

blow

p.216

바람	이동	1형식	The ten-dollar bills **blew** away and people ran after them. 10달러짜리 지폐가 흩날리자 사람들이 돈을 주으려고 쫓아다녔다.
		3형식	She **blew** the dust off the table. 그녀는 식탁 위의 먼지를 입으로 불어 날렸다.
	소리	1형식	Just before the whistle **blew**, she scored the goal. 그녀는 휘슬이 울리기 직전에 골을 넣었다.
		3형식	The driver **blew** his horn, which brought her to the window. 운전자가 경적을 울리자 그녀가 창가로 갔다.
	폭발	3형식	I don't know why my car was **blown** to pieces last night. 어젯밤에 내 차가 어쩌다 산산조각이 난 건지 영문을 모르겠어.
	낭비	3형식	Mike **blew** $2,000 all on a night out. 마이크는 하룻밤 외출에 2천 달러를 날렸다.

boil

p.228

끓기	액체	1형식	The water is **boiling** and bubbles are rising. 물이 끓으면서 거품이 올라오고 있다.
		3형식	The chef told me to **boil** salted water first. 요리사는 내게 소금을 넣은 물부터 끓이라고 말했다.
	요리	3형식	**Boil** the eggs for ten minutes so that they don't get overcooked. 달걀이 너무 익지 않게 10분간 삶으세요.
	용기	1형식	The pot is **boiling** now. 솥이 끓고 있어요.
		3형식	Let me **boil** the kettle and make some tea for you. 주전자에 물을 올려서 차 한 잔 대접할게요.

감정		1형식	My dad was **boiling** with anger when he found out that I had quit school. 아버지는 내가 자퇴한 사실을 알게 되자 크게 노하셨다.

break

p.30

부서짐	물건/대상	1형식	My mobile phone fell to the floor and **broke**. 내 핸드폰이 바닥에 떨어져서 부서졌다.
		2형식	The boat **broke** loose during the storm. 폭풍이 몰아칠 때 배에 묶어 둔 줄이 느슨해졌다.
		3형식	Jack fell and **broke** his leg. 잭은 넘어져 다리가 부러졌다.
		5형식	They **broke** the safe open. 그들은 금고를 부숴 열었다.
	유지	상태	3형식	We need someone to **break** the silence. 이 정적을 깨뜨려 줄 사람이 필요하군요.
		규칙	3형식	Anyone who **breaks** the law will be subject to punishment. 법을 어긴 사람은 누구든 처벌을 받게 된다.
		약속	3형식	He has finally **broken** his promise to me. 그는 결국 나와 한 약속을 깨뜨렸다.
	분할		3형식	Let me **break** the cost down into transportation, food, and hotel. 비용을 교통비, 식대, 숙박비로 나눠 보죠.
	폭로		1형식	His happy marriage came to an end when the scandal **broke**. 추문이 돌자 그의 행복한 결혼 생활도 끝났다.
			3형식	Do you know which newspapers **broke** the story? 어느 신문사에서 이 기사를 터뜨렸는지 알아요?

bring

p.76

가져오기	위치	3형식	We are not allowed to **bring** pets with us in train. 열차 이용 시 반려동물을 데려가면 안된다.
		4형식	He hastened to **bring** her a drink. 그는 서둘러 그녀에게 마실 것을 가져주었다.
	제공	3형식	He **brought** inspiration to us. 그는 우리에게 영감을 주었다.
		4형식	Her novels **bring** her millions of dollars a year. 그녀는 소설로 매년 수백만달러를 번다.)

	상태	3형식	The scandal brought his career to an end. 이번 스캔들로 그의 사회생활은 끝났다.
		4형식	My daughter brings me so much happiness. 나는 내 딸 덕분에 너무나 행복하다.
		5형식	He finally brought everything normal. 그는 마침내 모든 것을 정상적인 것으로 돌려놨다.

build
p.212

견고함	물건	3형식	The birds are busy **building** their nest for new babies. 그 새들은 갓 낳은 새끼를 위한 둥지를 짓느라 여념이 없다.
	상황	3형식	We have been working to **build** a better future for our children. 우리는 아이들의 더 나은 미래를 만들기 위해 힘써 왔다.
	감정/ 분위기	1형식	The air of anticipation is **building** among teenage girls. 한껏 부푼 기대감이 십대 소녀들 사이에서 고조되고 있다.
		3형식	What is the best way to **build** up my confidence? 제 자신감을 높여 줄 가장 좋은 방법은 뭔가요?

carry
p.185

이송	손/팔/등	3형식	They told me to **carry** the bag upstairs. 그들은 내게 가방을 위층으로 옮기라고 말했다.
	운송 수단	3형식	The subway service **carries** tens of thousands of passengers every day. 지하철 운행 서비스는 매일 수만 명의 승객을 실어나른다.
착용	사람	3형식	Police officers in this region always **carry** guns. 이 지역 경찰들은 항상 총을 소지하고 다닌다.
	사물	3형식	The law forces all cigarette packets to **carry** a health warning. 그 법은 모든 담뱃갑에 경고 안내문 부착을 강제한다.
지속	사람	3형식	Should we **carry** people who don't work as hard as they are supposed to? 마땅히 해야 할 일을 열심히 하지 않는 사람들을 우리가 꼭 끌고 가야 할까요?
	행위	3형식	Why don't we **carry** today's discussion forward tomorrow? 오늘 논의는 내일 이어서 하는 건 어때요?
	이동	3형식	My shoe **carried** high into the air and landed the inside of Anny's house. 신발 한 짝이 높이 날아 애니네 집안으로 떨어졌다.

cast

p.59

던지기	특정 방향	3형식	The fisherman **cast** the net far out into the river. 어부는 강에 낚시 그물을 멀리 내던졌다.
	그림자/ 빛	3형식	The established old tree **cast** a shadow over our cozy cottage. 늙은 거목이 아늑한 우리 오두막에 그늘을 드리웠다.
	미소/ 시선	3형식	He **cast** a quick look at me as he passed by. 그는 지나가면서 나를 힐긋 쳐다봤다.
		4형식	She has **cast** him a welcoming smile. 그녀는 그에게 환영의 미소를 건넸다.
	의심	3형식	New studies **cast** doubt on the previous analysis on this matter. 새 연구들은 이 문제에 대한 이전의 분석에 의문을 던졌다.
캐스팅		3형식	She was **cast** as a cool-headed surgeon in the latest movie. 그녀는 최근작에서 냉철한 외과의사 역으로 낙점됐다.
주조		3형식	Bronze was **cast** and made into tools. 청동은 주조되어 연장으로 만들어졌다.

change

p.77

달라짐		1형식	My life has **changed** completely since I met you. 당신을 만난 이후로 내 삶은 완전히 달라졌어요.
		3형식	We are studying how technology has **changed** the way people work. 우리는 기술이 어떻게 사람들의 일하는 방식을 바꿨는지를 연구하고 있어요.
교환	유사 대상	3형식	I am wondering why he has **changed** his jobs. 나는 왜 그가 직장을 바꿨는지가 궁금해.
	교통	1형식	I have **changed** several times to come here. 나는 여기 오기 위해 여러 번 갈아탔습니다.
		3형식	The train will terminate soon—we have to **change** trains. 열차가 곧 종착역에 도착해요. 열차를 바꿔 타야 해요.
	옷/ 커버	1형식	Please **change** out of the work clothes before dinner. 작업복을 갈아 입고나서 식사하세요.
		3형식	How often do you **change** the bed in the sleeping room? 침실의 침대커버는 얼마나 자주 바꾸세요?
	환전/ 잔돈	3형식	Could you please **change** this 50,000won bill? 이 5만원권 바꿔 주실 수 있나요?

check

p.90

확인	올바름	1형식	He gave me a few minutes for **checking** before I turned in the paper. 그는 내가 과제를 제출하기 전에 잠깐 확인할 시간을 주었다.
		3형식	Customs officers are responsible for **checking** all luggage. 세관 직원들은 모든 수하물 확인을 전담한다.
	사실 확인	1형식	If you are not certain about your rights, you should **check** with a lawyer. 당신의 권리를 잘 모르겠다면 변호사에게 문의해 보세요.
		3형식	Didn't you **check** whether anyone was following? 미행하는 사람은 없는지 확인 안 했어요?
통제	악화/ 증가	3형식	Mass vaccination programs were launched to **check** the spread of the disease. 질병 확산을 막기 위한 집단 백신 정책이 시행되었다.
	감정/ 행동	3형식	Let your tears run down your face—Don't make any effort to **check** them. 흐르는 눈물은 그냥 두세요. 억누르려 하지 말아요.

circle

p.63

주변 돌기	1형식	The bird is **circling** for an hour above us. 그 새는 우리 머리 위에서 한 시간 동안 맴돌고 있다.
	3형식	The police **circled** the building every half an hour. 경찰이 건물 주변을 30분마다 한 번씩 순찰했다.
원 그리기	3형식	The teacher **circled** the correct answer. 선생님은 정답에 동그라미를 쳤다.
답변 회피	1형식	My boss has **circled** around the idea of paying me more. 내 상사는 임금 인상 건에 대한 답을 회피하고 있다.

clear

p.170

치우기	물리적 대상		1형식	His nose **cleared** after he used this nasal spray. 그는 이 비염 스프레이를 쓰고 나서 코가 뻥 뚫렸어.
			3형식	It seems to take several days to **clear** all the snow. 이 눈을 다 치우려면 몇 날 며칠이 걸릴 거야.
	상태	혐의	3형식	He was **cleared** of all charges. 그는 모든 혐의를 벗었다.
		통과	3형식	Could you tell me how to **clear** customs? 세관을 어떻게 통과하는지 알려 주시겠어요?

| 맑은
상태 | | 1형식 | My skin has **cleared** after having a healthier diet.
건강한 식생활을 시작한 뒤부터 피부가 깨끗해졌어. |
| | | 3형식 | Fresh air helps you **clear** your head.
신선한 공기는 당신의 머리를 맑게 해 줍니다. |

climb
p.266

오르기	위치 이동	1형식	Can you **climb** to the top of this tower? 이 타워 꼭대기까지 올라갈 수 있겠어요?
		3형식	She looked at me as she was **climbing** up the stairs. 그녀는 계단을 올라가면서 나를 쳐다봤다.
	손/발	1형식	Who is the guy **climbing** over the wall? 벽을 타고 오르는 저 남자는 누구예요?
		3형식	I don't think it is a good idea to **climb** the mountain in this weather. 이 날씨에 산에 오르는 건 좋은 생각이 아닌데요.
	수치/ 정도	1형식	The prices have **climbed** rapidly in the last few months. 가격이 지난 몇 달간 급격히 올랐다.
	지위	1형식	Do you want to know how to **climb** to the top of your profession? 당신의 분야에서 정상에 오르는 방법을 알고 싶나요?

come
p.40

오다	사람	1형식	He **came** towards me to hand it over. 그는 그걸 내게 건네주려고 내 쪽으로 다가왔다.
		2형식	Jack **came** rushing. 잭이 달려왔다.
	사물	1형식	This news **came** as a shock. 이 소식은 충격적이었다.
되다		1형식	His teeth **came** out. 그는 이가 다 빠졌다.
		2형식	The window **came** open with a strong gust of wind. 강한 돌풍에 창문이 열렸다.

convince
p.139

확신	3형식	+ of	He had to **convince** me of his innocence. 그는 자신의 결백을 내게 납득시켜야 했다.
		+that	He tried to **convince** international organizations that he needs help. 그는 원조가 필요함을 국제기구들에 납득시키려 했다.
설득	5형식		My mother **convinced** me to change my major. 어머니는 나를 설득해 전공을 바꾸게 했다.

cool

시원함	온도	1형식	Leave the soup to **cool** for a while. 스프가 식게 잠시 놔두세요.
		3형식	I remember the evening breeze that **cooled** my face. 나는 내 얼굴을 식혀주던 그 저녁의 산들바람을 기억해.
	열정	1형식	His interest in this book seems to be **cooling** off. 이 책에 대한 그의 관심이 식어가는 것 같아.
	성장	1형식	He predicted that the housing market would **cool** off later this year. 그는 올 후반기 주택 시장의 성장이 둔화될 것으로 전망했다.

cost

p.266

가져가기	돈	1형식	It **costs** a lot to stay in this luxury hotel. 이 고급 호텔은 숙박비가 많이 든다.
		3형식	This laptop only **costs** $500. 이 노트북 5백 달러밖에 안 해.
		5형식	Good food should **cost** us a lot of money. 좋은 음식을 먹으려면 큰돈이 들 것이다.
	비용 산정	3형식	He asked me to **cost** our business trip next month. 그는 우리의 다음달 출장 비용을 산정해 달라고 요청했다.
	잃음/ 희생	3형식	Chain smoking can **cost** lives. 줄담배를 피우면 목숨을 잃을 수 있어요.
		4형식	Alcohol addiction **cost** me my job and my family. 나는 알코올 중독으로 직장과 가족을 잃었다.

crush

p.280

눌러 부수기	찌그러짐	3형식	His bike was completely **crushed** under the bus. 그의 자전거는 버스에 깔려 완전히 찌그러졌다.
	조각/가루	3형식	**Crush** the garlic first using the back of a spoon. 숟가락의 뒷부분을 이용해서 마늘을 짓이기세요.
	제패	3형식	It was reported that the rebellion was **crushed** by the government. 정부가 폭동을 진압했다고 보도되었다.
	좌절	3형식	My friends were completely **crushed** by his brutal criticism. 그의 혹독한 비판에 내 친구들은 자괴감에 빠졌다.
	욱여넣기	3형식	Over fifty students were **crushed** into a small messy classroom. 50명 이상의 학생들이 작고 지저분한 교실에 욱여넣어졌다.

darken

p.170

어둡게 만듦	물리적	1형식	The sky began to **darken** as black clouds approached. 먹구름이 다가오더니 하늘이 어두워지기 시작했다.
		3형식	He is pulling down the blinds to **darken** the room. 그는 방을 어둡게 하려고 블라인드를 내리고 있다.
	심리적	1형식	Her mood has **darkened**. 그녀는 기분이 우울해졌다.
		3형식	The misery has **darkened** the rest of my life. 이 고난이 내 여생을 불행하게 만들었다.

decide

p.130

선택 결정	1형식	We have to **decide** by the weekend. 우리는 주말까지 결정해야 해요.
	3형식	I have not **decided** where to hang the paintings. 그림들을 어디에 걸어야 할지 아직 결정하지 못했어.
결론 결정	3형식	I **decided** that my parents were right. 나는 부모님의 말씀이 옳다는 결론을 내렸다.
결과 결정	3형식	The weather will **decide** the outcome of this game. 날씨가 이 경기의 결과를 결정할 것이다.

depend

p.150

의존	의지	1형식	Newborn babies have to **depend** on their parents. 갓난아기는 자신들의 부모를 의지해야만 한다.
	믿음	1형식	Are you sure that we can **depend** on his word? 그의 말을 믿어도 된다고 확신하십니까?
	조건	1형식	Whether you get promoted or not **depends** on your performance. 당신이 승진하느냐 못하느냐는 당신의 성과에 달려있다.
	미정	1형식	He may join us or he may not—it **depends**. 그가 우리와 함께할 수도 아닐 수도 있다. 정해진 것은 없다.
	달림	1형식	The chandelier **depending** from the ceiling was made in the early 1900s. 천정에 매달려 있는 샹들리에는 1900년대 초에 만들어졌다.

die

p.199

| 활동 중단 | 죽음 | 1형식 | Many people **died** of hunger during the war. 많은 사람들이 전쟁 동안 굶어 죽었다. |
| | 멸종 | 1형식 | An increasing number of species will **die** out within ten years. 점점 더 많은 종들이 10년 내로 멸종할 것이다. |

고장		1형식	His phone **died**, so he was not able to reply to your text. 그는 전화 배터리가 다 돼서 네 문자에 답하지 못했어.
꺼짐		1형식	The room turned cold as the fire was **dying**. 난롯불이 꺼지면서 방이 싸늘해졌다.
사라짐		1형식	His achievement was so great that his name will never **die**. 그는 업적이 너무 위대해서 이름이 길이길이 남을 거야.
소멸		1형식	The storm that had hit the east coast **died** away this morning. 동해안에 상륙한 태풍이 오늘 아침 약화돼 소멸했다.
열망		1형식	We are **dying** to see you again. 우린 당신이 보고 싶어 죽겠어요.

dive
p.101

다이빙	물속	1형식	Do you have guts to **dive** into the river without any equipment? 어떤 장비도 없이 그냥 강에 뛰어들 배짱이 있나요?
	장비	1형식	I used to go **diving** every weekend. 나는 주말 마다 스쿠버 다이빙을 하러 가 곤했다.
급락	위치	1형식	The hawk soared and **dived** into water to catch fish. 매는 급상승했다가 물속의 물고기를 잡기 위해 급강하했다.
	가치	1형식	The shares I bought last week have **dived** by 75p. 지난 주에 산 주식이 75 포인트나 급락했다.
빠른 이동		1형식	We **dived** into the nearest café when we heard people screaming. 사람들의 비명 소리를 듣고 우리는 근처 카페에 급히 몸을 숨겼다.

drag
p.267

끌기	사물	1형식	Your scarf is **dragging** behind you. 스카프가 바닥에 쓸리네요.
		3형식	We managed to **drag** the boat down to the water. 우리는 배를 간신히 물가로 끌고 갔다.
	정보	3형식	We found it impossible to **drag** the truth out of him. 우리는 그에게서 진실을 이끌어내기가 불가능하다는 것을 알게 됐다.
	사람	3형식	Why don't you **drag** your kids away from the TV? 애들을 TV에서 떼어 놓는 게 어때요?
	절차	1형식	Their divorce lawsuit has **dragged** on for years. 그들의 이혼 소송은 몇 년째 지지부진하다.

| | 움직임 | 1형식 | We were all **dragging** after the long trip last week. 우리는 지난주에 장기간 여행을 한 뒤로 녹초가 되었다. |

drain
p.272

제거	물	1형식	Leave the plate to **drain** for a while. 접시가 마르게 잠깐 놔두세요.
		3형식	Don't **drain** the rice—it needs to absorb all the water. 물을 다 따라내지 마세요. 쌀이 물을 싹 흡수해야 하니까요.
	기운	3형식	He was completed **drained** after the long journey. 그는 긴 여행 끝에 체력이 완전히 고갈됐다.
	자원	3형식	The war **drained** this nation of its resources. 전쟁은 이 나라의 모든 자원을 앗아갔다.

draw
p.181

그리기		1형식	My son **draws** very well. 내 아들은 그림을 정말 잘 그려.
		3형식	I have **drawn** several pictures of my friends. 내 친구들을 모델로 그림을 몇 점 그리고 있어.
		4형식	Let me **draw** you a quick map. 제가 약도를 그려드리죠.
당기기	사물	특정 방향 3형식	Could you please **draw** the curtains? 커튼 좀 쳐 주시겠어요?
		꺼냄 3형식	I **drew** a letter from my pocket and gave it to her. 나는 주머니에서 편지를 꺼내 그녀에게 건넸다.
	사람	3형식	This site **draws** thousands of tourists every year. 이곳은 매년 수천 명의 관광객을 끌어모은다.
	합의/ 결론	3형식	Have you **drawn** any conclusion at the meeting yesterday? 어제 있었던 회의에서 결론이 났나요?

drip
p.237

방울져 떨어짐	1형식	He is **dripping** with sweat. 그는 땀을 뚝뚝 흘리고 있다.
		Her fingers are **dripping** with blood. 그녀의 손가락에서 피가 뚝뚝 떨어지고 있다.
	3형식	The candle is **dripping** wax down. 초에서 촛농이 뚝뚝 떨어지고 있다.

earn
p.73

노동	3형식	She **earns** $20 an hour working as a babysitter. 그녀는 보모로 일하면서 시간당 20달러를 받는다.
	4형식	Car exports **earn** this country billions of dollars per year. 이 나라는 자동차 수출로 연간 수십억 달러를 벌어들인다.
수고	3형식	After years of hard work, she has finally **earned** a long vacation. 수년간의 고된 근무를 끝에 그녀는 마침내 장기 휴가를 얻었다.
투자	3형식	Put your money in this account where it will **earn** interest. 이자가 붙는 이 계좌에 돈을 넣어 두세요.

eat
p.188

먹다	1형식	I don't feel like **eating**. Could you give me a glass of warm water? 입맛이 별로 없네요. 따뜻한 물 한 잔만 주시겠어요?
	3형식	I don't **eat** meat. Do you have other menu items for vegetarians? 저는 고기를 먹지 않아요. 채식주의자 메뉴는 따로 없나요?
훼손	1형식	Running water has gradually **eaten** into the rock. 흐르는 물이 바위를 조금씩 깎아냈다.
	3형식	The expenses for caring for his tens of dogs have **eaten** up most of his savings. 그는 수십 마리의 개를 돌보느라 예금이 거의 바닥났다.

expose
p.175

노출	물건/ 장소	3형식	The area is **exposed** to air during low tide. 이 구역은 간조 때 대기에 노출된다.
	상황	3형식	Have you ever been **exposed** to an English-speaking environment? 영어를 쓰는 환경에 노출된 적이 있나요?
폭로		3형식	His embarrassing private life was **exposed** to the public. 그의 민망한 사생활이 대중에 노출됐다.

face
p.59

직면	방향		1형식	They were **facing** each other across the street. 그 길을 사이에 두고 그들은 서로를 마주보고 있었다.
			3형식	I would like to book a room that **faces** the sea. 바다가 내려다보이는 방을 예약하고 싶어요.
	상황	처리	3형식	We could **face** the hassle of moving all these things again. 이걸 다 다시 옮겨야 하는 성가신 문제가 생길 수 있죠.
		수용	3형식	You have to **face** the truth. 넌 현실을 받아들여야 해.

fall p.27

위치 하락	1형식	떨어짐	The rain has been **falling** all day. 하루 종일 비가 내린다.
		넘어짐	My mother **fell** as she reached for the glass. 엄마는 물잔에 손을 뻗다가 넘어지셨다.
상태 하락	1형식		The sales in the automotive industry are expected to **fall** this year. 올해는 자동차 업계 매출이 떨어질 것으로 전망된다.
	2형식		She always **falls** asleep before midnight. 그녀는 항상 자정이 되기 전에 잠이 든다.

feed p.48

연료 제공	음식	1형식	A lion is a meat-eater and **feeds** on flesh. 사자는 육식동물이라 고기를 먹고산다.
		3형식	We should **feed** the kids first and have ours later. 아이들을 먼저 먹이고 우리는 나중에 식사해야겠어요.
		4형식	Did you **feed** your cat the tuna fish? 네 고양이한테 그 참치를 먹였어?
	연료 물질	3형식	It is freezing outside. Please keep **feeding** the fire. 밖이 엄청 추워요. 불을 계속 지피세요.
	기계	3형식	Have you **fed** the meter with coins? 미터기에 동전 넣었어요?
	정보	3형식	The information is **fed** over satellite networks to base stations. 정보는 인공위성 네트워크를 통해 기지국에 제공된다.

feel p.34

느끼기	2형식	I really **felt** sick. 저는 심하게 앓았어요.
	3형식	We are **feeling** hot air around us. 우리 주변에서 뜨거운 공기가 감지된다.
	5형식	I **felt** something crawling down my neck. 목에 무언가가 기어 내려가는 듯한 느낌이었다.
의견 갖기	1형식	Do you **feel** very strongly about our plan? 우리 계획에 확신을 갖고 있나요?
	3형식	I **feel** that we should leave right now. 우린 지금 당장 떠나야 할 것 같아.
	5형식	I **feel** myself privileged to practise medicine. 나는 의학에 종사하게 된 것을 영광스럽게 생각한다.

| 만지기 | 1형식 | I was **feeling** in the drawer for the money.
나는 돈을 찾으려고 서랍을 뒤지던 중이었다. |
| | 3형식 | They **felt** the coldness of their kids' faces.
그들은 아이들의 차가운 얼굴을 만졌다. |

fight
p.189

싸움	몸	1형식	I saw some boys **fighting** outside the building. 나는 건물 밖에서 남자아이들이 싸우는 것을 봤어요.
	말	1형식	They should stop **fighting** in front of their children. 그들은 자식들 앞에서 싸우는 것을 멈춰야 합니다.
	노력	1형식	The organization has **fought** for improvement of gender equality. 이 단체는 성평등 개선을 위해 노력해 왔다.
		3형식	It is important to start **fighting** your cold as soon as possible. 가능한 빨리 감기를 잡기 시작하는 것이 중요합니다.

fill
p.180

채우기	공간	공간	1형식	It looked like her eyes **filled** with tears. 그녀의 두 눈에 눈물이 그렁그렁 맺힌 듯했다.
			3형식	Please **fill** the bottle with fresh water. 그 병은 신선한 물로 채워주세요.
		구멍	3형식	The hole will be **filled** with concrete. 그 구멍은 콘크리트로 막을 거예요.
		강조	3형식	The smell of fresh baked bread **filled** the room. 막 구워 낸 빵 냄새가 방을 가득 채웠다.
	시간		3형식	He **fills** most of his time reading books. 그는 독서에 대부분의 시간을 보낸다.
	자리		3형식	The company plans to **fill** the position with skilled workers. 회사에서는 그 자리에 숙련공을 앉힐 계획이다.
	감정		3형식	Speaking in front of many people **fills** me with horror. 많은 사람을 상대로 연설하는 건 겁나는 일이다.
	필요		3형식	It is something to **fill** a need in the market. 이거라면 시장의 수요에 부합할 겁니다.

find
p.166

발견	3형식	I **found** my lost book in the closet. 나는 벽장에서 잃어버린 책을 발견했다.
	4형식	They are having difficulty **finding** themselves a place to live. 그들은 살 집을 찾는 데 어려움을 겪고 있다.
	5형식	His dog was **found** alive under the collapsed house. 그의 강아지는 무너진 집 아래에서 산 채로 발견되었다.
앎	3형식	We came home to **find** that someone had broken into the house. 우리는 집에 도착해서야 누군가가 침입했다는 사실을 알게 되었다.
	5형식	We **found** this tribe displaying a unique food culture. 우리는 이 부족이 독특한 음식 문화를 보여 준다는 점을 알게 되었다.

float
p.212

떠 있음	수면	1형식	In the lake, beavers were seen **floating** on their backs. 호수에서 비버들이 배를 뒤집어 떠 있는 모습이 보였다.
	이동	3형식	The sound of a beautiful music was **floating** out of his room. 아름다운 선율이 그의 방에서 흘러나왔다.
	방황	1형식	After dropping out of school, Jack **floated** around doing nothing. 잭은 학교를 그만두고 나서 아무것도 하지 않고 정처 없이 떠돌았다.
	제안	3형식	My father has **floated** the idea that we should move into a new place. 아버지는 우리가 새로운 곳으로 이사를 가야 한다고 제안하셨다.

flow
p.188

흐름	액체 기체	1형식	Where does this river **flow** down into the sea? 이 강은 어디서 바다로 흘러 들어가나요?
	사람 물건	1형식	Did you see a lot of traffic **flowing** into the stadium? 스타디움으로 많은 차량이 들어가는 것 보셨어요?
	진행	1형식	It seems that conversation between the two **flowed** freely. 두 명의 대화가 잘 진행된 건 같습니다.
	움직임	1형식	Her brown hair was **flowing** in the wind. 그녀의 갈색 머리가 바람에 흩날리고 있었다.
넘쳐남	풍족	1형식	Money has never **flowed** freely in my family. 우리 집은 돈이 풍족했던 적이 한번도 없다
	감정	1형식	Excitement suddenly **flowed** over my son, so I was not able to stop him. 내 아들이 갑자기 흥분을 해서 나는 그를 멈출 수가 없었다

fly

p.118

날기	1형식	They **flew** to London last night. 그들은 어젯밤에 비행기를 타고 런던으로 떠났다.
	3형식	They **flew** wounded soldiers to a safe place. 그들은 부상당한 병사들을 비행기에 태워 안전한 곳으로 데려갔다.
조종	1형식	I learned how to **fly** when I was young. 나는 어렸을 때 비행기를 조종하는 법을 익혔다.
	3형식	Can you **fly** an airplane? 넌 비행기를 조종할 수 있니?
날림	1형식	She ran past him with her hair **flying** behind her. 그녀는 머리카락을 흩날리며 그를 휙 지나갔다.
	3형식	The weather is good enough to **fly** a kite. 연을 날리기에 딱 좋은 날씨야.
이동	1형식	With the blast near the building, glass **flew** across the office. 그 건물 인근에서 일어난 폭발로 유리 파편들이 사무실로 쏟아져 들어왔다.
	2형식	The window has **flown** open. 창문이 갑자기 확 열렸다.

follow

p.105

따름	위치	이동	1형식	If you lead, we will **follow** behind. 당신이 이끈다면 우리가 그 뒤를 따르겠습니다.
			3형식	The cats **followed** me into the house. 고양이들이 내 뒤를 따라 집으로 들어왔다.
		코스	3형식	**Follow** this road, then you will see the cathedral soon.이 길을 따라가세요. 그러면 바로 대성당이 보일 겁니다.
	지시	이해	3형식	I cannot **follow** you, could you explain in detail? 이해가 안 되네요. 좀 자세히 설명해 주시겠어요?
		순종	3형식	The faithful **follow** the teachings of their religions. 독실한 신자들은 자기 종교의 가르침에 순종한다.
	시간		3형식	The earthquake has been **followed** by a series of minor aftershocks. 지진이 발생하고 나서 소규모 여진이 여러 차례 이어졌다.

form

p.135

| 형성 | 생성 | 1형식 | An idea began to **form** in my head.
아이디어 하나가 머릿속에 떠오르기 시작했다. |
| | 형태 | 1형식 | His students **formed** into lines against wall.
그의 학생들은 벽을 등지고 한 줄로 섰다. |

		3형식	My mother has **formed** the dough into small pieces. 어머니는 그 반죽을 작은 덩어리들로 나누셨다.

freeze

p.228

얼기	영하	1형식	The lake has **frozen** to a depth of over half a meter. 호수가 50센티미터 두께로 얼었다.
		2형식	The body **froze** solid. 그 시체는 꽁꽁 언 상태였다.
		3형식	The cold weather had **frozen** the clothes hanging on the washing lines. 추운 날씨에 빨랫줄에 걸려 있던 옷이 얼어 버렸다.
		5형식	This year's cold spell has **frozen** the ground hard. 올해 한파는 땅을 단단히 얼려 버렸다.
	냉동	1형식	Some vegetables **freeze** faster than others. 어떤 채소는 다른 채소보다 더 빨리 냉동된다.
		3형식	Why don't we **freeze** the cake that is left over? 남은 케이크는 냉동시키는 게 어떨까?
	추위	1형식	We are all **freezing**. Please close the window. 우리 전부 추워 죽겠어요. 창문 좀 닫아 주세요.
		3형식	He was **frozen** to death on his way to the base camp. 그는 베이스 캠프로 오다가 동사당했다.
	공포	1형식	We **froze** with horror as the dead body moved. 시체가 움직이자 우리는 공포심에 얼어붙었다.
	동결	3형식	Wages have been **frozen** at the level of last year. 임금이 작년과 같은 수준으로 동결되었다.

gather

p.58

모으기	사람	1형식	Union members have **gathered** in front of the headquarters. 노조원들이 본사 앞에 집합했다.
		3형식	Toddlers were **gathered** around the TV to see *Pororo*. <뽀로로>를 보려고 아기들이 TV 주변에 모여들었다.
	사물	3형식	What were you doing while she **gathered** her belongings? 그녀가 소지품을 챙길 때 당신은 뭘 했죠?
	정보	정보	3형식	How long does it take to **gather** all the data? 데이터를 다 수집하는 데는 얼마나 걸리나요?

	의견	3형식	From these notes, I **gathered** that it is not true. 이 메모들을 보고 사실이 아니라는 걸 알게 됐죠.
속도/힘		3형식	The train began to **gather** speed. 열차가 속도를 내기 시작했다.
증가		1형식	The sky turned dark as the clouds were **gathering**. 구름이 모여들면서 하늘이 어두워졌다.
팔	사람	3형식	He **gathered** his son up and left in a hurry. 그는 자신의 아들을 안고서 급히 떠났다.
	옷	3형식	The weather was so cold that she **gathered** her coat around her. 너무 추워서 그녀는 코트를 꽁꽁 동여맸다.

get

p.26

가짐	소유	3형식	I like a room that **gets** plenty of sunshine. 나는 채광이 잘되는 방이 마음에 들어요.
	적극	3형식	He was in trouble but **got** the money somehow. 그는 곤경에 처했지만 어쩐 일인지 돈을 구해 왔다.
	교통	3형식	Let's **get** a taxi, or we will be late. 택시 타자. 안 그럼 늦을 거야.
	고통	3형식	He **got** terrible headaches. 그는 심한 두통에 시달렸다.
	처벌	3형식	He **got** five years for fraud. 그는 사기죄로 5년을 선고받았다.
	가서 가짐	3형식	You should go and **get** your son from school. 당신은 학교로 가서 아들을 데려오는 게 좋겠어요.
		4형식	Would you **get** him some food, please? 그분께 음식 좀 가져다 주시겠어요?
	구매	3형식	Where did you **get** this great shirt? 이 멋진 셔츠는 어디서 샀어?
		4형식	Didn't you **get** your dad a present? 아버지께 선물 사드린 거 아니었어요?
닿음	장소	1형식	We managed to **get** to Los Angeles at 10 o'clock. 우리는 10시에 로스앤젤레스에 겨우 도착했다.
	상태	2형식	He **got** sick after his dog died. 그는 반려견이 죽고 나서 앓았다.

지점	2형식	You will be disappointed once you **get** to know him.
		그와 알고 지내다 보면 실망하게 될 거야.

이해	3형식	I could not **get** what he was saying.
		그 사람이 무슨 말을 하는 건지 못 알아들었어요.

만듦	만듦	5형식	When do you think you **get** the work finished?
			언제쯤 작업을 다 끝낼 것 같나요?

설득	5형식	My teacher **got** Jim to help me with my homework.
		선생님은 짐한테 내 숙제를 도와주라고 하셨다.

give
p.72

주기	물건	1형식	We are willing to **give** to charity.
			우리는 기꺼이 기부할 의향이 있습니다.

		3형식	The organization **gave** safety booklets to the participants.
			그 단체는 참가자들에게 안전 지침서를 제공했다.

		4형식	I hope he **gives** me another chance.
			그 사람이 내게 한 번 더 기회를 줬으면 해.

	행동	3형식	He **gave** the speech to the audience.
			그는 청중 앞에서 연설을 했다.

		4형식	My baby **gave** me a lovely smile.
			내 아기가 나랑스러운 미소를 지어 보였다.

	돈	3형식	How much did he **give** for this second-hand car?
			그 사람은 이 중고차를 얼마나 주고 산 거야?

		4형식	We **gave** him $50 and he kept the change.
			우리는 그에게 50달러를 줬고 그는 거스름돈을 챙겼다.

	형량	4형식	He was found guilty and they **gave** him five years.
			그는 유죄 판결을 받았고 5년형을 선고받았다.

순응		1형식	The branch **gave** under the weight of snow.
			눈 무게 때문에 나뭇가지가 휘어졌다.

go
p.115

가기	사람	1형식	They **went** into the church.
			그들은 교회로 들어갔다.

	길	1형식	This road **goes** to Seoul.
			이 길은 서울로 갑니다.

	시간	1형식	We have only a week to **go** before the vacation is over. 일주일 후면 방학이 끝난다.
	상태	2형식	My hair is **going** grey. 머리가 하얗게 세고 있어.
진행	특정 상황	1형식	How did your interview **go**? 면접은 잘 봤어요?
	옳은 방식	1형식	I am wondering why this watch won't **go**. 이 시계가 왜 멈춘 건지 모르겠네.
	조화	1형식	This color would **go** well with your shirt. 이 색깔이 네 셔츠랑 어울리겠는데.

grind p.281

갈기	가루	3형식	Do you know how to **grind** coffee beans without a grinder? 분쇄기 없이 커피콩을 어떻게 가는지 알아?
	연마	3형식	Tom has a special sharpening stone for **grinding** knives. 톰은 칼을 가는 데 쓰는 특수 연마석을 갖고 있다.
	소음	1형식	Some parts of the device are **grinding** noisily. 이 장치의 일부 부품에서 소음이 난다.
		3형식	He **grinds** his teeth and snores loudly. 그는 이를 갈고 크게 코를 곤다.
	눌러 문지름	3형식	As soon as I looked at him, he **ground** his cigarette into the ashtray. 내가 그를 본 순간 그는 담배를 재떨이에 문질러 껐다.

grow p.68

자람	크기 정도	1형식	Fears are **growing** as no sign has been found about the missing boys 실종된 아이들의 흔적을 찾지 못하자 우려가 깊어지고 있다.
	동물 식물	1형식	Bears **grow** quickly during the first three months of their birth. 곰은 출산 후 3개월동안 빠르게 성장한다.
		3형식	Rice has been **grown** in this region since ancient times. 고대부터 이 지역에서 쌀을 재배해 오고 있다.
	되기	1형식	He **grew** to understand his father as he had his own children. 자신의 아이가 생기면서 그는 아버지를 이해하게 됐다.
		2형식	They **grew** bored of the story. 그들은 이야기가 점점 지겨워졌다.

guard

p.208

보호	공격	3형식	He employed armed security officers to **guard** his safe. 그는 자신의 금고를 지키기 위해 무장 보안 요원을 고용했다.
	공개	3형식	You should have **guarded** the sources of information. 정보원을 보호했어야죠.
감시		3형식	Twenty prisoners are **guarded** by one prison officer. 교도관 1명이 20명의 죄수들을 감시한다.
주의		1형식	In order to **guard** against accidents, you must follow the instructions. 사고가 나지 않게 조심하려면 지침을 꼭 따라야 한다.

hack

p.243

마구 자르기	특정 대상	1형식	We **hacked** at the bushes and ventured into the unknown. 우리는 덤불을 헤쳐 나가면 미지의 세계로 들어갔다.'
		3형식	It bothered me a lot to see a butcher **hacking** off a chunk of meat. 푸줏간 직원이 고기 덩어리를 마구 자르는 것을 보는 게 힘들었다.
	해킹	1형식	Computer **hacking** has become so widespread that each country is seeking cooperation with Interpol. 컴퓨터 해킹이 너무 퍼져 각 국가들은 국제 경찰과의 공조를 꾀하고 있다.
		3형식	A man **hacking** the top-secret government data was arrested yesterday. 정부의 극비 자료를 해킹한 남자가 어제 체포되었다.
	축구	3형식	He managed to **hack** the ball away. 그는 간신히 공을 걷어 차 냈다.
	상황	3형식	Innumerous people have left this job because they couldn't **hack** it. 이 일을 감당하기 힘들어 쉴 수 없이 많은 사람들이 여기를 떠났죠.

happen

p.194

단순 발생	1형식	Nothing **happened** and no one was hurt. 아무 일도 일어나지 않았고 아무도 다치지 않았다.
우연 발생	3형식	I **happened** to be the best student in the class. 어쩌다 보니 내가 우리 반의 최우수 학생이 됐다.
우연 발견	1형식	I **happened** on a street with a line of old buildings. 어쩌다 보니 오래된 건축물들이 있는 골목에 들어섰다.

hatch

부화		1형식	We put the eggs in a warm place and the birds **hatched** the next morning. 우리는 알을 따뜻한 곳에 뒀고 새는 이튿날 아침 부화했다.
배양	알	3형식	Where do you think the eggs are best **hatched**? 알을 어디에 둬야 제일 잘 클까요?
	계획	3형식	Is this a little plan that you and your confederates **hatched** up last night? 이게 너랑 네 일당이 어젯밤에 작당한 일이야?

have

p.109

소유	소유	3형식	I want to **have** a two-story house. 나는 이층집을 갖고 싶다.
	경험	3형식	We **had** a wonderful time. 우리는 멋진 시간을 보냈어요.
	음식	3형식	Can I **have** a cup of coffee? 커피 한 잔 마셔도 될까요?
	행동	3형식	You should **have** a try if it is worthy. 그럴 만한 가치가 있다면 시도해 보세요.
허용		3형식	My mom won't **have** any bugs in the house. 엄마는 이 집에 벌레 한 마리도 못 들어오게 할 거야.
		5형식	The guard won't **have** these dogs running all over the flowerbeds. 경비는 이 개들이 꽃밭을 뛰어다니게 놔두지 않을 거야.
사역		5형식	We are going to **have** the door painted next month. 다음달에 방문 페인트 작업을 의뢰할 예정입니다.

hear

p.262

듣다	소리	1형식	The old people can't **hear** very well, so we should speak a little louder. 어르신들은 귀가 잘 들리지 않으니 우리가 좀 더 크게 말해야 돼요.
		3형식	"Can you **hear** me?" he yelled in a distance. "제 목소리 들리세요?"라고 그가 멀리서 외쳤다.
		5형식	I **heard** something crawling out of the room. 나는 무언가 방을 기어나가는 소리를 들었다.
	정보	1형식	If you haven't **heard** by 6 p.m., assume the project will go as planned. 오후 6시까지 별말 없으면 프로젝트는 계획대로 진행된다고 생각하세요.
		3형식	I haven't **heard** what happened to him. 그 사람한테 무슨 일이 있었는지 들은 바가 없는데.

경청	3형식	This case should be **heard** by the court. 이 사건은 법원 심리가 필요합니다.	

help
p.76

도움	자원 인력	1형식	These measures will **help** in protecting animals in danger of extinction. 이들 조치는 멸종 위기 동물 보호에 도움이 될 것이다.
		3형식	Does he **help** you with the housework? 그가 집안일을 도와주나요?
		5형식	The program **helps** you stay healthy. 이 프로그램은 건강을 유지하는데 도움이 될 거예요.
	향상	3형식	Professional competence will **help** your chance of promotion at work. 전문적인 능력은 일터에서의 승진 가능성을 높여 준다.
	용이	3형식	This will **help** to reduce the expenses. 이거면 지출을 줄이는 데 도움이 될 거야.
	음식	3형식	Can I **help** myself to some cake? 케익 좀 먹어도 될까요?

hide
p.87

사물	1형식	I felt that I could **hide** behind sunglasses, so I loved wearing them. 선글라스로 얼굴을 가릴 수 있다고 생각해서 애용했었죠.
	3형식	Where did you **hide** your diary when you were young? 어렸을 때 일기를 어디에 숨겼나요?
감정	3형식	I tried to **hide** my disappointment, but he noticed something not going well. 나는 실망감을 숨기려 애썼지만 그는 뭔가 잘못됐다는 걸 눈치챘다.

hit
p.262

치기	강력함	3형식	Fortunately, there was no one inside when the bus **hit** the house. 버스가 집을 들이받았을 때 다행히 아무도 없었다.
	손/물체	3형식	The old man **hit** the floor with his cane. 노인이 자신의 지팡이로 바닥을 쳤다.
	총/폭탄	3형식	The building was **hit** by bombs again. 그 건물은 또다시 폭탄 공격을 받았다.
	부정적 영향	3형식	Middle-income individuals have been worst **hit** by tax increases. 중산층은 증세로 가장 큰 타격을 입었다.

수준	3형식	BTS's new single **hit** the charts today at number 1. BTS의 새로운 싱글이 오늘자 차트에서 1위를 차지했다.
도착지	3형식	Take this road, and you will **hit** the beach at the end. 이 길로 가세요. 그러면 길 끝에 해변이 보일 거예요.

hold
p.34

일시성	유지	3형식	She was **holding** my bag while I opened the cabinet. 내가 사물함을 여는 동안 그녀가 내 가방을 들고 있었다.
		5형식	Could you **hold** the door open for me? 문을 잡아 주시겠어요?
	소유	3형식	I asked the store to **hold** this item for me. 나는 이 물건을 다른 사람에게 팔지 말라고 가게에 당부했다.
		5형식	The revels **held** him hostage for a week. 그 폭도들은 그를 일주일간 인질로 잡고 있었다.
	버팀	1형식	We hope our good luck will **hold**. 우리는 행운이 계속 따라주길 바라.
		3형식	The company is **holding** sales at its present level. 회사는 현수준의 판매량을 유지하고 있다.

imagine
p.233

상상	상상	3형식	Can you **imagine** walking into this haunted house alone? 이 흉가에 혼자 걸어 들어가는 모습을 상상이나 할 수 있겠어?
	생각	3형식	I **imagined** that the contract was made under threat of violence. 난 그 계약이 폭력으로 위협해서 성사된 거라고 생각했어.
		5형식	I **imagined** him to be the smartest man in the world. 나는 세상에서 그가 가장 똑똑한 남자라고 생각했다.
	거짓	3형식	We have never heard of that story—You must have **imagined** it! 우린 그런 이야기를 들은 적이 없어. 분명 네가 상상한 거겠지.

insist
p.259

끈질김	주장	1형식	She **insisted** on her innocence. 그녀는 자신의 결백을 주장했다.
		3형식	My son **insisted** that he did nothing wrong. 내 아들은 일관되게 잘못한 게 없다고 했어요.

요구	1형식		He **insisted** on seeing his lawyer. 그는 자신의 변호사를 만나겠다고 요구했다.
고집	1형식		She **insisted** on wearing winter boots. 그녀는 겨울 장화를 신겠다고 고집을 부렸다.

join p.72

붙이기	물건	3형식	He used strong glue to **join** these two pieces together. 그는 강력한 풀을 써서 이 두 개의 조각을 붙였다.
	사람	1형식	It is a nice club. You should **join**. 이 동호회 괜찮아요. 당신도 가입해요..
		3형식	I would like you to **join** us for dinner tonight. 오늘 저녁 식사는 우리와 함께하시면 좋겠어요.
	길	3형식	Keep walking, this path will soon **join** a larger track. 이 길을 계속 걷다 보면 곧 더 큰 오솔길과 만나게 될 거예요.

jump p.68

점프	뛰기	1형식	Here are tips for how to keep your kids from **jumping** in apartments. 아파트에서 아이가 뛰지 못하게 하는 팁이 여기 있습니다.
	넘기	1형식	I am wondering if you could **jump** over this fence. 나는 당신이 이 울타리를 뛰어 넘을 수 있을지 궁금합니다.
		3형식	She used to **jump** rope three to five times a week. 그녀는 일주일에 3~5회 정도 줄넘기를 하곤 했다.
	급한 이동	1형식	He **jumped** to his feet and saluted. 그는 갑자기 일어서더니 거수경례를 했다.
	놀람	1형식	A loud crash of thunder made everyone **jump**. 엄청난 천둥소리에 모두들 깜짝 놀랐다.
	급증	1형식	House prices have **jumped** this year by 200 percent. 올해 집값이 200%나 올랐다.
	건너 뛰기	3형식	They have **jumped** a few important steps of shipment. 그들은 선적과정에 중요한 몇 개의 단계를 건너뛰었다.

keep p.41

유지	2형식	상태	He **keeps** silent. 그는 침묵을 지켰다.
		동작	He **keeps** saying that. 걔는 그 말만 계속해.

		3형식	They **kept** my belongings. 그들은 내 소지품을 보관해 주었다.
		5형식	The party **kept** me awake all night. 파티 때문에 밤을 샜다.
지킴	약속/믿음	3형식	They **kept** the promise. 그들은 약속을 지켰다.
		3형식	She worked hard and **kept** her family. 그녀는 열심히 일해서 가족을 부양했다.
붙잡음	제지	3형식	My parents **kept** me from leaving the town. 부모님은 내가 마을을 떠나지 못하게 하셨다.

kick p.55

걷어차기	발	1형식	Can you feel the baby **kicking** inside you? 배 속에서 아기가 발로 차는 게 느껴져요?
		3형식	He teaches kids how to **kick** a soccer ball. 그는 아이들에게 축구공 차는 법을 가르친다.
		5형식	You have to **kick** the door open when your hands are full. 양손 가득 무언가를 들고 있으면 발로 문을 열어야 해요.
	습관	3형식	I've been smoking for a decade and need help to **kick** the habit. 난 10년간 담배를 피웠고 이 습관을 없애려면 도움이 필요해.
	자책	3형식	You will **kick** yourself if you sell your shares this time. 이 시점에 주식을 팔면 나중에 땅을 칠걸..

kill p.31

죽이기	생명	1형식	Driving while intoxicated will **kill**. 음주 운전은 생명을 앗아간다.
		3형식	Car crashes **kill** hundreds of people every year. 자동차 사고로 매년 수백명이 목숨을 잃는다.
	관계	3형식	Lack of trust can **kill** your relationship with Laura. 믿음이 부족하면 당신과 Laura와의 관계는 오래가지 못할 수 있다.
	고통	3형식	It would **kill** me if I were punished for what I am not guilty of. 내가 지은 죄도 아닌데 처벌받는다면 나는 미쳐버릴 거예요.
	웃김	3형식	I couldn't help laughing—they were **killing** me. 웃음을 멈출 수가 없었어요. 그들은 정말 웃겼어요.
	화남	3형식	My mother would **kill** me if she knew that I cut class. 수업 빼먹은 것 알면 엄마는 나를 죽이려 들 거야.

know
p.138

정보	1형식	A: What is her name? 그녀는 이름이 뭐예요? B: I don't **know**. 잘 모르겠네요.
	3형식	He doesn't **know** the name of every member in the council 그는 위원회에 속한 회원 하나하나의 이름을 알지 못한다.
확신	1형식	A: Do you think this drawer fit in here? 이 서랍이 여기에 들어갈까요? B: I don't **know**. Let's measure its length. 글쎄요. 길이를 측정해 봅시다.
경험	1형식	They do not **know** about computers at all. 그들은 컴퓨터에 대해 전혀 몰라요.
	3형식	I've **known** her since she was five. 나는 그녀를 5살 때부터 알고 지냈다.

launch
p.146

대대적인 시작	3형식	배	The ships are to be **launched** next month. 배가 다음달에 진수될 것이다.
		로켓	The instruction explains how to **launch** a rocket. 안내서에는 로켓을 발사하는 방법에 대한 설명이 나와 있다.
		계획	This company is going to **launch** the new advertising campaign for new products. 이 회사는 새로운 제품의 광고 캠페인을 시작할 예정이다.
		제품	The new clothing line will be **launched** soon. 새로운 의류 제품을 곧 선보일 예정이다.

lay
p.250

놓기	조심	3형식	I tried to **lay** the baby on the sofa. 나는 소파 위에 조심스럽게 아기를 내려놓으려 했다.
	너비	3형식	Seaweeds are being **laid** to dry on the floor. 해초를 바닥에 널어놓고 말리는 중이에요.
	아래	3형식	Workers are digging up the road to **lay** cables. 케이블을 깔기 위해 일꾼들이 땅을 파고 있다.
	알	3형식	What is the name of a bird that **lays** its eggs in other birds' nests? 다른 새의 둥지에 자신의 알을 낳는 새의 이름이 뭐죠?
	돈	3형식	I think he will be fired soon, but I would not **lay** money on it. 그 사람 곧 해고될 것 같아. 그렇다고 돈을 걸겠다는 건 아니고.
	준비	3형식	He began to **lay** his plans for attack. 그는 공격 계획을 짜기 시작했다.

| | 비난/
책임 | 3형식 | He is always trying to **lay** the blame on his friends.
그는 늘 친구들 탓으로 돌리려 한다. |

leap

p.104

갑작스러움	뛰어오름	1형식	We tried to **leap** over a stream. 우리는 시냇물을 뛰어넘으려고 했다.
	급한 이동	1형식	He **leaped** out of his car and picked up the package. 그는 차에서 뛰쳐나와 그 꾸러미를 가져갔다.
	급한 상승	1형식	He **leaped** to fame after his appearance on a TV show. 그는 TV쇼에 나오고 나서 일약 유명해졌다.
	급한 증가	1형식	Sales in the company **leaped** 300 percent. 회사 매출이 3백 퍼센트 급증했다.

learn

p.131

주제/과목	1형식	He has **learned** about the history of Korea. 그는 한국사를 배웠다.
	3형식	It is not easy to **learn** how to read at that early age. 그렇게 어린 나이에 글 읽는 법을 배우기란 쉬운 일이 아니다.
몰랐던 사실	1형식	I was disappointed to **learn** of my failure. 나는 실패했다는 걸 알고 낙담했다.
	3형식	She later **learned** that he had sent a love letter to her. 그녀는 그가 자신에게 연애 편지를 보냈다는 걸 나중에 알게 됐다.
깨달음	3형식	You have to **learn** that you can't do whatever you want. 원하는 게 있다고 다 할 수는 없다는 걸 깨달아야 해.

leave

p.69

떠남	장소	1형식	I will be **leaving** at Seven o'clock. 나는 7시에 떠날 예정이야.
		3형식	They left the building yesterday. 그들은 어제 그 빌딩을 떠났다.
	활동	3형식	I will **leave** work for personal reasons. 일신상의 이유로 일을 그만둘 예정입니다
두고 감	놓기	사물	3형식	Your left a book on the table. 너는 탁자 위에 책을 두고 갔어
		상징	3형식	He left a great mark in history. 그는 역사에 큰 족적을 남겼다

사망	3형식	He left his wife and two children. 그는 부인과 두 자녀를 두고 떠났다	
방임	5형식	He **leaves** his kids playing games. 그는 아이들이 게임을 하도록 내버려 둔다.	

lie

p.44

있다	누워	1형식	Could you please **lie** on your side? 옆으로 누워 보시겠어요?
		2형식	He **lay** asleep when the thief broke into the house. 도둑이 집에 들어왔을 때 그는 누워서 잠을 자고 있었다.
	장소/ 상태	1형식	The school **lies** halfway between my house and the subway station. 학교는 우리 집과 지하철역 중간에 있다.
		2형식	The flag **lay** flat on the ground. 국기가 바닥에 쫙 펼쳐져 있었다.
	존재	1형식	The strength of this company **lies** in its healthy corporate culture. 이 회사의 강점은 건전한 기업 문화에 있다.
거짓말		1형식	I suspect that he **lies** about his age. 그 사람 나이를 속이는 것 같아.

lift

p.181

들어올림	이동	1형식	The balloons have **lifted** high above the sky. 풍선들이 하늘 위로 높이 떠올랐다.
		3형식	She **lifted** her glass over her head. 그녀는 술잔을 머리 위로 들어올렸다.
	수준	3형식	The bank has **lifted** its interest rates. 은행이 금리를 올렸다.
	지위	3형식	This victory **lifted** our team into fourth place. 이번 승리로 우리 팀이 4위로 올랐다.
	정신	3형식	What is the best way to **lift** my spirit? 기운을 솟게 하려면 어떤 방법이 가장 좋을까요?
	법령	3형식	The ban on mini-skirts was **lifted** at last. 미니스커트 금지령이 마침내 해제되었다.

like

p.118

좋아함	3형식	I **like** your new style. 당신의 새로운 스타일이 마음에 들어요.
		I don't **like** making a big deal out of it. 난 이것 때문에 소란을 피우고 싶지 않아.
		We **like** to spend mornings with a tea. 우리는 차를 마시며 오전 시간을 보내는 것을 좋아한다.

live

p.167

살기	장소	1형식	He used to **live** in a shared house with five other men. 그는 다섯 명의 다른 남자들과 공영 주택에서 살았었다.
	방식	1형식	Soon I got used to **living** alone and enjoyed my independent life. 나는 혼자 사는데 곧 익숙해졌고 나의 독립적인 삶을 즐겼다.
		3형식	She always wanted to **live** her life to the full. 그녀는 항상 그녀의 인생을 만끽하며 살고 싶어했다.
	생계	1형식	He **lived** off a fortune that his parents had inherited, so he did not need to work. 그는 부모가 남겨준 재산으로 먹고 살았기 때문에 일할 필요가 없었다.
	목숨	1형식	She told me that she only had a few months to **live**. 그녀는 앞으로 몇 달 밖에 살지 못한다고 나에게 말했다.
	즐김	1형식	No one would want to be stuck in an office all the life—We have to **live**! 평생 사무실에 박혀 있기를 원하는 사람은 없을 꺼야. 신나는 삶을 살아야 한다고!
	존재	1형식	The memory of that moment has **lived** with me all my life. 그 순간의 기억을 내 인생에서 한번도 잊은 적이 없다.

look

p.44

보기	시선 이동	1형식	He **looked** out of the window and smiled at me. 그는 창밖을 바라보았고 내게 미소 지었다.
	짐작	1형식	He **looks** like a good person. 그는 좋은 사람 같아요.
		2형식	Watch your step!—the path **looks** icy. 발 밑을 조심하세요. 길이 얼어붙은 것 같아요.
	집중	1형식	**Look** at the time! It's getting late now. 시간 좀 봐. 벌써 늦었어.

		3형식	Why don't you **look** where we are going? 우리가 어디로 가는 건지 좀 잘 봐요.
찾기		1형식	He **looked** everywhere but couldn't find his son. 그는 구석구석 찾아봤지만 아들은 발견하지 못했다.

make
p.108

만들어 냄	자원	3형식	He **made** gooey cookies. 그는 꾸덕한 쿠키를 만들었다.
		4형식	She **made** him a toy. 그녀는 그에게 장난감을 만들어 주었다.
	노동	3형식	He **makes** $ 40,000 a year as a teacher. 그는 교사로 근무하면서 매년 4만 달러를 번다.
	행동	3형식	He had to **make** a phone call. 그는 전화를 걸어야 했다.
하게 만듦	사역	5형식	You cannot **make** your kids study, if they don't want to. 아이가 원치 않으면 억지로 공부를 시킬 순 없어.
	원인	5형식	The heavy makeup **makes** you look middle-aged. 두껍게 화장하면 중년처럼 보여요.

march
p.236

결의	걷기	1형식	He **marched** up to her and kissed passionately. 그는 그녀에게 돌진해 열정적인 키스를 퍼부었다.
	시위	1형식	Millions of people **marched** in protest against the proposed new plan. 수백만 명이 새로 제안된 계획에 반대하는 시위를 벌였다.
	행진	1형식	The soldiers **marched** 30 miles every day. 군인들은 매일 30마일을 행군했다.
	끌고감	3형식	My mother gripped my arm and **marched** me off to his office. 엄마는 내 팔을 잡고 그의 사무실로 끌고 갔다.

match
p.276

같음	동등	3형식	How can we **match** the service this shop provides to its customers? 이 가게에서 제공하는 서비스를 어떻게 고객 수준에 맞출 수 있을까요?

	동일	1형식	These two fingerprints don't **match**. 이 두 지문은 일치하지 않습니다.
		3형식	He seems to **match** the description the witness has given. 그의 인상착의가 목격자의 진술과 일치하는 것 같아요.
어울림		1형식	I don't think these two colors **match** each other. 이 두 색이 어울리지 않는 것 같아요.
		3형식	Does this scarf **match** my blouse? 이 스카프가 블라우스랑 어울리나요?
	찾기	3형식	This agency **matches** you with a suitable partner. 이 업체는 당신에게 적합한 동반자를 찾아드립니다.

mean
p.114

뜻	3형식	These words **mean** that your claim was wrong. 이 말은 당신의 주장이 잘못됐다는 의미예요.
결과	3형식	One more drink **means** divorce. 한 잔만 더 마시면 바로 이혼이야.
의도	3형식	She didn't **mean** any harm. 그녀는 해를 끼칠 생각은 없었어.
가치	1형식	This book **means** a lot to me. 이 책은 제겐 아주 소중한 거예요.

measure
p.147

물리적 단위	1형식	The screen of this TV **measures** 55 inches diagonally. 이 TV 화면은 55인치입니다.
	3형식	This machine **measures** the height of this room. 이 기계는 이 방의 높이를 측정합니다.
상징적 단위	3형식	It is impossible to **measure** the damage done to our company. 우리 회사가 입은 손해를 측정하는 건 불가능해요.

melt
p.277

| 녹음 | 액화 | 1형식 | The frozen river shows no sign of **melting**.
 꽁꽁 언 강은 녹을 기미가 안 보인다. |
| | | 3형식 | The heat has **melted** the chocolate.
 열이 초콜릿을 녹여버렸다. |

감정/ 긴장	1형식	The tension between the two countries has begun to **melt**. 두 국가 간의 긴장이 완화되고 있다.
	3형식	The children's beautiful faces **melted** his heart. 어린이들의 해맑은 얼굴이 그의 마음을 누그러뜨렸다.
사라짐 (away)	1형식	The crowd **melted** away as it started to rain. 비가 내리자 군중들이 서서히 사라졌다.
묻힘 (into)	1형식	The bodyguard **melted** into the background until she gave him a sign. 경호원은 그녀가 신호를 보낼 때까지 배경에 묻혀 있었다.

move
p.273

이동	위치	1형식	He **moved** to the window. 그는 창가로 갔다.
		3형식	Do you mind **moving** your car? I can't get mine out. 차 좀 빼 주시겠어요? 제 차가 못 나가서요.
	이사	1형식	My family **moved** to Seoul when I was five years old. 내가 다섯 살 때 우리 가족은 서울로 이사를 왔다.
상태	진전	1형식	Now that we have enough resources, we can **move** forward with our project. 이제 충분한 자원을 확보했으니 프로젝트를 진행할 수 있어요.
	동요	3형식	He felt deeply **moved** by her incredible life story. 그는 그녀의 놀라운 인생사에 큰 감동을 받았다.
	추동	5형식	Her love of ballet **moved** her to take lessons at the age of 50. 발레에 대한 애정은 50세의 그녀를 발레 수업으로 이끌었다.

need
p.49

필요성	3형식	I **need** you here. 네가 여기 있어 줘야겠어.
	5형식	We **need** you to help him move these heavy boxes. 그 사람이 이 무거운 상자들을 옮기는 걸 도와주도록 해요.
당위성	3형식	The house **needs** cleaning. 이 집은 청소를 해야 해.
	5형식	He **needs** his shirt washed. 그는 셔츠를 빨아야 해.

observe

p.134

관찰	보기	3형식	They were **observing** what was happening on the street. 그들은 길에서 벌어지고 있는 일을 유심히 보고 있었다.
	감지	3형식	She **observed** a look of worry in Annie's face. 그녀는 애니의 얼굴에서 근심을 보았다.
	입장	3형식	He once **observed** that Jack lives in hell. 한번은 그가 잭이 지옥 같은 삶을 산다고 말했다.
준수	규칙/ 법	3형식	Participants must **observe** the rules of the race. 참가자들은 반드시 이 경기의 규정을 준수해야 한다.
	관습	3형식	People in this town still **observe** their traditional practice. 이 마을 사람들은 여전히 전통적인 관습을 지키며 산다.

pay

p.122

지불	1형식		I prefer to **pay** by credit card. 나는 신용카드로 결제하는 것을 선호합니다.
	3형식	사람	How much did you **pay** the taxi driver? 택시 기사에게 얼마를 지불했나요?
		대상	Did you **pay** the bill at the restaurant? 레스토랑에서 당신이 음식값을 냈나요?
	4형식		You have to **pay** him $1,000 dollars if you sign the contract. 계약서를 체결하면 너는 그에게 1,000달러를 지불해야만 한다.
	5형식		We need to **pay** a plumber to repair the burst pipe. 배관공이 터진 파이프를 수리하려면 그에게 비용을 지불해야 한다.
혜택	1형식		Lying really doesn't **pay**! 거짓말은 정말 도움이 되지 않아!
	3형식		It would **pay** you to be cautious when driving. 운전할 때 주의를 기울이는 것이 너에게 좋을 꺼야.
고통	1형식		I am certain he will **pay** for that remark. 그는 그 말로 고초를 겪을 거야.
특정 행동	3형식		Could you **pay** attention a second? 잠시만 집중해 주세요.
	4형식		I will **pay** you a visit when I am in your town. 당신 동네에 가면 꼭 들르겠습니다.

perform
p.216

보여주기	업무	3형식	I had him **perform** several simple tasks to test his aptitude. 나는 그의 적성을 시험하기 위해 몇 가지 간단한 업무를 맡겼다.
	성능	1형식	This car **performs** well on unpaved loads. 이 차는 비포장도로에서 잘 달린다.
	공연	1형식	The band always **performs** live. 그 밴드는 항상 라이브 공연을 한다.
		3형식	The play has been **performed** hundreds of times. 이 연극은 수백 회에 걸쳐 상연되었다.

pick
p.184

손가락	이동	3형식	She **picked** a card out of the box. 그녀는 상자에서 카드를 꺼냈다.
	제거	3형식	Could you please **pick** that piece of fluff off her black dress? 그녀의 검은 드레스에 붙은 보풀을 좀 떼어내 주실래요?
	꺾기	3형식	They are **picking** some roses for Julia's house. 그들은 줄리아의 집을 꾸미려고 장미꽃을 조금 꺾고 있다.
	코	3형식	I don't know how to stop him **picking** his nose. 애가 코를 못 후비게 하려면 어떻게 해야 좋을지 모르겠네요.
	악기	3형식	You are singing and I am **picking** my guitar. 당신은 노래하고, 나는 기타를 연주하죠.
	선택	3형식	He was asked to **pick** a criminal from a series of photos. 그는 여러 사진 중에서 범죄자를 골라내라는 요청을 받았다.
		5형식	One of my friends has been **picked** to play for the national team. 내 친구 중 한 명이 국가대표팀 선수로 발탁되었다.

play
p.198

재미있게 하기	놀이	1형식	Leave your children **playing** with the other kids. 다른 아이들과 놀게 애들을 그냥 놔두세요.
	게임	1형식	She is going to **play** in the tennis match on Sunday. 그녀는 일요일에 테니스 경기에 나갈 예정이다.
		3형식	He won't be able to **play** cards with us. 그는 우리랑 카드 게임을 못할 거야.
	공연	1형식	Have you heard that *Hamlet* is going to **play** at the festival? 축제 때 「햄릿」이 상연된다는 소식 들었어?

		3형식	She is **playing** a satanic serial killer in a new movie. 그녀는 새 영화에서 극악무도한 연쇄 살인범을 연기한다.
	연주	1형식	The band **played** at the park and I watched from a distance. 그 밴드가 공원에서 공연을 했고 나는 멀리서 지켜봤다.
		3형식	She learned how to **play** the guitar at the age of eleven. 그녀는 11살 때 기타를 연주하는 법을 배웠다.
		4형식	You should **play** us the song right now! 당장 그 곡을 들려줘!
	광선	1형식	Many colorful beams of light were **playing** above us. 형형색색의 수많은 광선들이 머리 위에서 신나게 움직이고 있었다.

pop
p.217

갑작스러움	등장	1형식	She **popped** into my office without notice. 그녀가 연락도 없이 내 사무실에 나타났다.
	이동	1형식	When I opened the box, something **popped** out. 상자를 열었을 때 무언가가 튀어나왔다.
		3형식	Jack **popped** his head into the room and winked at me. 잭은 방 안으로 머리를 불쑥 내밀어 내게 윙크했다.
	소리	1형식	The overblown balloon finally **popped**. 너무 크게 부푼 풍선이 결국 펑 터졌다.
		3형식	I **popped** the cork and let the wine run. 나는 코르크를 뽑아 와인을 따랐다.

practice
p.101

규칙 적인 행동	연습	1형식	I used to tune my guitar before I **practiced**. 나는 연습을 하기전에 기타를 조율하곤 했다.
		3형식	He paired his students up when they **practiced** conversational skills 회화 연습 때 그는 학생들을 두 명씩 짝을 지웠다.
	직업	1형식	She has been **practicing** as a dentist for more than a decade. 그녀는 10년 넘게 치과 의사 일을 하고 있다.
		3형식	He was banned from **practicing** law after he was found to be guilty. 유죄 판결 후 그의 변호사 활동은 금지되었다.
	일상	3형식	About a million Muslims **practice** their religion every day in this area. 백만명 정도의 이슬람교도가 이 지역에서 종교활동을 한다.

pull

p.62

위치	1형식	We can move this case. You **pull** and I'll push. 우리가 이 덮개를 옮길 수 있어요. 당신이 당기면 제가 밀게요.
	3형식	He kept **pulling** her hair. 그는 계속 그녀의 머리카락을 잡아당겼다.
	5형식	He **pulled** the window closed. 그는 창문을 당겨 닫았다.
분리	3형식	They are busy **pulling** up the weeds. 그들은 잡초를 뽑느라 바쁘다.
유인	3형식	The street concert has certainly **pulled** in passersby. 거리 음악회가 분명 행인들을 끌어당겼다는 건 분명했다.
방향	1형식	The train was **pulling** out of the station. 기차가 역을 빠져나가고 있었다.

push

p.263

힘	밀기	1형식	The car is stuck in the mud. We have to **push** hard to move it. 차가 진창에 빠졌어요. 차를 움직이려면 힘껏 밀어야 해요.
		3형식	No matter how hard you **push** the gate, it won't budge. 아무리 세게 대문을 밀어도 꿈쩍도 안 할 거예요.
		5형식	We **pushed** the door open to find nothing. 우리는 문을 밀어 열었지만 아무것도 발견하지 못했다.
	뚫기	1형식	He **pushed** past the waiting fans and entered the concert hall. 그는 기다리고 있던 팬들을 뚫고 공연장으로 들어갔다.
		3형식	She **pushed** her way through the crowds to get to the front. 그녀는 군중을 헤치며 앞쪽으로 나아갔다.
	상태	3형식	Population growth will **push** food prices up. 인구 증가는 식품 가격을 상승시킬 것이다.
	설득	3형식	His parents **pushed** him into creating his own family before he reached his 30s. 그의 부모는 30대가 되기 전에 가정을 꾸리라고 그를 압박했다.
		5형식	They should have **pushed** him to accept the offer. 그들은 제안을 받아들이라고 그를 압박했어야 했다.

quit

p.154

행위	3형식	You had better **quit** teasing your friends. 친구들을 놀리는 짓은 그만두는 게 좋을 거야.
직장	1형식	I am certain that he will **quit** if he doesn't get a promotion. 그는 승진하지 못하면 분명 그만둘 거야.
	3형식	They are wondering why she has **quit** her job. 그들은 그녀가 왜 직장을 그만뒀는지 궁금해한다.
장소	3형식	He **quit** school and started his own business. 그는 학교를 그만두고 자기 사업을 시작했다.

reach

p.82

도착	장소	3형식	This place can be only **reached** by airplane. 이곳은 비행기로만 갈 수 있습니다.
	수준	3형식	He resigned before he **reached** retirement age. 그는 정년이 되기 전에 그는 퇴직했다.
	결론/ 합의	3형식	We **reached** the conclusion that there was no way to go. 우리는 더 이상 해결 방법이 없다는 결론에 도달했다.
	뻗기	1형식	He **reached** inside his bag for a receipt. 그는 영수증을 찾으려고 가방 안에 손을 넣어 뒤졌다.
		3형식	She **reached** the switch and turn the light off. 그녀는 전등 스위치로 손을 뻗어 불을 껐다.
	연락	3형식	We have tried to **reach** Mr. Park all day but there was no response. 우리는 박 선생님께 종일 연락해 봤지만 응답이 없었어요.

read

p.166

의미/ 상징	1형식	I **read** about his turbulent life in this article. 나는 이 기사에 나온 그의 파란만장한 삶에 대해 읽었다.
		This book **reads** well. 이 책은 잘 읽힌다.
	3형식	It was so dark that we couldn't **read** the map. 너무 어두워서는 우리는 지도를 읽을 수 없었다.
상황	3형식	You should **read** the situation correctly, or you will get in trouble. 상황을 제대로 판단해야 합니다. 안 그러면 곤란해질 거예요.
소리	1형식	He **read** quickly and loudly. 그는 시끄러운 소리로 빠르게 읽었다.

3형식	She stood by the table and **read** the letter aloud. 그녀는 탁자 옆에 서서 큰소리로 편지를 읽었다.
4형식	My mom used to **read** me a book until I fell asleep. 엄마는 내가 잠이 들 때까지 책을 읽어 주시곤 했다.

receive p.123

받음	받음	3형식	He has **received** an avalanche of letters from his fans. 그는 그의 팬들로부터 산더미 같은 편지를 받았다.
	대접 환영	3형식	We **received** a cordial reception as soon as we arrived at the hotel. 우리는 호텔에 도착하자 마자 후한 대접을 받았다.
	인상	3형식	They **received** an impression that he looked down on them. 그들은 그가 자기들을 얕본다는 인상을 받았다.
	평가	3형식	His new novel has been well **received** by the critics. 그의 새로운 소설이 비평가들에게 좋은 평가를 받고 있다.
	입단	3형식	Three new hires have been **received** into the company's golf club. 세명의 신입사원이 회사 골프동호회에 가입했다.
	신호 수신	3형식	TV stations must have a device for sending and **receiving** signals. TV방송국은 신호를 보내고 받을 수 있는 장치가 있어야 한다.

recognize p.276

인식	알아보기	3형식	You might not **recognize** her because she has changed a lot. 그녀가 너무 달라져서 넌 못 알아볼지도 몰라.
	존재	3형식	He has **recognized** the increasing demand of eco-friendly devices. 그는 친환경 장비의 수요 증가를 인지하고 있다.
인정	공식	3형식	The government has refused to **recognize** this organization as a trade union. 정부는 이 단체를 공식적인 노동조합으로 인정하려 하지 않는다.
	우수함	3형식	This book is **recognized** as an excellent learning resource. 이 책은 탁월한 학습 자료로 검증받았다.
	업적	3형식	His contribution has been **recognized** with Best Employee Award. 최우수직원상으로 그의 업적에 감사를 표했다.

return
p.246

되돌아옴	사람	1형식	How long have you waited for your son to **return**? 아들이 돌아오길 얼마나 오래 기다렸나요?
	상태/ 감정	1형식	This pain can be managed but not cured, so it can **return** anytime. 이 통증은 관리할 수는 있지만 치료가 안 돼 언제든 재발할 수 있다.
	사물	1형식	I **returned** the book that I had borrowed last month to the library. 지난달에 빌린 책을 도서관에 반납했다.
	행동	1형식	Do you think you can **return** her love? 그녀의 사랑에 화답할 수 있을 거라고 생각해요?
	요청	1형식	He never **returns** my request. 그는 나의 요청을 반려하는 법이 없다.

ride
p.198

타기	동물	1형식	I had never **ridden** again after the accident. 나는 사고 이후로 다시는 말을 타지 않았다.
		3형식	Mike is **riding** his pony in the garden. 마이크는 정원에서 자기 조랑말을 타고 있어요.
	운송	1형식	I don't have a car so I **ride** to work on the train. 저는 차가 없으시 출근힐 때 열차를 탑니다.
		3형식	There was no available public transportation, so she had to **ride** a bike. 이용 가능한 대중 교통이 없어 그녀는 자전거를 타야 했다.
	파도	1형식	Young surfers are flocking to the beach to learn how to **ride** on storm waves. 젊은 서퍼들이 폭풍 파도를 타는 법을 배우기 위해 몰려들고 있다.

risk
p.139

위험	감수	3형식	He had a good enough reason to **risk** losing his house. 그는 자신의 집을 잃을 위험을 무릅쓸 만한 충분한 이유가 있었다.
	위태	3형식	People are willing to **risk** their own lives to keep the independence of their country. 국민들은 조국의 독립을 지키려 기꺼이 자신들의 목숨을 걸 의향이 있다.

run
p.35

달리기	1형식	This bus **runs** every hour. 이 버스는 한 시간마다 다닌다.
	2형식	The gap between the two **runs** deep. 두 사람은 골이 깊어요.

운영하기	1형식	I had to have the new computer **running** before noon. 나는 정오가 되기 전에 새 컴퓨터를 작동시켜야 했다.
	3형식	He has **run** this restaurant since last year. 그는 지난해부터 이 식당을 운영하고 있다.
흐르기	1형식	My tears were **running** down my cheek. 눈물이 뺨을 타고 흘러내렸다.
	3형식	I turned the tap on and **ran** the water on my hand. 나는 수도꼭지를 틀었고 물이 손등을 타고 흘렀다.

save
p.247

구조		3형식	He **saved** his son from drowning. 그는 물에 빠진 아들을 구조했다.
아낌	보관/ 소중히 여김	1형식	He is **saving** up for a new house. 그는 새집을 사기 위해 저축을 하고 있다.
		3형식	She **saved** all her letters so that she could remember her fun days. 그녀는 즐거웠던 시절을 기억하려 모든 편지를 모아 두었다.
		4형식	Could you please **save** me a seat? 제 자리를 좀 맡아주시겠어요?
	절약	3형식	I think we will **save** time if we take the train. 기차를 타면 시간을 아낄 수 있을 거야.
		4형식	Your help has **saved** me a lot of work. 도와주셔서 제 일이 크게 줄었어요.

search
p.90

검색	물건	1형식	While **searching** among some old boxes, I found your diary. 낡은 상자를 뒤지다 네 일기장을 찾았어.
		3형식	He desperately **searched** his pocket for some money. 그는 절박한 마음에 돈이 좀 있을까 싶어 그의 주머니를 뒤졌다.
	컴퓨터	3형식	We **searched** the Internet for the best artworks of contemporary artists. 우리는 동시대 예술가의 최고 작품들을 인터넷에서 검색했다.
	몸	3형식	Visitors are regularly **searched** for any prohibited items. 반입금지 물품을 수색하기 위해 방문객 검색이 주기적으로 실시된다.
	해결 방법	1형식	Scientists are **searching** for ways to defeat COVID-19. 과학자들은 코로나 바이러스를 퇴치할 방안을 찾는 중이다.

see

보기	보기		1형식	I can **see** now that you turned on the light. 당신이 불을 켜니까 이제 보이네요.
			3형식	He looked out of the window and **saw** her in the crowd. 그는 창문 밖을 바라보다 군중 속에서 그녀를 보았다.
			5형식	Did you **see** a man playing golf in the yard? 앞뜰에서 골프 치고 있는 남자 봤어요?
	방문		3형식	My mother has to **see** a doctor every week. 우리 어머니는 매주 진료를 보러 가야 합니다.
	교제		3형식	How long have you been **seeing** Mike? 마이크랑 얼마나 교제했어요?
	발생		3형식	This year has **seen** unprecedented development of medical science. 올해 의학계에서는 유례없는 진전이 있었다.
알기	이해		3형식	I don't think you can **see** my point of view. 내 의견의 요지를 이해하지 못한 것 같군요.
	생각		3형식	Do you **see** this car as a kind of bribe? 이 차를 일종의 뇌물이라고 생각하는 거예요?

separate

p.195

분리	사물	물체	3형식	The east and west of this village are **separated** by a stream. 이 마을은 하천을 기준으로 동쪽과 서쪽으로 나뉜다.
		개념	3형식	It is sometimes hard to **separate** our thinking from our activity. 때때로 생각과 행동을 분리하기가 힘들다.
	사람		1형식	Why don't we **separate** now and meet up later? 일단 각자 일보다가 나중에 만나는 건 어때?
			3형식	I got **separated** from my wife in the rush to get out of the store that caught fire. 불이 난 상점에서 뛰쳐나오다가 아내와 떨어졌다.
	관계		1형식	His parent **separated** and ended up with a divorce last year. 그의 부모님은 별거했다가 작년에 결국 이혼했다.

set

p.119

놓기	장소	3형식	My father has **set** a chair by his bed. 아버지는 침대 옆에 의자 하나를 두셨다.
	상태	5형식	The hostages were finally **set** free after years of ordeal. 수년간의 고난 끝에 인질들이 마침내 풀려났다.

정하기	원칙	3형식	The council has **set** new standards. 위원회는 새 기준을 세웠다.
	날짜	3형식	Haven't you **set** a date for the meeting yet? 회의 날짜를 아직도 안 정했어요?
	세팅	5형식	The heating is **set** to come on at 9 a.m. isn't it? 난방 시작이 오전 9시로 설정돼 있죠, 그렇지 않나요?

settle

p.155

가라앉음	이견	1형식	We have decided to **settle** out of court. 우리는 법정까지 가지 않고 합의하기로 결정했다.
		3형식	They haven't yet **settled** how to start their new project. 그들은 새 기획을 어떻게 시작할지 아직 합의하지 못했다.
위치	사물	1형식	Dust has **settled** on all the surface of this empty room. 이 빈 방의 바닥에는 온통 먼지가 쌓여 있다.
	사람	1형식	He has **settled** in New York to continue his studies. 그는 공부를 계속하려고 뉴욕에 정착했다.
휴식		1형식	He always **settles** in front of the TV after dinner. 그는 저녁 식사가 끝나면 항상 TV 앞에서 편히 쉰다.
		3형식	He **settled** himself down with a glass of wine and fell asleep. 그는 편하게 와인 한 잔을 즐기다가 잠이 들었다.
지불		1형식	Your payment is overdue. Make sure to **settle** immediately. 대금이 연체되었습니다. 즉시 결제 바랍니다.
		3형식	Please **settle** your bill right now. 지금 바로 계산해 주시기 바랍니다.

shade

p.242

그늘	빛	3형식	Old city streets were completely **shaded** by newly-built skyscrapers. 오래된 도시 골목이 새로 지은 고층빌딩으로 완전히 그늘 져 있었다.
	음영	3형식	Why is this part of the painting **shaded**? 왜 그림의 이 부분에 음영을 넣었을까요?
변화	변화	1형식	His dislike of woman has **shaded** into misogyny. 그의 여성에 대한 반감은 점차 여성 혐오증으로 변했다.
	번짐	1형식	The leaf is bright red at its base, **shading** into dark brown at its tip. 잎 아래의 밝은 붉은색은 끝으로 갈수록 암갈색으로 번져갔다.

shine

p.83

빛남	생산	3형식	The sun was **shining** brightly in a clear blue sky. 맑게 갠 푸른 하늘에서는 태양이 밝게 빛나고 있었다.
	광택	3형식	Why are you **shining** your shoes and ironing your shirt? 왜 구두를 닦고 셔츠를 다리는 거예요?
	비춤	3형식	He walked along the hallway and **shone** a flashlight into every room. 그는 복도를 따라 걸으면서 방마다 손전등을 비췄다.
	두각	1형식	He is terrible at science but **shines** in arts. 그는 과학은 못하지만 예술 분야에서는 두각을 보인다.

sit

p.45

앉기	위치	1형식	He glanced around as he **sat** at his desk. 그는 자신의 책상에 앉으며 주변을 힐긋거렸다.
		3형식	The child's father lifted her and **sat** her on the top bunk. 아이의 아빠는 아이를 안아 올려 2층 침대에 앉혔다.
	상태	1형식	The village **sits** at the end of the valley. 그 마을은 계곡 끝자락에 자리잡고 있다.
		2형식	The letter **sat** unopened on the table. 그 편지는 개봉되지 않은 채 탁자 위에 놓여 있었다.
	지위	1형식	Do you think she is going to **sit** on the committee next year? 내년에도 그녀가 위원직을 유지할 것 같나요?

sleep

p.208

잠	잠자기	1형식	We don't have an extra bed. Do you mind **sleeping** on the floor? 여분의 침대가 없어요. 바닥에서 주무셔도 괜찮으시겠습니까?
		3형식	How many guests does this hotel **sleep**? 이 호텔의 투숙객은 몇 명인가요?
	심사숙고	1형식 (+on)	Let me **sleep** on it and tell you my idea tomorrow morning. 곰곰이 생각해 보고 내일 아침에 제 생각을 당신께 알려드리죠.
	성관계	1형식 (+with)	Did you **sleep** with him last night? 너 어젯밤에 그 사람하고 잔 거야?

slide
p.31

미끄러짐	표면	1형식	A car **slid** off the road and hit a barricade. 차가 도로에서 미끄러져 나가 바리케이드를 부딪쳤다.
		2형식	The door was **sliding** open of itself. 문이 미끄러져 저절로 열렸다.
		3형식	Don't **slide** your hand along the rail—it may hurt you. 난간을 손으로 훑지 마세요. 다칠 수도 있습니다.
		5형식	He noticed his boss coming and quietly **slid** the drawer shut. 그는 보스가 다가오는 것을 봤고 서랍을 조용히 닫았다.
	빠른이동	1형식	They **slid** into bed and fell asleep at once. 그들은 잠자리에 들었고 바로 잠이 들었다.
		3형식	He was **sliding** the envelop into his pocket. 그는 편지봉투를 주머니에서 재빨리 집어넣었다.
	하락	1형식	The birth rate has **slid** to the lowest level. 출산율이 최저치로 내려갔다.
	나쁜상황	1형식	The world economy is **sliding** into recession. 세계 경제가 불황에 빠져들고 있다.

soak
p.86

수분 흡수	젖음	3형식	The wind may blow the rain in and **soak** the curtain. 바람 때문에 비가 집 안으로 들이쳐서 커튼이 젖을지도 몰라요.
	통과	3형식	I bandaged the cut but the blood **soaked** through it. 나는 베인 상처에 붕대를 감았지만 피가 스며 나왔다
	담금	1형식	Leave the rice to **soak**. 쌀을 물에 담가 두세요.
		3형식	**Soak** the clothes for a few hours and the stain should come out. 옷을 몇 시간 물에 담가 두면 얼룩이 빠질 거예요.

spread
p.86

펴기	3형식	She **spread** a towel on the ground and sat down. 그녀는 바닥에 수건을 펼치고 앉았다.
확산	1형식	The fire **spread** so rapidly that it was very difficult to put it out. 불이 너무 빠르게 번져 진화하기가 매우 어려웠다.
이동	1형식	The students **spread** out across the ground. 학생들이 운동장에 넓게 흩어져 있었다.

바름	3형식	I **spread** a thick layer of cream cheese on my bagel. 나는 크림 치즈를 베이글에 두껍게 펴 발랐다.
뻗기	5형식	He **spread** his arms wide. 그는 팔을 넓게 벌렸다.
유포	3형식	I have found who **spread** lies about him. 그 사람에 대한 거짓말을 누가 퍼트렸는지 알아냈다.

stamp
p.232

찍기	마크	3형식	Please check a sell-by date **stamped** on a carton of milk. 우유팩에 찍힌 유통기한을 확인하세요.
	발	1형식	Should I stamp on that insect? 저 벌레를 밟아야 할까?
		3형식	My daughter is **stamping** her foot and refusing to take a bath. 딸이 발을 동동 구르면서 목욕을 안 하려고 한다.
	영향	3형식	He tried to **stamp** his personality on the whole place. 그는 사방에 자신의 개성을 남기려 했다.
	감정	3형식	Hostility was **stamped** across his face. 적대감이 그의 얼굴에 확연히 드러났다..

stay
p.41

머무름	장소	자리 지킴	1형식	You **stay** here—I promise I will be back. 너는 여기서 기다려. 꼭 돌아온다고 약속할게.
		임시 체류	1형식	I used to **stay** at grandmother's home during vacation. 나는 방학 동안 할머니 댁에서 지내곤 했다.
	상황		1형식	Please **stay** away from the broken window. 깨진 창문에서 멀리 떨어져 있으세요.
			2형식	They **stayed** calm despite his constant interruption. 그의 지속적인 방해에도 그들은 침착함을 유지했다.

stick
p.246

달라붙음	붙음	1형식	The sauce **stuck** to the pan. You should have stirred it. 소스가 펜에 들러붙었잖아. 소스를 저었어야지.
		3형식	His car was **stuck** in the mud. 걔 차가 진탕에 빠졌어.
	인내	3형식	You can't **stick** with this job any longer. 네가 이 직장에 더 이상 붙어 있을 순 없어.

막대기	찌름	1형식	A rose thorn **stuck** in my hand. 손에 장미 가시가 박혔어요.
		3형식	Could you **stick** the needle into my left arm? 주사를 왼쪽 팔에 놔주시겠어요?
	튀어나옴	1형식	The letter was **sticking** out of her handbag. 편지가 그녀의 가방에서 삐죽 나와 있었다.
		3형식	Don't **stick** out your tongue—it is rude. 혀를 내밀지 마. 무례한 행동이니까.
	대충 두기	3형식	Why don't you **stick** your coat there and come up to the fire? 외투는 거기 대충 두고 여기 난롯가로 오세요.

stop p.82

멈춤	진행	1형식	Once the phone starts ringing, it never **stops**. 일단 저 전화가 울리기 시작하면 멈추는 법이 없다.
		3형식	Can you **stop** crying and tell me what is going on? 이제 그만 울고 무슨 일인지 얘기해 볼래요?
	이동	1형식	She suddenly **stopped** in front of this building. 그녀는 이 건물 앞에서 갑자기 멈춰 섰다.
		3형식	The police **stopped** me for speeding. 경찰이 속도위반으로 내 차를 멈춰 세웠다.
	작동	1형식	The engine has **stopped**, so we have to get it repaired. 엔진이 멈춰서 수리를 맡겨야겠어요.
		3형식	Can you **stop** the machine? It sounds like something is wrong. 기계를 멈춰 주시겠어요? 뭔가 잘못된 것 같은데요.
	일시	1형식	I **stopped** to pick up the handkerchief he had dropped. 나는 멈춰 서서 그가 떨어뜨린 손수건을 집어들었다.
	막기	3형식	Nothing can **stop** him from saying what he thinks. 그 사람이 자기 의견을 말하고 싶다는데 누가 말리랴.

strike p.134

파업		1형식	The workers have decided to **strike** because their demands were not met. 노동자들은 자신들의 요구가 수용되지 않자 파업을 하기로 결정했다.
타격	질병/ 재앙	1형식	If disaster **strikes**, it will help you take care of your family. 재난 발생시 그게 여러분의 가족을 지키는 데 도움이 될 거예요.
		3형식	The disease has **struck** the whole country. 질병이 온 나라를 덮쳤다.

충돌	1형식	The report warned that the troops could **strike** again. 그 보고서는 군대가 공격을 재개할 가능성이 있다고 경고했다.
	3형식	My car ran out of control and **struck** the rear wall. 차가 통제력을 잃더니 후면을 박고 말았다.
생각남	3형식	Does it **strike** you as odd that he has not showed up all day? 걔가 온종일 안 보이는 게 좀 이상하지 않니?

surround
p.62

장소	감쌈	3형식	The village is **surrounded** by beautiful mountains. 이 마을은 아름다운 산으로 둘러싸여 있다.
	봉쇄	3형식	The police **surrounded** the building. 경찰이 건물을 에워쌌다.
사건		3형식	The scandal is **surrounded** by suspicions. 그 스캔들은 의혹에 둘러싸여 있다.
사람		3형식	It is good to **surround** yourself with family and friends. 여러분 곁에 친구와 가족을 두는 게 좋습니다.

take
p.109

적극적 취함	부정	빼앗음	3형식	He **took** my bag without permission. 그가 허락도 없이 내 가방을 가져갔어.
		빼기	3형식	If you **take** 3 from 9, you get 6. 9에서 3을 빼면 6이 됩니다.
	긍정	사람/ 사물	3형식	They are going to **take** their kids to the zoo this weekend. 그들은 이번 주말에 아이들을 동물원에 데려갈 것이다.
			4형식	My mom **took** me a letter. 엄마는 내게 편지를 가져다 주셨다.
		수단	3형식 (이동)	If you **take** this road, you will find the beach soon. 이 길로 가면 곧 해변이 보일 거예요.
			3형식 (지불)	Do you **take** credit cards? 신용카드로 결제 가능한가요?
		시간	3형식	Finishing this task **takes** many hours. 이 일을 끝내는 데는 장시간이 걸린다.
			4형식	It **took** us half a day to cook this soup. 이 국을 만드는 데 반나절이 걸렸다.

측정	3형식		Nurses **took** his temperature. 간호사들이 그의 체온을 측정했다.
약품	3형식		He **takes** this medicine two times a day. 그는 이 약을 하루에 두 번 복용한다.
입장	3형식		Can I **take** it as a complement? 그 말 칭찬으로 받아들이면 될까요?

tell

p.150

말하기	1형식		Can you **tell** about your experience of working abroad? 해외에서 일한 경험에 대해 알려주실 수 있나요?
	3형식	사람	He **told** me about his long journey. 그는 나에게 그의 오랜 여행에 대해 말해주었다
		사물	I don't think he stops **telling** lies. 나는 그가 거짓말을 멈출 것이라고 생각하지 않는다.
	4형식		They **told** me how to get to the station. 그들은 나에게 역에 가는 법을 알려주었다
	5형식		She **told** me to move on. 그녀는 나에게 계속 진행하라고 했다.
구분하기	3형식		I found it difficult to **tell** the difference between the two. 나는 이 두개의 차이를 구분하는 것이 어렵다는 것을 알게 되었다.
나타나기	1형식		My mother has been under a lot of stress—I think it will soon **tell**. 엄마가 엄청난 스트레스를 받고 있어 곧 그 증상이 나타날 거야.

think

p.130

생각/ 의견	1형식		He is **thinking** for a moment. 그는 잠시 생각에 잠겨 있다.
	3형식		I don't **think** that my sister will pass the job interview. 동생이 취업 면접에 합격할 것 같진 않아.
간주	1형식		People use to **think** of a watch as a luxury. 사람들은 시계를 사치품으로 여기곤 한다.
	5형식		He was **thought** to have left Seoul yesterday. 그가 어제 서울을 떠난 줄 알았다.
궁리	결정	1형식	I am **thinking** about moving to a new place. 새로운 곳으로 이사를 갈까 생각 중이야.
	이해	1형식	You should **think** first before acting. 행동하기 전에 생각을 하란 말이야.

throw

p.258

던짐	팔/손	3형식	They were arrested for **throwing** stones at passersby. 그들은 행인들에게 돌을 던져 체포되었다.
		4형식	Don't **throw** the ducks any food. They will follow you. 오리에게 먹이를 던지지 마세요. 당신을 따라올 겁니다.
	위치/ 장소	3형식	He was found guilty and **thrown** in jail. 그는 유죄 판결을 받아 감옥에 들어갔다.
		5형식	The door was **thrown** open, and armed soldiers stormed into the house. 문이 휙 열리더니 무장한 군인들이 집안에 들이닥쳤다.
	상태	3형식	The news of his death **threw** many people into a state of despair. 그의 사망 소식에 많은 이들이 절망에 빠졌다.
	특정 대상	빛	3형식	The street lamps were **throwing** their bright light. 가로등이 밝은 빛을 비추고 있었다.
		시선	3형식	He **threw** a suspicious glance at her. 그는 그녀를 수상쩍은 눈길로 쳐다봤다.
		행사	3형식	They **threw** a welcoming party for me. 그들은 나를 위해 환영회를 열었다.

tip

p.91

기울어짐	기울기	1형식	She screamed as the boat **tipped** to one side. 배가 한쪽으로 기울자 그녀는 소리를 질렀다.
		3형식	We had to **tip** the bed up to get it through the veranda window. 베란다 창문을 통과하려면 침대를 위로 기울여야 했다.
	붓기	3형식	He asked me to **tip** the contents of my bag out onto the table. 그는 내게 가방 안 내용물을 탁자 위에 쏟으라고 했다.
팁		1형식	Waiters always welcome visitors who **tip** heavily. 웨이터들은 팁을 후하게 주는 방문객을 언제든 환영한다.
		3형식	The porter was so rude that we didn't **tip** him. 짐꾼이 무례해서 우리는 팁을 주지 않았다.
		4형식	He **tipped** the taxi driver a dollar. 그는 택시 기사에서 팁을 1달러 줬다.
뾰족한 끝		3형식	A spear that was **tipped** with poison was used to hunt animals. 끝에 독을 묻힌 창은 동물을 사냥하는 데 쓰였다.

touch

p.55

닿기	신체부분	3형식	Don't **touch** them—You are only allowed to look at them. 만지지 마시고 눈으로 보기만 하세요.
	물건	1형식	What if these two ropes **touch**? 이 두 밧줄이 붙으면 어떻게 되나요?
		3형식	Your coat is **touching** the floor. 코트가 바닥에 닿아요.
	수준	3형식	Please slow down—your speedometer is **touching** 80. 속도 좀 줄여요. 속도계가 80을 가리키잖아요.
	감성	3형식	We all were deeply **touched** by her story. 그녀의 이야기에 우리 모두 깊은 감동을 받았다.
	관여	3형식	Do you know everything he **touches** turns to a mess? 그가 손대면 전부 엉망이 된다는 거 알아요?
	실력	3형식	When it comes to methodology, no one will **touch** you. 방법론에 관해선 너를 필적할 사람은 없어.

trade

p.122

교환	거래	물건	1형식	This firm has **traded** in arms with the Middle East for many years. 이 회사는 수년동안 중동국가와 무기를 거래해 왔다.
			3형식	The textiles of this company are being **traded** worldwide now. 이 회사의 직물은 현재 전세계적으로 거래되고 있다.
		주식	1형식	The shares that I bought last month are **trading** actively. 지난 달에 산 주식이 활발하게 거래되고 있다.
			3형식	The volume of stocks **traded** today hit a record high. 오늘 주식 거래량이 사상 최고를 기록했다.
	교환		3형식	Can you believe that your son **traded** his computer for a gameplayer? 당신 아들이 컴퓨터를 게임기와 맞바꿨다는 것이 믿어져요?
			4형식	I want to **trade** you some of my chips for some of your cookies. 내 감자 칩 조금이랑 네 쿠키 조금이랑 바꿔 먹고 싶어.

travel

p.209

| 이동 | 지점 | 1형식 | I don't like **travelling** by plane.
나는 비행기로 이동하는 것을 좋아하지 않는다. |
| | | 3형식 | **Travelling** long distances had exhausted most of the passengers. 장거리 이동으로 대다수 승객들이 녹초가 되었다. |

	속도	1형식	Can you measure the speed at which light **travels**? 빛이 이동하는 속도를 측정할 수 있나요?
	방향	1형식	The soldiers are **traveling** north under the direction of their commander. 지휘관의 지시에 따라 군인들이 북쪽으로 이동하고 있다.
	빨리	1형식	This brand-new car really **travels**. 이 신형 자동차는 정말 빠르구나.

try
p.251

시도	노력	1형식	If I can't make it this time, I will **try** again. 이번에 해내지 못하면 한 번 더 시도할 거야.
		3형식	He kept **trying** to prove his innocence but it didn't work. 그는 계속 무죄를 입증하려 했지만 잘되지 않았다.
	시험	3형식	**Try** using a different color. 다른 색을 한번 써 보세요.
심리		3형식	The case is going to be **tried** by the end of the week. 이번주에 이 사건의 공판이 있을 예정입니다.

turn
p.26

회전	1형식	The wheel **turns** on its axis. 바퀴는 축을 중심으로 회전한다.
	3형식	He **turned** the doorknob and opened the door. 그는 손잡이를 돌려 문을 열었다.
방향 전환	1형식	Plants **turn** toward the sun. 식물은 태양 쪽으로 방향을 바꾼다.
	3형식	The police **turned** the water canon toward the crowd. 경찰은 군중에 물대포를 겨냥했다.
대상 전환	1형식	The water bottle **turns** into an instrument. 이 물병은 악기로 바뀐다.
	2형식	His father **turned** 75 last year. 그의 아버지는 작년에 75세가 되셨다.
	3형식	The company **turns** waste into resource. 그 회사는 쓰레기를 자원으로 바꾼다.
	5형식	Her rejection **turned** me down. 그녀의 거절이 날 우울하게 했다.

understand
p.154

의미	1형식	My teacher tried to explain the main idea, but I still don't **understand**. 선생님이 주제를 설명하려고 하셨지만 난 아직 이해가 안 돼.
	3형식	Can you **understand** the words he is saying? 넌 걔가 하는 말이 이해가 되니?
상황	3형식	He still doesn't fully **understand** what is going on around him. 그는 자기 주변에서 벌어지는 일을 제대로 알지 못한다.
사람	3형식	My mother couldn't **understand** me. 우리 엄마는 날 이해하지 못했어요.

use
p.48

사용	도구/기술	3형식	You can **use** scissors to cut them out. 가위를 써서 잘라내도 돼요.
	물품/용품	3형식	You can **use** the detergent up—we have more in storage. 세제를 다 쓰셔도 돼요. 창고에 더 있으니까요.
	상황/사람	3형식	Don't **use** his mistake to get what you want. 그의 실수를 이용해서 네가 원하는 걸 얻어내려고 하지는 마.

wash
p.272

물	씻기	몸	1형식	It looks like you should **wash** before dinner. 저녁 식사 전에 먼저 씻어야 할 것 같은데.
			3형식	Did you **wash** your hair today? 오늘 머리 감았어?
		물건	1형식	This T-shirt needs **washing**. 이 티셔츠 빨아야겠어.
			3형식	He always **washes** used yogurt tubs and use them again. 그는 늘 다 쓴 요거트 용기를 씻어서 재사용한다.
	이동		1형식	They strolled along the beach and let the water **wash** over their feet. 그들은 해변가를 거닐면서 파도에 발을 담갔다.
			3형식	Dead turtles have been **washed** ashore since the oil spill spread. 기름 유출이 확산된 후 거북이 사체가 해변에 떠밀려 왔다.

watch
p.146

| 동작 | 1형식 | Jack **watched** helplessly as I was leaving him behind. 잭은 자신을 두고 떠나는 나를 힘없이 바라만 보았다. |

		3형식	He has been **watching** TV all day. 그는 온종일 TV만 보고 있다.
		5형식	He **watched** her walking along the road. 그는 길을 따라 걷는 그녀를 지켜봤다.
안전		3형식	He **watched** my kids while I went to a toilet. 내가 화장실에 간 사이에 그가 내 아이들을 봐 주었다.
주의		3형식	Please **watch** your words. 말을 좀 가려서 해.

wear
p.174

입음	의상	3형식	He is **wearing** a nice black suit. 그는 근사한 검은색 정장을 입고 있다.
	장신구	3형식	She doesn't **wear** a ring when she is playing the guitar. 그녀는 기타를 연주할 때는 반지를 빼.
	표정	3형식	Mike always **wears** a lovely smile on his face. 마이크는 얼굴에 늘 사랑스러운 미소를 띠고 있다.
	스타일	3형식	She is **wearing** her hair in a ponytail. 그녀는 말총머리를 했어.
닳음		1형식	The carpet I bought last year is starting to **wear**. 작년에 산 카펫이 헤지고 있어.
		3형식	The strong wind in this area has been **wearing** down the mountain's edges. 이 구역의 강풍으로 산봉우리가 풍화되고 있다.

win
p.213

긍정적 결과	전쟁	3형식	What is the point of **winning** the war?—it cost us millions of lives. 수백만 명의 목숨을 앗아간 전쟁에서 승리해 봤자 무슨 소용인가요?
	경쟁	3형식	He believes the current government will **win** the next election. 그는 현 정부가 선거에서 승리를 거둘 것으로 믿고 있다.
	상	3형식	She wants to **win** the award for best teacher. 그녀는 최고의 교사상을 받고 싶어 한다.
		4형식	His brilliant play **won** him a FIFA Best Player Awards. 그는 뛰어난 경기력으로 FIFA 최고의 선수상을 받았다.
	노력/ 결과	3형식	He will do anything to **win** her love. 그는 그녀의 사랑을 얻기 위해서라면 뭐든 할 것이다.

work

p.151

일	사람	직장	1형식	He has **worked** as a nurse in this hospital. 그는 이 병원에서 간호사로 근무한다.
			3형식	My boss is **working** me too hard. 상사가 일을 너무 많이 시킨다.
		노력	1형식	We have been **working** on a design for this building. 우리는 이 건물의 설계 작업을 도맡고 있다.
			3형식	I don't know how he **worked** it, but he made it. 그가 어떻게 해낸건지는 도통 모르겠지만, 아무튼 해냈다
	기계	1형식		My phone is not **working** now. 제 전화기는 지금 먹통입니다.
		3형식		He told me how to **work** a machine this size. 그는 그만한 크기의 기계를 작동시키는 방법을 말해 주었다.
	생각	1형식		His idea for a new system never **works** in practice. 새 시스템에 대한 그의 아이디어는 실무에서는 결코 통하지 않는다.

worry

p.171

걱정	1형식		Don't **worry**. Everything will be all right. 걱정 마세요. 다 잘될 거예요.
	3형식	사실	They **worry** that they might lose their opportunity. 그들은 혹여 기회를 놓칠까 봐 염려한다.
		사람	He **worried** his parents by not responding to their call. 그는 전화를 받지 않아 부모님을 걱정시켰다.

주석

1　Lynda Dewitt, *What Will the Weather Be?*, Harper Collins Publishers, 1991, pp. 24~25

2　Emily Little, *The Trojan Horse: How the Greeks Won the War*, Random House, 1988, pp. 30~31

3　Lynda Madison, T*he Feelings Book: The Care & Keeping of Your Emotions*, American Girl, 2002, pp. 17~19

4　Andrew Charman, *I Wonder Why Trees Have Leaves and Other Questions about Plants*, KINGFISHER, 1997, pp. 4~6

5　Barbara Moore, *The House on Jacob Street*, Pearson Education Australia, 2000, pp7~8

6　Paul Dowswell, *First Encyclopedia of Animals*, Scholastic, 2002, pp. 4~6

7　Johanna Hurwitz, *Helen Keller: Courage in the Dark*, Random House, 1997, p.5

8　Paul Dowswell, *First Encyclopedia of Animals*, Scholastic, 2002, p. 52

9　Sue Becklake, *100 Facts Space*, Miles Kelly, 2002, pp.10~12

10　*Your Five Senses*, Oxford University Press, 2010, p. 4

11　Kate Boehm Jerome, *Who was Amelia Earhart?*, Gross & Dunlap, 2002, pp. 69~71

12　Lynda Dewitt, *What Will the Weather Be?*, Harper Collins Publishers, 1991, p. 12

13　Judy Donnelly, *Moonwalk: The First Trip to the Moon*, Random House, 1999, pp. 27

14　Rachel Tonkin, *Spark!, Pearson Education Australia*, 2000, pp. 13~14

15　Cathy Hapka and Ellen Titlebaum, *How Not to Babysit Your Brother*, Random House, 2005, pp. 16~18

16　Lynda Madison, *The Feelings Book: The Care & Keeping of Your Emotions*, American Girl, 2002, p. 43

17　Paul Dowswell, *First Encyclopedia of Animals*, Scholastic, 2002, p. 14

18　Marc Brown, *Arthur's Halloween*, Little, Brown And Company, 1983, pp.1~3

19　Joseph Bruchac, *The Trail of Tears*, Random House, 1999, pp.17~18

20　Kate Boehm Jerome, *Who Was Amelia Earhart?*, Grosset & Dunlap, 2002 pp. 1~2

21　Margot Kinberg, *180 Days of Reading for Fourth Grade*, Shell Education, 2013, p.42

22　Lynda Madison, *The Feelings Book: The Care & Keeping of Your Emotions*, American Girl, 2002, p.56

23　Margot Kinberg, *180 Days of Reading for Fourth Grade*, Shell Education, 2013, p.198

24 S. A. Kramer, *To the Top: Climbing the World's Highest Mountain*, Random House, 1993, p.10

25 Sue Becklake, *100 Facts Space*, Miles Kelly, 2002, p.42

26 Kate McMullan, *Dinosaur Hunters*, Random House, 1989, pp. 10~11

27 Kate Boehm Jerome, *Who was Amelia Earhart?*, Grosset & Dunlap, 2002, pp. 26~28

28 Kate McMullan, *Dinosaur Hunters*, Random House, 1989, pp. 12~13

29 Lynda Madison, *The Feelings Book: The Care & Keeping of Your Emotions*, American Girl, 2002, pp. 56~57

30 Sue Becklake, *100 Facts Seashore*, Miles Kelly, 2002, p. 12

31 Barbara Moore, *The House on Jacob Street*, Pearson Education Australia , 2000, pp.19-20

32 Andrew Charman, *I Wonder Why Trees Have Leaves and Other Questions about Plants*, KINGFISHER, 1997, p.14

33 Lynda Madison, *The Feelings Book: The Care & Keeping of Your Emotions*, American Girl, 2002, p. 24

34 Betsy Maestro, *Why Do Leaves Change Color?*, Harper Collins Publishers, 1994, p. 9

35 Johanna Hurwitz, *Helen Keller: Courage in the Dark*, Random House, 1997, pp. 44~46

36 Steve Parker, *100 Facts Seashore*, Miles Kelly, 2010, p. 6

37 Laura Ingalls Wilder, *Prairie Day*, HarperCollins Publishers, 1997, pp.8-9

38 Emily Little, *The Trojan Horse: How the Greeks Won the War*, Random House, 1988, p. 24

39 Danny Katz, *Charlie Chicky and the Eggs*, Pearson Education Australia, 2000, p. 17

40 Sue Becklake, *100 Facts Space*, Miles Kelly, 2002, p. 36

41 Rachel Tonkin, *Sparks!*, Pearson Education Australia, 2000, pp. 9~11

42 S. A. Kramer, *To the Top! Climbing the World's Highest Mountain*, Random House, 1993, p. 17

43 Hans Christian Andersen, *The Snow Queen*, Roehampton University, 2004, pp. 10~11

44 Steve Parker, *100 Facts Seashore*, Miles Kelly, 2010, p. 46

45 Paul Dowswell, *First Encyclopedia of Animals*, Scholastic, 2002, p. 42

46 Johanna Hurwitz, *Helen Keller: Courage in the Dark*, Random House, 1997, pp. 6~7

47 Cathy Hapkan and Ellen Titlebaum, *How Not to Start Third Grade*, Random House, 2007, pp. 40~41

48 S. A. Kramer, *To the Top! Climbing the World's Highest Mountain*, Random House, 1993, p. 26

49 Steve Parker, *100 Facts Seashore*, Miles Kelly, 2010, p. 20

50 Paul Dowswell, *First Encyclopedia of Animals*, Scholastic, 2002, pp. 24~5

51 Andrew Charman, *I Wonder Why Trees Have Leaves and Other Questions about Plants*, KINGFISHER, 1997, pp. 28~29

52 Steve Jenkins, *The Top of the World: Climbing Mount Everest*, Houghton Mifflin Company, 1999, pp. 21~23

53 Brenda Walpole, *I Wonder Why the Sun Rises and Other Questions about Time and Seasons*, Kingfisher, 1996, pp.28~29

54 Brigid Avison, *I Wonder Why My Tummy Rumbles and Other Questions About My Body*, Kingfisher, 1993, pp. 16~17

55 Jackie Gaff, *I Wonder Why Pine Trees Have Needles and Other Questions About Forests*, Kingfisher, 2005, p. 10